语文杂俎

一位中学语文教师三十五年教坛耕耘录

周红 著

中国书籍出版社
China Book Press

图书在版编目（CIP）数据

语文杂俎：一位中学语文教师三十五年教坛耕耘录 / 周红著 .
—北京：中国书籍出版社，2017.5
ISBN 978-7-5068-6066-6

Ⅰ . ①语… Ⅱ . ①周… Ⅲ . ①中学语文课 – 教学研究 Ⅳ . ① G633.302

中国版本图书馆 CIP 数据核字（2017）第 026384 号

语文杂俎：一位中学语文教师三十五年教坛耕耘录

周红　著

责任编辑　李　新
责任印刷　孙马飞　马　芝
装帧设计　弘毅·麦田 2606427563@qq.com
出版发行　中国书籍出版社
地　　址　北京市丰台区三路居路 97 号（邮编：100073）
电　　话　（010）52257143（总编室）　（010）52257140（发行部）
电子邮箱　chinabp@vip.sina.com
经　　销　全国新华书店
印　　刷　三河市同力彩印有限公司
开　　本　710 毫米 × 1000 毫米　1/16
字　　数　230 千字
印　　张　15
版　　次　2017 年 5 月第 1 版　2017 年 5 月第 1 次印刷
书　　号　ISBN 978-7-5068-6066-6
定　　价　45.00 元

目录

语文论稿

语文摆渡

语文百度

语文杂俎

前言

感谢恩师余德泉先生为本书题写书名！感谢您静下心来阅读我的这本小册子！

特想把本书更名为《国文杂俎》，因为我相信“国文”取代“语文”是迟早的事。但思前想后，觉得还是沿用“语文”较好，毕竟我担任了35年的中学语文教师。

2010年前后，我曾痛感分省命题像滥砍滥伐滥开滥采般，要不了多久，会把命题素材都给掘完，想呼吁“分省命题可以休矣”！可有位语文大咖却对我说：“你那是开历史的倒车”，我便作罢。现在想来，真有些后悔。其实，我这草根还有过不少有趣的预言：

1999年，我曾在《语文教学的根本出路在于实现三个转变》中提出“‘3＋X’型高考可以考虑除语文保留150分的分值外，其他各科均调低至100分”的举措，提高语文试卷分值的设想终于在今年的高考中得以实现。

还是回到书名上来吧。我在微信上说今年要出版《语文杂俎》这本书，有朋友评论说：“出一本连书名都不认得的书。”杂俎，《辞源》（商务印书馆合印本，1988年1月第一版）云：“为杂记及类事之书，言如肴蔌之杂陈于俎。”相当于今天的“札记”，与杂录、随笔相似。唐人段成式所作笔记，命名为《酉阳杂俎》（本书《尤二姐的槟榔》一文提及）。本书既有比较典雅的“语文论稿”，又有怎样教中学语文的“语文摆渡”，普及文史知识的“语文百度”，还有校园情景剧和为中学生释疑解惑的文字，用“杂俎”十分恰当，我也希望能通过这本书捂热一下“杂俎”这两个汉字。

甫一参加工作，一位同事就对我说：“语文老师就是一个杂家。”他说得非常好！35年来，我论道杏坛，偶有收获，即用文字记录下来，平时读书看报，一有所悟，亦码几段文字投寄给报刊，日积月累，布囊鼓胀，今日检视，的确芜杂，但敝帚自珍，不忍遗弃，觉得结集出版，既是对自己教海弄潮的一个总结，又能裨益初教语文者，便将其整理了出来。

整理书稿的过程中有几个小故事，值得与大家分享：

《也谈〈永遇乐·京口北固亭怀古〉中的一处用典》刊发在1982年第1期《文史知识》“青年园地”栏目，二十四年后，文中的观点“稼轩应召出山，颂韩（侂胄）拥韩势在必然，《永遇乐》词正为推动北伐而作”，何铭先生在《语文学习》2006年第1期《辛弃疾〈永遇乐〉词争鸣综述》一文中予以了介绍，持此观点的还有中学语文名师陆精康先生。

提出了一些意见”，但韩侂胄不能采纳，“故稼轩用宋文帝‘草草’北伐终于惨败的历史事实，来作为对当时伐金须做好充分准备，不能草率从事的深切鉴戒”。[6]钱仲联认为：“辛弃疾是有一个十年准备的主张的，韩侂胄并不能作冷静的考虑，而正在迫不及待地要冒进。韩、辛之间已存在着矛盾，词人不能不感到忧虑了。”[7]

另一种观点：稼轩应召出山，颂韩拥韩势在必然，《永遇乐》词正为推动北伐而作。周红认为，事实上，作为北伐组织者的韩侂胄已为开禧北伐作了大量准备，韩侂胄的授意和支持下方可进行。因此，《永遇乐》词体现了辛弃疾“强烈要求参战的战斗意志和对韩侂胄率领的开禧北伐的由衷拥护”。[8]陆精康也认为：“在创作《永遇乐》词时的辛弃疾和韩侂胄之间的关系是融洽的，在要不要伐金、伐金的准备工作是否充分、伐金的时机是否成熟、伐金能否胜利这些重大问题上，双方看法是一致的。”“词人心目中，‘元嘉草草’不等于‘开禧草草’，隆兴北伐的失败也不意味着开禧北伐必定失败，相反，词人已经冷静客观地看到，开禧北伐是可能成功的，否则，词人怎么会企求在即将来临的大战中受到重用并且一试身手？”[9]

赜索隐的悬案最多的词作，而这恰恰也是这首伟大作品魅力之所在。

注释：①⑭㉛邓广铭《稼轩词编年笺注》(增订本)　②㉖唐圭璋、缪钺、叶嘉莹等撰写《唐宋词鉴赏词典》　③梁启超《跋四卷本稼轩词》　④⑱蒋文钦《辛弃疾三首词辨析》，《社会科学辑刊》1982年第5期　⑤㉜吴益《〈永遇乐·京口北固亭怀古〉编年及主题辨》，《中学语文教学》1992年第5期　⑥夏承焘《辛弃疾的〈永遇乐·京口北固亭怀古〉》，见《唐宋词欣赏》　⑦㉗钱仲联《唐宋词谭》，见《梦苕庵论集》　⑧周红《也谈〈永遇乐·京口北固亭怀古〉一处用典》，《文史知识》1982年第1期

图1　《辛弃疾〈永遇乐〉词争鸣综述》介绍周红所持观点

1996年下半年，妻子考上望城县卫生局副局长不久，有天回到家里跟我说：“今天在办公室看到《长沙党风政纪》杂志上一篇题为《廉洁诗话》的文章，很受启发，便动笔抄了起来。抄完一看作者，竟然是自己的老公。”

发表在《语文学习》1997年第11期的《将教学引向课外》一文，收入上海教育出版社2000年9月出版的《语文学习20年精选本·课堂教学艺术》一书，其时我已调入湖南师大附中工作三年多了，在我不知情的情况下，望城一中的老同事陈杏兰老师亲自把邮局寄来的样书送到了我的手中，因为她熟知我对这些文字的珍视程度。这事让我感动莫名！

《作文网校的创建及意义》是国内第一篇关于作文网校的论文，该文曾在《语文学习》1999年第7期“写作指引”专栏和《教学与管理》1999年第7期“教学改革”专栏上推出，《教学与管理》将文题印在了封面的要目上，《语文学习》则在1999年第9期的编后小记《电脑和语文》中再度予以推介：“如果教师（或教师团体或学校）设置了主页（或网站），任何关于语文的问题（阅读、作文或方法、经验）都可以在此讨论；好像今年第7期里介绍的‘白帆作文网校’，教师

之间、师生之间就可以通过网络随时进行对话。”

段,活跃课堂的气氛。

其实,电脑的功用更在学校之外的“课堂”里。

设想一下,如果教师有了自己E-MAIL信箱,就可以在学校以外的时间里(周末和假期)向学生提供咨询;好像本期“海外传真”里说的“大学生与中学生的伙伴关系”。如果教师(或教师团体或学校)设置了主页(或网站),任何关于语文的问题(阅读、作文或方法、经验)都可以在此讨论;好像今年第7期里介绍的“白帆作文网校”,教师之间、师生之间就可以通过网络随时进行对话。

E-MAIL的最大优点是超越时空的限制。发件人和收件人不必在同一时刻固守在电脑两端;而且,也不必局限于本校的师生之间,学校、城市甚至国家都不再是交流的屏障。它比邮政快递迅速,比长途电话省钱。另外,还有ICO(网络寻呼机)、NET-

电脑在中国尚未普及。相对而言,使用电脑的人数,城市多于农村,沿海多于内陆。我曾做过一个简单的调查,某大城市的一所重点中学里,约六成的语文教师拥有个人电脑,其主要用途是写文章,上了网也只是找找资料 聊天通信。电脑尚未真正地在语文教学中找到自己的位置。而把它们的关系,作为一项课题来研究和实践,还刚刚起步。这里向读者提供几个教育网站:

国联网校 www. iune. com. cn

远程教育学网 www. chinaedu. com/

国讯教育 http: //edu. iinchina. net/

不少读者来信希望《语文学习》也能尽快建立自己的网站或E-MAIL信箱,使编者与读者、作者的交流更直接、更便捷。这是对编辑部良好的祝愿,也是我们努力的方向。

马箧疆

图2 《语文学习》推介“白帆作文网校”

2000年,《一堂成功的求异思维写作训练课》入围《语文学习》杂志“全国成功作文教例”,收入上海教育出版社《作文大赢家:中学作文成功教例》(2002年5月第1版)一书,日前搜索发现,网上有该文的PDF文档。

《高考现代文阅读试题走势分析》在《中学语文教学》2005年第12期刊载后,被中国人民大学复印资料《中学语文教与学》2006年第4期转载,《语文学习》2007年第1期上的《2006年语文教育研究综述(实践探索部分)》将该文列为“2006年度对语文高考研究的主要文章”,并加以推介。

(语文建设.3)。本年度对语文高考的研究文章主要有:教育部考试中心《2005年普通高等学校全国统一考试语文(全国卷)试题分析》(中学语文教与学.4),谢贵荣《急刹!福建高考语文改革快车——评2005年福建高考作文试题》(中学语文教与学.1),时海成《上海语文高考平均成绩何以总在92分徘徊》(中学语文教学参考.11),尤晓天、倪同刚《2006年高考古诗鉴赏例析》(语文建设.10),周红《高考现代文阅读试题走势分析》(中学语文教与学.4),张虎《语言表达题失误分析及对策》(语文建设.3),高志华《三角架顶发出的“喜欢”与“厌恶”信息——从一次省内联考看评分标准、阅卷老师心理与考生作文之关系》(中学语文教学

图3 《2006年语文教育研究综述》推介周红的《高考现代文阅读试题走势分析》

《古代诗歌鉴赏命题形式蠡测》原文9000余字,《中学语文教学》2002年第5期选登了其中的一部分,《中学生阅读(高中版)》则分两期将全文登载完毕。本书中,作引玉之砖的13道拟题因篇幅原因不再收录。当然,我散文集里有“说语论文”专栏,里边的文章本书亦不再复见。

其实,写文章是一种爱好,要有时效、读者、文体等诸多意识。我正在淡出“点评学生作文”“撰写教学论文”“研究课题”的江湖,一是因为我想做的事太

多了，而人的精力毕竟是有限的；二是因为有些事情的意义实在寥寥，与其让论文、课题成为僵尸，不如不做。就如我的论文《语文自学辅导教学与素质教育》，在湖南师大附中1997年的年度论文评选中仅得了个三等奖，可不久，语文教研组长郑定子先生却面带微笑把另一个荣誉证书送到了我的手上——中央教科所给予的是一等奖。由此可见，论文评选、课题研究有时确实是无厘头的。

虽说如此，我并未放弃对理想的追求。“老骥伏枥，志在千里；烈士暮年，壮心不已”，我准备把自己以前撰写的广播稿整理出来，明年再出一本书——《电波中的文字精灵——可读可听的文学欣赏广播稿》，然后以靖港古镇为原点，创作一部自传体长篇小说，反映清末到当代四代人的艰辛奋斗史，力争无愧于省作家协会会员的称号。

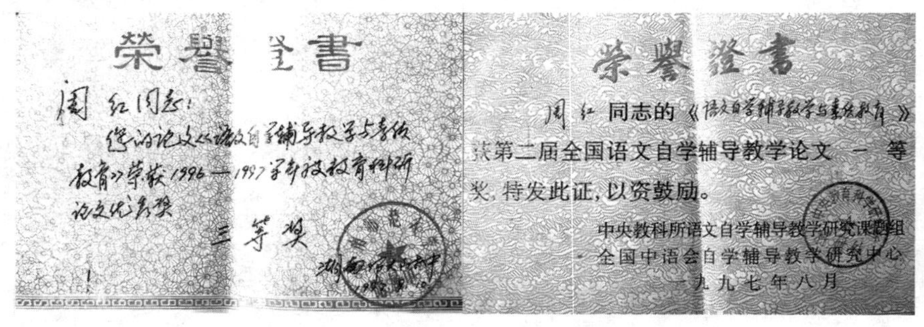
荣誉證書

周红同志：

您的论文《语文自学辅导教学与素质教育》荣获1996—1997学年校教育科研论文优秀奖

三等奖

湖南师大附中

荣誉證書

周红 同志的《语文自学辅导教学与素质教育》获第二届全国语文自学辅导教学论文 一 等 奖，特发此证，以资鼓励。

中央教科所语文自学辅导教学研究课题组

全国中语会自学辅导教学研究中心

一九九七年八月

图4　同一篇论文遭遇不同的评价结果

20年前，我们的白帆作文网校和湖南师大附中的“蓝天作文网”失去了极好的发展机遇。当时曾为怎样支付伤透了脑筋，万万没有想到，马云却弄出了个支付宝，开辟了第三方支付的新路径。事实让我明白了“人必须要有想法，有想法才会有办法”的道理。这20年，变化实在太大太快，一眨眼，5G、大数据时代已经来临。李克强总理在今年的政府工作报告中近40次提到“创新”二字，目前，我能否抓住新的机遇，把自己电脑硬盘中的众多数据，借助“互联网＋”创业，撰写出一篇耀眼的创新文章？

“我思故我在”“我在故我思”……

周红

2016年3月29日于百味斋

9月10日夜改定

语文论稿

也谈《永遇乐·京口北固亭怀古》中的一处用典

辛弃疾词《永遇乐·京口北固亭怀古》用典甚多，对其中“元嘉草草，封狼居胥，赢得仓皇北顾”这三句中的用典，历来有一种传统解释，认为此词是对韩侂胄为建功立业而轻率北伐的中肯批评，反映了辛弃疾对韩侂胄轻敌冒进行动的忡忡忧心。某些辛词、宋词选本、注本，及一些评论文章多采此说。我觉得不尽恰当，愿抒一孔之见，以求教于学者。

南宋绍熙五年（1194），知枢密院事赵汝愚和知阁门事韩侂胄拥立赵扩为帝，南宋朝廷内部迅速发展成为以宗室赵汝愚为代表和以外戚韩侂胄为代表的两种势力的斗争。赵汝愚本来就是一个道学家，政变成功后，他引荐道学旗帜朱熹为宁宗（赵扩）的经筵侍讲，施用种种政治手腕，有计划地扩展自己的势力，以控制朝政。他们在怎样抗战的问题上，说什么“其本不在威强而在乎德业，其备不在边境而在乎朝廷，其见不在兵食而在乎纲纪”（《宋史纪事本末》卷七八）。这种迂腐之论尽管可以适应投降派妥协苟安的政治需要，但得不到多数人的赞同和支持。加之这时宁宗早已对赵汝愚势力的膨胀有所警惕，因此对这套理论“不能无疑”（《宋史·赵汝愚传》），甚至想借机予以铲除。在这一背景上，韩侂胄在与赵汝愚之党的斗争中取得了胜利。

清除了政敌之后，韩侂胄把权力集中到了自己手里，积极筹划北伐。他组织北伐是不是“急于建立个人功业来巩固自己的权位”呢？恐怕不能轻易武断。

北宋末期，主战派李纲、宗泽，非但不能得幸于最高统治者，反被主和派控告，致含恨而殁。岳飞更惨死于“莫须有”的罪名下。韩世忠虽号封郡王，实则有名无实。到韩侂胄掌权时，偏安江南的南宋小朝廷已历四世。其间七十年，唯孝宗稍存北望之念，其余三世，合朝上下，尽皆苟且偷安，一味沉迷于江南繁华，贪恋着升平富贵，唯恐边衅发生，破坏了他们醉生梦死的好日子；把山河破碎、中原涂炭，完全不放在心上。所以主和势力始终得势，一个又一个爬上高位。卖国贼秦桧“专权二十余年，割地称臣，反颂功德”，“守其说者，如汤思退、沈该、万俟卨、史浩之徒，力持不变。谓和议得相，有福无祸也”（明陈邦瞻《宋史纪事本末》卷八三《北伐更盟》）。秦桧死后还被封为申王，可是主战派却屡遭打击，不仅陆游、辛弃疾等人尽被罢黜，就在韩侂胄之前张浚典师北伐，尽管得到孝宗支持，也没有好结果，反遭主和派头子史浩、汤思退的排挤和诬陷。对这些事实，韩侂胄不可能不知道。他如果只为巩固自己的权位，只需亦步亦趋地沿着主和派的老路走即可，又何必去借北伐立威呢？这种急功立威的说法很难令人信服。

在开禧北伐前，韩侂胄曾两次出使金国，颇知敌方虚实（参见《金史》卷六一及六二、九八），因此他为北伐作的思想上和军事上的准备工作也还是切合实际的。为团结组织北伐力量，韩侂胄首先取消了“伪学党禁”，“追复汝愚、朱熹职务”（时二人已故）（参见《宋史·韩侂胄传》）。对其他政敌，只要是主战的，如皇甫斌等，亦先后起用，努力协调内部，一致对外。接着又削除了秦桧的王爵，追封岳飞为鄂王，借以“风励诸将”（《宋史纪事本末·北伐更盟》），大造抗战舆论。被前朝罢黜的辛弃疾等人也先后被起用，委以重任。同时不断地打造战车，添置水军，募集将才，韩侂胄还亲自进行了几次大阅兵（参见《续资治通鉴》卷一五四）。开禧元年（1205），朝廷开始“诏内外诸军密为行军之计”（参见《建炎以来朝野杂记》乙集卷一八）。经过长时期的组织和准备，次年（1206）才开始了声势浩大的北伐。

当时金国被北鄙准布等部所侵，年年兴师讨伐，使兵力受到多方牵制，不能全力对付南宋。金章宗明昌五年（南宋光宗绍熙五年）以来，由于黄河大溃，灾及数省，再加上严重的旱灾，使“赤地居民无一粒”。府库空匮，赋敛日烦。而统治集团内部则日趋腐败，钩心斗角，国势日颓（参见《大金国志》）。开禧北伐确实是在一个大好时机下进行的，说韩侂胄“轻敌冒进”恐怕难以成立。至于开禧北伐最终还是以失败告终，则是投降派的破坏所造成的恶果。

北伐开始，也曾获胜。后来东线邓友龙因出师无功而罢职，改任丘崇。丘崇本来就反对北伐出师未捷便转向主和。西线吴曦早已暗通金兵，战争开始，先是按兵不动，后又叛变投敌。这样一来，韩侂胄完全陷于被动。但韩侂胄没有收兵，而是谋划再战。就在这一当口，投降派在女真贵族的指令下，勾结杨后，刺杀了韩侂胄（参见《宋史·杨后传》）。终而与女真族签订了屈辱和议，扼杀了开禧北伐。对于韩侂胄的被害，甚至连金人也为之抱屈不平，说韩侂胄抗金是“忠于国家，谬于为身”（宋周密《齐东野语·诛韩本末》，另参见《建炎以来朝野杂记》）。清代诗人袁枚有诗曰：“侂胄魏公孙，并非宦寺流。伐金虽贾祸，志在复国仇。”（《小仓山房文集》）可谓持平之论。

综上所述，韩侂胄率军北伐并非轻率之举，更非为了一己之私。我们还可拿辛弃疾写在《永遇乐》之前的几首词来印证。

在《西江月·堂上谋臣帷幄》中，辛弃疾写道：“天时地利与人和，‘燕可伐与？’曰：‘可。’”（亦说此词为刘过所作。此据《稼轩词》）对韩侂胄大加赞誉，说明“天时地利与人和”皆有利于南宋，可以挥师北上；对于抗战前途充满了必胜的信念，并预祝他成功。不久，辛弃疾又在劝韩侂胄赶紧北伐的《清平乐·新来塞北》中，以“维师尚父鹰扬，熊罴百万堂堂”的诗句颂他，把他比作辅佐周武王伐纣的姜尚。《水调歌头·西湖万顷》是颂扬韩侂胄和歌颂开禧北伐的主要词作，中间用“方谈笑，整乾坤”来赞扬他，这和苏轼用“谈笑间，樯橹灰飞烟灭”来赞周瑜，不是格调完全一致吗？辛弃疾还于当时向朝廷“陈用兵之利”（参见《建炎以来朝野杂记》），可见辛弃疾是开禧北伐的有力推动者，哪里有一点为韩侂胄“轻敌担忧”的影子。

至于词中“元嘉草草”三句用典，我认为是辛弃疾看到韩侂胄身边没有良将，而借南朝宋文帝刘义隆北伐的事来暗示任人的重要；开禧北伐失败的教训也正好说明了韩侂胄的用人不当。

辛弃疾在遭受投降派打击后，被韩侂胄起用，对韩侂胄率师北伐是积极支持的。但由于朝廷对抗战大臣历来“任之不专”“大材小用”，当时只把辛弃疾安置在镇江知府位上，让他在这个军事基地做些支前工作。怀着“袖里珍奇光五色，他年要补天西北”（《满江红·鹏翼空垂》）的才能和雄心壮志，辛弃疾多么渴望投入“八百里分麾下炙，五十弦翻塞外声，沙场秋点兵”（《破阵子·醉里挑灯看剑》）的战阵生活啊！加上他看到韩侂胄用人不当，便用元嘉北伐的教训来提醒北伐主持者，希望能任用一些元老大臣（当然也包括辛弃疾自己在内），这是完全可以理解的。在词的最后，辛弃疾发出“凭谁问：廉颇老矣，尚能饭否”的呼声，便是明证。从而体现了他强烈要求参战的战斗意志和对韩侂胄率领的开禧北伐的由衷拥护。

[原载中华书局《文史知识》1982 年第 1 期]

《永遇乐·京口北固亭怀古》说略

辛弃疾终生坚持统一“西北神州”的理想,“精忠自许，白首不衰”[①]。“君看幼安气如虎”“精神此老健于虎”[②]，爱国诗人陆游、辛派词人刘过的诗句，确实写出了辛弃疾的精神。辛弃疾晚年所作《永遇乐·京口北固亭怀古》词，正是这种“气吞万里如虎”的英雄气概的生动体现。

千古江山，英雄无觅，孙仲谋处。舞榭歌台，风流总被、雨打风吹去。斜阳草树，寻常巷陌，人道寄奴曾住。想当年，金戈铁马，气吞万里如虎。

元嘉草草，封狼居胥，赢得仓皇北顾。四十三年，望中犹记、烽火扬州路。可堪回首。佛狸祠下，一片神鸦社鼓。凭谁问：廉颇老矣，尚能饭否?

这首词是宋宁宗嘉泰四年（1204），作者在镇江知府任上登京口北固亭有感而作。

自张浚北伐兵溃符离，宋、金签订“隆兴和议”到嘉泰四年，偏安江左的南宋小朝廷又已萎靡苟安了四十多年。宁宗即位后，韩后叔祖韩侂胄逐渐把握了朝政大权。鉴于金国因不断受到崛起的北鄙准布等部的侵扰,“赤地居民无一粒，更五单于争立”[③]，其国势渐颓，韩侂胄于庆元二年（1196）起，次第筹措

① 《后乐集》卷三《辛弃疾辞免除兵部侍郎不允诏》。

② 陆游《剑南诗稿》卷八〇《寄赵昌甫》，刘过《呈稼轩》。

③ 《稼轩长短句·清平乐（新来塞北)》。

北伐，不断地打造战车、战舰，添置水军，募集将才[①]。嘉泰三年（1203），韩侂胄起用罢居上饶铅山十八年之久的辛弃疾为绍兴知府兼浙东安抚使。次年，朝廷又召年已六十五岁的辛弃疾到临安，向他征询恢复大计，辛弃疾"陈用兵之利"[②]，毅然支持了韩侂胄的北伐决策。辛弃疾进京廷奏后，由集英殿修撰提升为宝谟阁待制，派到当时接近抗战前线的军事重镇镇江去做知府。开禧元年（1205），朝廷"诏内外诸军密为行军之计"[③]，一场恢复"西北神州"的北伐即将开始了。

开禧北伐是符合中原人民和抗战派愿望的。"符离既班师，北伐意颇阑，志士虽有怀，开说常苦难"[④]，符离之败以来，宋廷苟安势力始终得势，主战派却屡遭打击。这时对外政策由主和转向主战，自然博得了大多数人的赞同和支持，一时朝野间弥漫着浓厚的抗战气氛。

镇江是后方重要军事基地，两淮前线的器材、粮秣和人员补充，都要经过这里。辛弃疾到镇江任上后，立即做好了进取的准备：派间谍深入金朝，侦察兵马屯戍、将帅姓名，还缝制了万领军装，准备招募军丁，建立一支劲旅，并且"新其将帅，严其教阅，使势合而气振"[⑤]。"平戎破敌，岂由言轻发"[⑥]，辛弃疾满怀热望地打算抓紧这个难得的时期，一展抱负，便挥笔写下了《永遇乐·京口北固亭怀古》一词。

有人认为此词作于开禧元年（1205），因而在解释这首词时，附会地强调了辛弃疾对韩侂胄的告诫[⑦]，其实这是不符合实际的。首先，此词不会作于开禧元年辛弃疾改任隆兴知府后。据嘉定《镇江志》记载，辛弃疾于嘉泰四年（1204）三月被派到镇江知府任上，明年（开禧元年）六月，又被改派为隆兴知府，七月初，因朝廷言官论奏他有"好色、贪财、淫刑、聚敛"的罪状而落职，再改授

① 《两朝纲目备要》卷八及刘时举《续宋编年资治通鉴》卷一二。

② 《建炎以来朝野杂记》乙集卷一八。

③ 《建炎以来朝野杂记》乙集卷一八。

④ 《剑南诗稿》卷六二《出塞四首》（其一）。

⑤ 参见邓广铭《稼轩词编年笺注》引程珌《洛水集·丙子轮对札子》。

⑥ 《念奴娇》（论心论相）。

⑦ 马群《谈谈〈永遇乐·京口北固亭怀古〉中的用典》，见《语文学习》1982年第3期。

“提举冲佑观”的空名，他只好在秋天又回到铅山重过隐居生活。其《玉楼春·乙丑京口奉祠西归》词中“却趁新凉秋水去”句可证。又据岳珂《桯史·稼轩论词》条所记，辛弃疾守南余（京口）时，曾拿《永遇乐·京口北固亭怀古》词征求座客意见，说明此词不会作于七月辛弃疾落职以后。辛弃疾的词友姜夔看了这首词后，曾写了和章——《永遇乐·北固楼次稼轩韵》，称辛弃疾是当代的诸葛孔明，暗喻他为抗战派借箸代筹，坐镇京口，规划恢复“西北神州”大计[①]。其次，从白石的和词还可作进一步推定，辛弃疾的《永遇乐·京口北固亭怀古》不作于开禧元年，而应作于嘉泰四年。从岳珂《桯史·稼轩论词》条所记看，似乎此词作于开禧元年，其实那是岳珂座席间听到此词的时间，并不能证实其词的作年。姜词中还有“数骑秋烟，一篙寒汐，千古空来去”句，证明辛词和姜词均作于秋天天寒之后，但开禧元年六月辛弃疾已离开京口，嘉泰三年秋辛弃疾尚未到京口，只有嘉泰四年秋天，辛弃疾恰在京口。查绍兴三十一年（1161）冬十月，金主完颜亮渡淮侵宋，耿京随即派贾瑞、辛弃疾等南来与宋廷联络。辛弃疾一行十一人，恰于金兵准备强渡长江，完颜亮被部下射杀，扬州一带一片烽火之时，突过金营，渡江南来。从那年冬天到嘉泰四年（1204）秋，作者登北固亭，恰好四十三年，正合词中“四十三年”之意。可见《永遇乐·京口北固亭怀古》确系嘉泰四年秋天所作。

弄清了这首词的具体写作时间，我们才能准确地理解它所表达的思想感情。辛弃疾罢居十八年后刚被起用，就受到宁宗的召见，被任为镇江知府，使他有再展抱负的机会，因此，他对北伐是积极支持的，对抗战前途充满了必胜的信念，诗人的感情是昂扬激奋的，态度是积极进取的。正由于这样，所以这首登临怀古之作写来格调雄浑，气象恢泓，表现出一种气吞胡虏的英雄气概。

词以“京口北固亭怀古”为题。京口即今江苏镇江市，是三国时吴大帝孙权设置的重镇，也是南朝宋武帝刘裕生长的地方。北固亭在镇江东北的北固山上，下临长江，三面环水，是登临胜地。辛弃疾到镇江就任知府之日，他在镇江的朋

① 词曰：云鬲迷楼，苔封很石，人向何处？数骑秋烟，一篙寒汐，千古空来去。使君心在，苍鹰绿嶂，苦被北门留住。有樽中酒差可饮，大旗尽绣熊虎。　前身诸葛，来游此地，数语便酬三顾。楼外冥冥，江皋隐隐，认得征西路。中原生聚，到京耆老，南望长淮金鼓。问当时依依种柳，至今在否？

友刘宰曾给他一封贺信，信中有“敢因画戟之来，遂贺兴图之复”[①]的话，明白地指出抗战派是为恢复中原而派他到镇江来的。辛弃疾肩此重任，对着山川景物，不禁想起了与京口有关的两个古代英雄人物。

孙权的舞榭歌台已无处可觅，但他与刘备联军大破曹操军队于赤壁，造成三国鼎立局面的业绩多至今令人“神往”。“江山代有才人出”“整顿乾坤终有时”，词中暗示像孙权那样能北拒强敌入侵的人物，现在还是有的（当然也包括辛弃疾自己在内）。

辛弃疾对心目中的另一个英雄人物——金戈铁马、气吞万里如虎的刘裕，写得格外有声有色。刘裕崛起于孤寒，早年起兵京口，平定桓玄叛乱，后又两度统帅大军北伐占据中原的鲜卑族。此等辉煌功业，辛弃疾是心向往之的。展望未来，他认为南宋会出现像刘裕那样的人物来恢复“西北神州”。正如宋翔凤说，“意在恢复，故追述孙、刘”[②]。辛弃疾憧憬于光复洛阳、长安的胜利前景，憧憬于自己将参加这伟大的行列。词人描绘刘裕的一派“虎虎生气”，既是为了鼓舞主战派的意志，也是借歌颂刘裕来歌颂主战派领袖的。

词的上片即景怀古，借古人写怀，从古代叱咤风云的人物身上，联想当前，是有其现实意义的。他对当年孙、刘的倾慕，就是对眼前敢与女真贵族作英勇斗争的主战派领袖的倾慕。如果不是这样，那他就不会写“维师尚父鹰扬，熊罴百万堂堂”[③]和“方谈笑，整乾坤”[④]的词句歌颂韩侂胄了。

下片紧接上片，以古鉴今，折转到现实，表示自己想为北伐献力的热望。

南朝宋文帝刘义隆元嘉年代，北方的鲜卑拓跋魏成为觊觎江南的劲敌。刘宋的大将王玄谟时常进奏北伐策略，“自践位以来，有知恢复之志”[⑤]的刘义隆听了很高兴，说：“闻玄谟陈说，使人有封狼居胥意。”[⑥]汉之武帝时，骠骑将军霍去病追击匈奴至狼居胥中山，大获全胜，在山上筑坛祭天而还。为了遏制北魏南下的威胁，刘义隆也很想举行一次这样的胜利北征，于是命王玄谟攻打滑台。其实，王

① 参见邓广铭《稼轩词编年笺注》引刘宰《漫堂文集》卷一五《贺辛待制弃疾知镇江启》。

②《乐府余论》。

③《稼轩长短句·清平乐（新来塞北）》。

④《稼轩长短句·水调歌头（西湖万顷）》。

⑤《资治通鉴·宋纪》。

⑥《宋书·王玄谟传》。

玄谟只会说大话，而实际指挥作战不行，元嘉二十七年（450）北伐一仗，被北魏太武帝拓跋焘杀得大败。这说明当年的北伐尽管目标高远，但终因用人不当而失败。对“元嘉草草”这三句中的用典，过去有一种陈陈相因的看法，认为辛弃疾在词中表达了不满于韩侂胄为了巩固权势所发动的北伐，用元嘉旧事警告韩侂胄不要轻举妄动。这种说法恐怕不符合作者的原意。实则是辛弃疾看到韩侂胄身边没有良将，而借元嘉往事来暗示用人的重要。[①] 辛弃疾在向朝廷“陈用兵之利”时就曾说过:“金必乱必亡，愿付之元老大臣，务为仓促可以应变之计”[②]。可见他早就看出了韩侂胄不善于用人，也曾多次提醒北伐主持者，希望能把用兵大计委托给元老重臣，隐然以此自任，准备在垂暮之年，挑起这副重担。宋末词人岳珂、刘克庄都以为稼轩词用典太多是一病，没有看到这里用典的必要、贴切、含义深远，它正是“材富则约以用之”[③] 的压缩手法。没有语言艺术的湛深造诣是做不到这一点的。

“四十三年”三句和“可堪回首”三句，仍然扣住京口周围的景物着笔，借以诱发联想。当年北魏太武帝拓跋焘，杀败王玄谟军后，一直攻到地处长江北岸，与京口隔江相对的瓜步山，凿山筑路，建行宫于山顶，后来成为祠庙。拓跋焘小名佛狸，民间遂把祠庙叫作佛狸祠。这里代称女真贵族统治者的祠庙。诗人由京口北望扬州一带，只见楼阁烟霞，历历在目，那里曾留下过他的战斗足迹。四十三年前南渡时，扬州一带烽火连天，到处是抗金的旗鼓。瞭望中诗人对当年抗击完颜亮南侵的情景记忆犹新。真是不堪回想啊，现在金占区敌人的祠庙里香火旺盛，社鼓叮咚，供品满案，沦陷的人们正在祭拜异族统治者，好一片太平景象！这说明金人的统治渐趋稳定，被压迫民族的同仇敌忾情绪日益淡薄，正如辛弃疾的好友陈亮所说:“南渡已久，中原父老日益殂谢，生长于戎，岂知有我……过此以往不能恢复，则中原之民乌知我之为谁！”[④] 这种情形是令人痛心疾首的。前尘影事，勾动辛弃疾的满腔心事，更激起他对北伐前景的向往，时

① 参看拙文《也谈〈永遇乐·京口北国亭怀古〉中的一处用典》，见中华书局《文史知识》1982 年第 1 期。

②《建炎以来朝野杂记》乙集卷一八。

③ 沈祥龙《论词随笔》语。

④《陈亮集》卷二。

间是开禧北伐前夕，他又处于管龠江淮的重镇京口。抚今追昔，他希望马上典师北伐，像四十三年前一样与敌人浴血奋战，改变“可堪回首”的境地。这几句词从回忆往事联想到当前，道出了他那“道男儿，到死心如铁”[①]的坚定不移之心，体现了抗金雪耻的时代意义。

词的结尾，辛弃疾发出了“凭谁问：廉颇老矣，尚能饭否？”的感慨，体现了他强烈的战斗意志，也体现了他对北伐的由衷拥护。当年廉颇这位能征善战的名将，年岁虽高，斗志甚旺，他在会见赵王派来观察他体力状况的使者时，曾经一顿饭吃了一斗米、十斤肉，然后被甲上马，毫不示弱。表示自己仍然可以为保卫赵国鏖战疆场。辛弃疾以廉颇自比，表示自己虽然老了，仍有廉颇披挂上马为国立功的雄心。“袖里珍奇光五色，他年要补天西北。”[②]诗人显然是在示意说：如果北伐主持者能以恢复中原的重任付托，他是会奋勇直前，决不服老地要为此大干一番的。

这首词怀古慨今，展望即将来临的开禧北伐前景，作者老当益壮地、迫切地要求能投身到“八百里分麾下炙，五十弦翻塞外声，沙场秋点兵”[③]的战阵中去。其中所涉及的历史人物和事件都无不与京口和抵御外敌有关，因此虽古人古事错落排列，却能一气贯注，浑然一体。用典虽多，却并不影响内容的表达。明代杨慎《升庵词语》云:“辛词当以京口北固亭怀古《永遇乐》为第一。”清人田同之《西圃词说》亦云:“稼轩词以‘佛狸祠下，一片神鸦社鼓’为最。”细读此词，始觉前人的推重是有道理的。它在辛弃疾晚年的抗战词作中确是比较出色的。

［原载怀化学院《教学研究》（社会科学版）1982年第2期］

① 《贺新郎》（老大那堪说）。

② 《满江红》（鹏翼垂空）。

③ 《破阵子》（醉里挑灯看剑）。

匠心独运　卓尔不群

——介绍王安石的《桂枝香·金陵怀古》

登临送目，正故国晚秋，天气初肃。千里澄江似练、翠峰如簇。征帆去棹残阳里，背西风、酒旗斜矗。彩舟云淡，星河鹭起，画图难足。

念往昔、繁华竞逐。叹门外楼头，悲恨相续。千古凭高对此，漫嗟荣辱。六朝旧事随流水，但寒烟衰草凝绿。至今商女，时时犹唱，《后庭》遗曲。

这首《桂枝香·金陵怀古》是王安石的代表作。据《古今词话》记载，当时有三十多个文人同时写了《桂枝香·金陵怀古》，但只有王安石的匠心独运，卓尔不群，被人叹为“绝唱”。南宋末年的著名词人张炎曾评点这首词说:“清空中有意趣”(《词源》)。但究竟“绝”在哪里,“趣”在何处呢？下面我们就来作一番具体的探索。

这首词大约是在宋英宗治平四年（1067）作者出知江宁府时写的。当时，国内矛盾激化，国外西夏和辽构成了强大的威胁。在这危急存亡之秋，统治阶级不思治国，一方面辱国求和，每年以各种名义向西夏和辽输纳大量金银、丝绸和茶叶；另一方面残酷剥削人民，安享奢华的生活。在这样的背景下，作者登高临远，俯仰古今，有所感触，抒发对现实政治的感慨，形成了这首词忧愤深沉、悲壮感怆的词格。

词的上片写金陵（今江苏省南京市）的山川秋景。起句“登临送目，正故国晚秋，天气初肃”，既点明了时间、季节和地点，又以阔大的气势笼罩全篇。“登临送目”的“送”字，极写向远方投射目光的神态。“正”字是一字豆（逗），它带有恰好、欣然的感情色彩，诗人的喜悦之情油然而生。“故国”，指金陵。金陵是历史上的名城，它是东吴、东晋和宋、齐、梁、陈六个朝代的都城。不称金陵而称故国，则既见河山之可亲，又存兴亡之可鉴。“晚秋”就是深秋。作者用

“晚”而不用“深”，是因为“晚”字比“深”字响亮，更能显示全词的高亢气势。“初肃”二字，照应“晚秋”，说明江南气候温暖，虽属晚秋，却只是有“初肃”。而“胡天八月即飞雪”，北国的深秋就不能用“初肃”了。作者在“正故国晚秋，天气初肃”九个字中，一连用了“正”“晚”“初”三个时间副词，时间讲得比较具体，我们基本可以推定为重阳节前后。重阳，古人有登高的风俗。如王维《九月九日忆山东兄弟》中就写道:“遥知兄弟登高处，遍插茱萸少一人。”杜甫的《九日》中也有“重阳独酌杯中酒，抱病起登江上台”的句子。可以想见，在秋高气爽的重阳佳节，作者和一大批文人聚在金陵高处，极目远视，并相约以《桂枝香·金陵怀古》为题填词，这是何等的意气。

作者登高远望，为我们描绘了一幅无比壮美的景色:“千里澄江似练，翠峰如簇。”千里，极言江流之长，“澄”字，极写江水之清。“练”是洁白的丝绸，“似练”二字极喻江面之洁净。“澄江似练”取自谢朓《晚登三山还望京邑》中的“澄江静如练”，王安石去一字改一字，不但意味不变而且更见简练。“如簇”，指青翠的山峰像箭头一样尖削。这些词语组合起来就构成了一种阔大清远的境界：诗人俯视大江，清澈的江水静静地流淌，宛如一条银光闪烁的白练，仰望远山，秀木葱茏的山峰层峦叠嶂，好像一支支高耸突兀的箭头。江澄峰翠，正是起句中“初肃”的具体化、形象化，这既是金陵秋景的典型描写，也是诗人美学理想的反映。这里有大江千里的直线，也有群山起伏的曲线；有山之雄伟险峻，也有水之柔软妩媚，画面富有气势和变化。有“澄江似练”的白色，也有“翠峰如簇”的青色，白色和青色透出秋景之肃，基调是素净的、淡雅的。但青山白水相间配置，色彩又是鲜明、美丽，富有生气的。山清水秀，更激起故国之思。诗人笔法由略而详:“征帆去棹残阳里，背西风、酒旗斜矗。”这两句，前句写江，轻舟斜阳，人生之奔波使人感慨，后句写岸，酒旗飘动，生活之和谐令人向往。写出了两种不同的生活境界。“征帆”“去棹”都是指离开金陵远去的客船，这里可见诗人为了避免重复并增强修辞效果的匠心。“残阳里”三字，点明客船是朝着残阳，顶风逆水向西航行。“酒旗”，是卖酒的布招牌，古代酒家多把青白布条缀在竹竿上，挂在门前作标记，能够让远地方的人看见，在古时它象征着闲逸。“斜矗”即酒旗斜斜地竖着。“征帆”配“斜阳”，则帆见鲜明之影;“酒旗”配“西风”，则旗生舞动之态。火红的太阳挂在西边，余晖把江水映得波光粼粼，在西边玫瑰色的晚霞映衬下，船只来来往往，酒旗随风飘荡，生活异常恬静。笔端流露出作者对祖国和生活的热爱。

“彩舟云淡，星河鹭起。”这两句仍是作者极目所见。前者写江舟，后者写江渚（也就是当时南京南面长江中的白鹭洲）。“彩舟”是客船的美称。“云淡”，指水面上水气缥缈，像淡云飘浮，这是夜幕降临时的景观。“星河”，原指天河，这里比喻远望中的长江。“鹭起”，指水禽白鹭上下飞舞。这两句是说：远处水天相接，装饰华丽的客船仿佛从淡淡的云中驶过，那水洲上的白鹭纷纷起舞，像是在天河里飞翔，寻找着自己的宿处。作者沉浸在美的欣赏之中，感受着祖国山河的瑰丽奇幻景象，情愫比前两句又深了一层。

以上六句，水上与陆上景物交错对写，流动跳跃，变化多姿；境界开阔，景色清丽；美不胜收，难以尽述。所以作者接着总赞一句：“画图难足”，作为上片写景的收结。

江山登临之美，泉石赏玩之胜，人们总以“如画”赞之。作者在这里不说如画，却说“画图难足”，是更进一步的方法，同时它也给人们一个深思联想的契机。像这样一幅怡然难写的图画，如何不教人产生对故国的爱恋呢？作者写景色的美丽，正是用来反衬人事的悲剧。因此，作者从送目所收的壮丽景象，转入下片的怀古抒情。

词的下片以“念往昔、繁华竞逐”换头，承转自然，笔力雄健。“繁华竞逐”四字，笔墨厚重，对六朝统治集团争着过豪华淫靡的生活，表示了深刻的不满。因此，接下去作者趁势以领格字“叹”勾出一件历史旧案：“门外楼头”。这四个字是根据杜牧《台城曲》中的“门外韩擒虎，楼头张丽华”点化而来的。“门”，指朱雀门，古时南京城的正南门。“楼”，指陈后主（叔宝）所造的结绮阁。祯明三年正月，当陈叔宝与宠妃张丽华在结绮阁寻欢作乐时，隋朝大将韩擒虎统率南军兵临城下，由朱雀门攻入城内，灭掉陈朝，陈、张二人都做了阶下囚，成了贻笑千载的丑类。苏轼《虢国夫人夜游图》中的两句诗：“当时亦笑张丽华，不知门外韩擒虎”就是讥讽这件事的。王安石在这里是用这个典故来概括六朝兴亡相续、可悲可恨的历史，所以下面写有“悲恨相续”一句。诗人通过一“念”一

“叹”，把感情推进了一层。江山如此多娇，更应该加以珍惜。而从六朝的兴亡史来看，那些统治者得了江山以后，只知道富贵荣华，相互追逐奢侈腐朽的生活，最后一个个都像陈后主那样相继亡国，真是可叹、可悲。

接下来作者写道:“千古凭高对此，漫嗟荣辱”。“凭高”二字，照应上片首句的“登临”“漫嗟”，空叹的意思。这句是对吊古者的批评，意思是说：面对如此壮丽的河山，缅怀遥远的古代，悲叹六朝的兴盛与衰亡，只是徒然的。上句作者说六朝之事可悲，这句又说此悲徒然，这并不是自相矛盾，而是诗人的感情在以前的基础上又推进了一层。当时，北宋社会危机日趋严重，统治者生活极为腐朽，他们不可能接受六朝亡国的历史教训。所以“千古凭高对此，漫嗟荣辱”不仅是对六朝灭亡的感慨，而且隐含着“后之视今，亦如今之视昔”的沉痛悲叹。王安石是封建社会的杰出人物，他对六朝历史教训的认识有进步意义，也达到了一定的思想高度。但因为受到阶级和历史条件的局限，他无法改变现实，推行新法最后以失败而告终。“六朝旧事随流水，但寒烟衰草凝绿”，去的毕竟去了，六朝的往事都已随着江水逝去，成了历史上的陈迹，如今只剩下寒烟笼罩下的一片衰草，而且也日就枯黄。沉痛的是北宋又要走六朝的老路。“寒烟衰草”是深秋的景物，也是诗人这种沉痛心情的反映；连象征着生命的“绿”色都毫无生气，凝固僵枯，这和上片中“澄江似练，翠峰如簇”的绚烂壮丽形成了鲜明的对照，这是融情于景的写法，作者的思想感情表露得含蓄而又深沉。

在词的最后，作者写道:“至今商女，时时犹唱,《后庭》遗曲。”这一结句是从杜牧《夜泊秦淮》中“商女不知亡国恨，隔江犹唱《后庭花》”脱化而来的。所谓商女，就是歌女。《后庭》或《后庭花》，就是陈后主制作的《玉树后庭花》曲。这里借指亡国之音。这几句作者用典自然有力，而感叹之情又含蓄不露，耐人深思：诗人追怀历史，瞻望现实，抑制不住身世家国之感，悲愤激烈之怀，发出了对北宋统治阶级苟且偷安、荒淫无耻的生活和当时腐朽的社会风气的极大愤慨。前车之覆，后车之鉴，这难道不更使人觉得可悲可叹吗？作者通过怀古与讽今相结合，使辞章具有极大的现实意义。

在艺术上，这首词最值得我们玩味的是作者的立意，换句话说就是在“旧事”中寄托“久远”的思想内容。作者不是简单地重复前人的诗意，客观地感叹兴亡。

他对于六朝统治集团生活上“繁华竞逐”导致覆亡相继的历史事迹深表惋叹，是针对着宋朝的政治现实而发的。他认为对于六朝兴亡相继的事实不能“漫嗟”，也就是说不能只是空空地感叹，而是要从政治上加以变革，吸取历史教训，免蹈覆辙。这绝不是一般文人的见解，而是一位杰出的政治家的洞见。换句话说，这首词是政治家的词，不是一般的文人词，必须结合作者的政治思想才能探索它的底蕴。它的“绝”处就在这里，它的“意趣”也在这里。和王安石同时的苏轼，写过一首《念奴娇·赤壁怀古》的词，他的那首词气势雄浑，是词中的名篇，但其中的“故国神游，多情应笑我，早生华发。人生如梦，一樽还酹江月”，流露出消极思想，给人以无可奈何的惆怅之感。王安石的怀古是积极的、进取的，他要从历史的失败中找出教训，警惕当世。所以被人誉为怀古的“绝唱”，是毫不过分的。

在词的发展上，这首词的出现，也具有很大的意义。自晚唐文人温庭筠第一个大量写词以后，诗家词人们基本沿着宫体诗和花间派的道路，极尽刻红剪翠、镂玉雕琼之能事，词的内容离不开少女少妇的冶艳风姿和离愁别绪之类。而王安石这首词所表现的阔大高远的境界，浑厚清雅的风格，则完全摆脱了花间词派绮靡华艳的影响，被刘熙载称为“一洗五代旧习”（《艺概》），在北宋词坛上透露出词风转变的契机，开了清雄豪迈的豪放派的先声。

总之，这首词立意高远，体气刚健而浑厚，意境壮阔而浑融。虽然多处化用前人的诗句、诗意状景抒怀，但毫无雕琢的痕迹，确实是一首难得的好词。

［原载怀化学院中文系《教与学》1989年第2期］

语文自学辅导教学与素质教育

1996年，中华大地掀起了一股素质教育的热潮。在这股热潮中，中央教科所所级重点科研课题“初中语文自学辅导教学”实验研究充当了弄潮儿的角色，受到了越来越多的教育工作者的重视。

素质教育的内含是什么？一是思想政治素质、文化素质、心理素质、身体素质全面发展；二是所有学生在其原有基础上都得到最大限度的发展（后进生向中等生或优等生转化；中等生尽可能多地达到优等层；优等生更优），形成万马奔腾、你追我赶的势态。语文自学辅导教学正是以这两方面见长的一项科研课题。

语文自学辅导教学对学生思想政治素质的培养，主要是利用人文学科的特点，通过教材的编写来体现的。这一实验教学采用了教材教法同步改革的举措。教材编者既注重渗透思想政治教育因素，又避免让教材成为政治的“传声筒”。如课文《二六七号牢房》的后面附了以下两则新闻：《“伏契克是英雄的共产党人”——盖世太保监狱看守的证词》（载 1990 年 8 月 28 日《光明日报》）、《维护伏契克声誉捷全文出版〈绞刑架下的报告〉》（载 1995 年 2 月 7 日《人民日报》）。要求老师指导学生写读后感，引导他们关注当今世界风云的变化，增强对国际反共反社会主义逆流的认识。又如《葫芦僧判断葫芦案》的旁批问题设计：“拐卖妇女，总是反映着一定的社会问题。怎样认识今天拐卖妇女的现象？”等等这些都独具匠心，能有效地培养学生的思想政治素质。

语文自学辅导教学对学生文化素质的培养主要体现在两个方面。一是选文内容宽泛，除必学课文选入一批脍炙人口的传统课文外，还在选学课文中编入大量文情并茂的好课文。如徐中远《终身的爱好》（写毛泽东爱读鲁迅著作）、郑子瑜《一个苦学成才的音乐家——冼星海》、赵丹《我演林则徐》、宗白华《中国园林建筑的空间美感》、王谷岩《蝇眼·导弹·计算机》以及《全民族都来重视生态环境保护问题》《“我与体育”两篇》等。这些课文不仅内容生动有趣，涉及天、地、生、数、理、化、音、体、美各学科，而且语言好，有的读来催人泪下。同时又与学好课文有这样那样的联系，能使学生开阔眼界，拓宽思路，培养浓厚的阅读兴趣，课外自觅好文章好图书看。

二是培养学生的读写素质，能读能写是人的基本素质。语文自学辅导教学的最大优点就是让学生将工具书带入课堂，通过教材、工具书的静态辅导与教师的动态辅导，使学生成为“会学”的主人。1936 年 4 月 26 日，毛泽东在给中国抗日军政大学的信中就认为识字、作文、看书报能力的培养教育，是整个教育计划中最重要最根本的部分之一，“如果学生一切都学好了，但不能看书、作文，那他们出校门后的发展仍然是有限的”。如果一切课都学了很多，可不很精，但学会了看书、作文，那他们出校门后的发展就有了一种常常用得着的基础工具了。毛泽东的这一论断对我们今天的语文教学仍有很现实的指导意义。“人们在学校里学习时间是短促的，更多的是离校后的自学。成才之道在于自己善于独立获取知识。”当今社会已步入信息时代，大众传媒手段日益增多，要迅速获取有用的信息，一定要掌握良好的阅读技巧，语文自学辅导教学着重培养的评点、速读能力，就是两种很有用的阅读技巧。评点是传统的有效的读书方法，据说南宋刘辰翁首先使用（评点《世说新语》），现代教育家徐特立加以发扬，教育学生“不动笔墨不读书”，他的学生毛泽东深受其益，享用终身。评点法能有效地提高阅读质量，培养检索能力，锻炼思维品质。语文教学大纲能力训练 48 条中的第 16 条“用圈点、批注方法精读课文”，就是训练评点能力。与此相关的还有若干条，如第 4 条“从课文中找出感受最深的句子或段落”，第 5 条“抓住一段文字的中心，找出关键性语句”，第 9 条“就课文的内容、语言、写法提出自己的看法或疑问”等都可用评点能力去促进这些能力的发展。笔者在实验进入二年级时，尝试让学生用评点法互批作文，不仅有效地减轻了教师的工作负担，而且大大促进了学生作文水平的提高。两年来，我班已有李玲的《凌霄》、李诗宇的《〈看太阳很足的晌午〉的联想》等 20 余篇作文在《学习报》《小天鹅》等报刊刊出，部分作品还在全国作文大赛中获奖。

语文自学辅导教学对速读能力的训练和培养在二至六册的课本中都有安排，训练既有连贯性又有梯度，各种文体均有涉及，由开始的每分钟阅读 300—350 字左右，到初中毕业时的每分钟阅读 600 字左右。在我国出版事业日益繁荣、人民生活节奏日益加快的今天，这种能力的培养，能使学生受益终身。

语文自学辅导教学还能有效地培养学生良好的心理素质。现代初中生一般都是独生子女，心理素质比较脆弱，依赖心理很强，干什么都缺乏自信。因此，江泽民同志曾为“跨世纪中国少年雏鹰行动”题词:“自学、自理、自护、自强、自律，做社会主义事业的合格建设者和接班人。”自学辅导教学要求学生独立阅读、独立思考、自我组织、自我检查和自我监督，老师由讲授者变成启发者、辅导者、鼓励者，学生必须跳起来才能摘到“桃子”。经过三年的训练，能培养学生优良的个性心理品质，对人格的养成大有裨益，很能适应竞争社会的需要。

语文自学辅导教学能大面积提高教学质量。现代班级授课制教学是捷克斯洛伐克的夸美纽斯在十七世纪创立的。班集体授课制比起早期的学堂式教学方式来，是一种质的突破。但它忽视了学生的个别差异，不适于因材施教。课堂上，有些高材生早已听懂，但教师还在那里滔滔不绝地讲授。有的差生虽然没有听懂，教师又不知他们哪里没懂。全班教学实行一刀切，这怎么能大面积提高教学质量呢？更严重的是目前的语文教学中，语文教师在课外布置很多练习题，大搞“题海战术”，挤掉了学生课外阅读的时间。语文自学辅导教学却不同，它向课堂45分钟要质量，课外不使用任何练习册。课堂上紧张，课外轻松。课内自学时，快者快学，慢者慢学。学得快的可继续往下学或自学选学课文。教师则走到学生身边因人施教，辅导差生，指导优生，使各类学生均能有所提高。学生自学时，又同“练”结合起来，以视觉为主，动手、动脑、动耳又动口，多感观相互作用，大脑皮层区域轮换兴奋，学生不会疲倦，注意力始终集中，学习效率高，学习效果好。学生能充分利用课堂时间，又赢得课外时间，从容地多读多写，对提高语文水平，接受思想政治教育非常有利。

总之，语文自学辅导教学将在素质教育中大显身手。

1997年7月

［获第二届全国语文自学辅导教学论文一等奖］

语文教学的出路在于实现三个转变

自1997年年底众多媒体对中学语文教学提出尖锐批评以来，业内人士进行了深刻的反思，发表了许多真知灼见，对改进语文教学产生了良好的影响。其实，中学语文教学改革是一个系统工程，是教育决策部门的责任，要成为政府行为。目前，教育行政部门应采取一系列举措，力求实现以下三个转变。

一、变“重理轻文，人文滞后”为“文理并重，人文优先”

受“学好数理化，走遍天下都不怕”的影响，亦受理工农医类院校招生面广的诱导，加上以前多由文科教师担任的大中学校长，现在却多由理科教师担任，社会上便形成了重理轻文的积弊。因竞争激烈的高考主要靠数理化拉开分数距离，高考数理化试题逐年加难，数理化教师便从高一开始就按高考的水准去要求学生，而且绝不放过任何一位母语都未掌握好的学生，哪怕有多榨出一分的可能。学生绝大部分课余时间便都泡在了数理化的题海里。在争夺学生时间方面，语文学科先天不足，其他学科一块小黑板，便能让学生实实在在忙碌一大阵，而出语文试题犹如炼丹，教师抄得手发麻，不够学生吞一口。语文作业除作文外，听、说、读、背基本上都是“软”任务，被教师逼急了的学生只得“怕硬欺软”，语文学习特别是课外语文学习的时间大打折扣，难以保证。到高三，学生课桌里全是一摞摞的数理化试题，根本无法做完。优秀点的学生或许能用几分钟思考一下某些试题的解题思路，差一点的学生则大部分试题连看一眼的时间也没有。

高中学生的书桌上谁都会有若干数理化解题指导之类的书，却缺少《新华字典》《现代汉语词典》这些必备的语文工具书。误尽苍生的，应该首先是数理化教学，其次是标准化语文测试，然后才是语文教学本身。因数理化难学，全国上下出现了数理化教师家教忙不赢的怪现象。一些重点中学数理化教师的家教收入甚至超过自己的工资，教毕业年级的则更为可观。在各门功课中，语文是最难获得高分、见效最慢的一科。小学和初中没读过多少课外书，进入高中后又十分功利地比成绩排名次，应试教育使语文教学改革的外部环境日趋恶化。数理化见效快，能考出高分（农村中学学生语文素质更差，数理化成绩并不差，有的甚至与重点中学难分伯仲），外语可以通过恶补跟上，历史、政治也还看得见摸得着。只有语文，茫茫一片，漫无头绪，不知从何下手，但不作努力也能得个中等。所以大多数学生宁可多做数理化习题，也不愿在语文上多花一点时间。直到高三才意识到语文太差，想回头再补，但已经来不及了。数理化教师一方面非难学生的语文没学好，不能正确理解题意，一方面又将各种难题抛给学生演练，肆意掠夺其课外阅读的有限时间。读书啊，读书！可现在的中学生急功近利为考试，哪有“闲心”去读书？他们根本不是“读书郎”，而是十足的“做题工”。我们的普通中学则成了一条条制造解题机器的流水生产线！

数理化学得太难，害了学生，累了教师，苦了家长，这是不争的事实。说句实在话，中学数理化根本用不着学那么深、考那么难。许多内容本来就是大学下放来的，应该再放回到大学去学。最重要的基础学科是语文，学生走向生活用得最多的也是语文，非在基础教育阶段过关不可。基础教育阶段数理化差一点有什么要紧？华罗庚年轻时数学一直不好，甚至有不及格的现象，爱迪生也曾一度被老师视为“傻瓜”，但他们后来却分别成了著名的数学家和发明家。相反，如果缺乏过硬的人文基础知识，则是不可能成为一名杰出的科技人才的。中国古代科学家张衡同时也是一位伟大的文学家，有著名的《二京赋》传世。华罗庚教授则对中国的古典诗词颇有研究。若再纵观一下世界科学史，从亚里士多德到牛顿，从达尔文到爱因斯坦，哪一位不既是科学巨匠又是睿智的哲人呢？他们的发明创造又哪能离得开形象思维范畴的联想和想象呢？

为了提高文史哲的地位，让人们重视语文，国家教育行政部门不妨采取如下一些“文理并重，人文优先”的措施：一是进一步降低中学数理化学科的难度；二是适当扩大文科生的招生比例，如财经类院校和计算机、中医药等专业完全可以只招收文科类考生（世界著名学府清华大学在47年后的今秋恢复招收高中文科毕业生，实乃英明之举）；三是“3＋X”型高考可以考虑除语文保留150分的分值外，其他各科均调低至100分。逐步实施这些举措，庶几达到改变全社会“重理轻文，人文落后”现状的目的。

二、变“标准化测试”为“主观性测试”

在改善语文教学外部环境的同时，应进一步加大语文测试的改革力度。高考语文测试是中学语文教学的“指挥棒”，是影响教育模式的关键因素。目前的语文测试方式受科学主义思潮的影响，出现了知识化、精确化、高难度、低高度的倾向，测试内容博杂，测试方式呆板，测试过程静态，实际上是不科学的、反科学的。烦琐的考试内容和非科学的命题形式给中学语文教学造成了严重的内伤。

“考纲”的各项要求当然完全正确，但语文高考却以选择题的形式对学生进行各种能力的考查。今天选出对的，明天选出错的，选来选去，甚至连教师自己也反而搞不清了。这种在心理学上称为“泛化”的现象给广大师生带来了许多烦恼，让他们在工作和学习的黄金时段做了许多无效或低效的劳动！ABCD 四个选项中的错误选项都能形成负干扰，使学生越练越糊涂。于漪老师曾一针见血地指出，是“‘标准化试题’把语文教学引入了‘死胡同’”[①]。我们只要翻看一下中学生的作文本，便可发现文中的错字、别字、病句以及标点符号的错误比比皆是，每次语文考试必考的修辞手法却很少在具体写作中加以运用。既然如此，又何必让学生劳神费力地去选对选错呢?

事实证明，只有符合语文学科个性的测试方式才是真正科学的。语言本身具有极强的模糊性和灵活性。语言的学习是一个动态过程，这是语文的重要个性。同时，语言的学习也关系到学习者人格的健全、认知能力的提高、生活心理素质的改善，关系到学生本民族思维方式的形成和对传统文化思想的吸收。因此，语文测试中的笔试应以主观题为主，侧重测试学生语言积累（读了多少，背了多少)、语言赏析（读懂了多少）和语言运用（话说得好不好，字写得好不好，作文好不好）的能力。语文测试还应达到激励语文学习、培养创造能力的目的。要促使学生静下心来读书，让他们真正学会读书。

三、变“语文训练”为“语文学习”

变“语文训练”为“语文学习”就是要在语文课堂教学中屏弃一切花拳秀腿，使其返璞归真。洪镇涛先生早在 1984 年就提出了变“讲堂”为“学堂”(其实是将“讲堂”恢复成“学堂”）的口号，[②] 吴良俅先生也曾发出过“变语文训练为语文教育”的呐喊。[③] 此后，洪镇涛先生又在 1993 年 5 月提出要变“研究语言”为“学习语言”的观点。[④] 可以说，有识之士早就通过号脉为语文教学开出了一剂良

① 于漪．“标准化试题”把语文教学引入了“死胡同”[J]. 人民教育 .1998，15—16 页。

② 洪镇涛．教海弄潮 [M]. 武汉：武汉出版社，1998，170、201 页。

③ 吴良俅．变语文训练为语文教育——关于教材改革策略的若干思考 [J]. 中学语文教学，1989，3—5 页。

④ 洪镇涛．教海弄潮 [M]. 武汉：武汉出版社，1998，170、201 页。

方。但为何他们的经验推广起来却那么难呢？关键“是在制度方面、习惯方面”[①]，是教学评价系统在作祟。

所以，只有在改变重理轻文时弊，改革测试方式的基础上，才有可能变语文训练为语文学习。美国教育家华特·B.科威涅斯克有这样一句名言：“语文学习的外延和生活的外延相等。”可见语文学习是一个开放的课堂，而且应该包括听、说、读、写、背五种能力的训练，读、写、背三种能力尤为重要。目前我们要对学生重点进行读、背能力的训练。没有大量的感性材料，没有积累得很丰富的对文学、对语言的理解与感悟，就永远不可能获得较高的语文能力。“未来的文盲不是不识字，而是不会学习。”做作业不等于学习，不会阅读几乎等于不会学习。未来社会是终生学习的社会，终生学习最主要的方式是阅读。我们要加强对学生进行阅读方法和阅读习惯的培养，将“评点法”等阅读方法教给学生，并让他们养成“不动笔墨不读书”“俯而读，仰而思”等良好的阅读习惯。背诵也是一种很重要的能力。它既是智力活动的仓库，又是智力活动的基础。我国古代有许多读书人一目十行、过目不忘。秦始皇焚书后，有不少典籍就是读书人凭自己的记忆背出来的[②]，可见我们现代人的记忆能力还远远没有开发出来。复旦附中的黄玉峰老师说：“在记忆力特别旺盛的青年时代，就是要死死地记一些，硬硬地背一些。这就是语文的基础，这就是本钱。现在中小学语文教学过多的‘架空分析’，是在浪费学生的大好时光，是不符合读书规律的。”以前的中学语文教师告诉自己的学生：“开口不谈《红楼梦》，纵读诗书也枉然。”可我们现在的中学生能否当众背出十首古典诗词还是个问题，更别说有时间去研读《红楼梦》了。常言道：“腹有诗书气自华。”处在“多记性，少悟性”[③]阶段的中小学生只有劳于读书，多记多背，才能逸于作文，彻底改变一听到作文就成了苦瓜脸的不正常现状。为了让学生达到“胸藏万汇凭吞吐，笔有千钧任歙张”（郭沫若语）的境界，语文教材的编者除了要改变选文标准外，还应在教材中大量增加适合中学生背诵的古诗文

① 吕叔湘. 关于中学语文教学的种种问题. 叶圣陶、吕叔湘、张志公语文教育论文选 [M]. 北京：开明出版社，1995，137 页。

② 孔国安，毛诗序，彭铎. 群书序跋举要 [M]. 济南：山东教育出版社，1985。

③（清）陆世仪. 养正类编卷一。

（特别是儒家经文和史传文）的篇目（或另编《背诵文选》），提出背诵默写的硬指标让师生们加以落实。让琅琅书声响起在祖国的四面八方，让莘莘学子到老祖宗那里去寻找在二十一世纪生存下去的智慧。同时，高考要增加古诗文默写和理解的测试分量，莫让那些胸无点墨之人跨进大学，跨入社会。

若实现了以上的三个转变，乾坤或许能够扭转。

[原载《怀化师专学报》1999 年第 6 期]

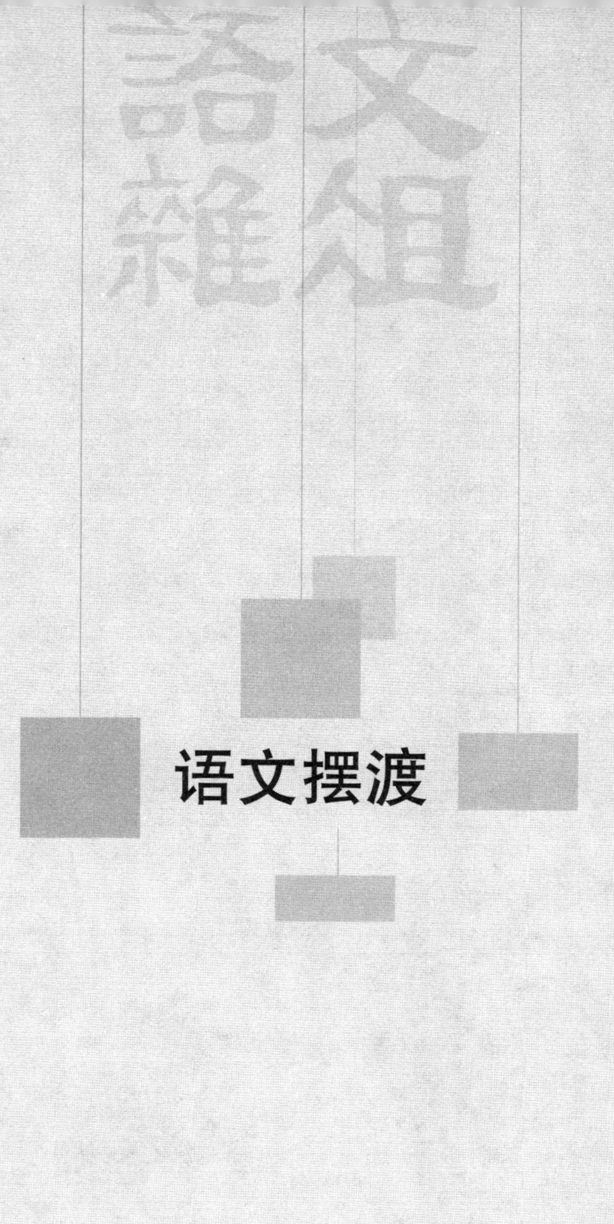

语文摆渡

“即”“既”例释

“即”和“既”是对孪生兄弟。它们字形相似，字音相近，弄得不好就会搞混，把“既然”念为“即然”，把“即使”写成“既使”。其实这两个字不能相通，它们造字的原意正好相反。

这两个字都是会意字。它们左边的偏旁“艮”，最初的形状是 ，像只高脚杯，里面盛满了烧好的食物。它们右边的部分都是“人”，不过姿态各异，表示的意义也相反。“即”在甲骨文中作 ， 像面对食物坐（今跪）下的人，走向食物旁边，准备进餐。《说文》:“即，就食也。”意思是走向食物，这就是“即”的本义。“既”甲骨文为 。像一个人吃饱了要离开餐具，表示吃过了，《说文》:“既，小食也。”

词义的发展，往往是由表示个别的具体的意义逐渐扩大到表示一般概括的意义，“即”字由“走向食物”的意思，也就演变成走向一切对象的意思，并根据不同对象衍化成“走进”“接近”等意思。例如：

①即位——走上位置。特指开始做帝王或诸侯。

②匪来贸丝，来即我谋。（《诗·卫风·氓》）——不是来买丝，是来接近我商量（婚事）。

上面例句中的“即”均为动词。动词虚化，动作性减弱，易变成介词或副词，作介词的“即”可以译为“立刻”“马上”“就”“当”。例如：

①愿即刻撤兵下船，不敢复行滋扰。（《三元里人民抗英》）——情愿立刻撤兵上船，不敢再骚扰生事了。

②哙即带剑拥盾入军门。（《项羽本纪》）——樊哙马上带着剑拿着盾走进项羽军营的大门。

③项王即日因留沛公与饮。（《项羽本纪》）——项羽就在当天顺便留下刘邦一

起饮酒。

④即日——当日。

“即”作副词一般表示时间的相连，也有表示事理相因的。用在叙述句中相当于“就”；用在判断句中相当于“就是”。例如：

①今日不雨，明日不雨，即有死蚌。（《战国策·相争》）——今天不下雨，明天不下雨，就有死蚌了。

②且壮士不死则已，死即举大名耳。（《陈涉起义》）——况且壮士不死罢了，死就死在做大事上。

③神即形也，形即神也。（范缜《神灭论》）——精神就是形体，形体就是精神。

“即”字的“就”或“就是”的意思进一步虚化，表示前后两事相关的意义就突出来了，于是变成连词，一般用在复句中：

（一）表假设，相当于“假若”。例如：

①即不为河伯娶妇，水来漂没，溺其人民云。（《西门豹治邺》）——假若不给河伯娶媳妇，河水一来就淹没成灾，将人们淹死。

（二）表顺承，相当于“就”。例如：

①夫杨，横树之即生，倒树之即生，折而树之又生。（《韩非子·说林上》）——那些杨树，横着种它就成活，倒着种它就成活，折断了种它还是成活。

（三）表让步，相当于“就是”。例如：

①四望空碧，即天都亦俯首矣。（徐宏祖《徐霞客游记·游黄山日记》）——向四面观看，只见青青的天空，就是天都峰也在下面低头了。

“既”多作副词，《说文》段注云：“引申之义为尽也，已也。”表示时间的过去，相当于“已经”“了”“以后”。例如：

①吾既已言之大王矣。（《公输》）——［这事］我已经和楚王说好了。

②既罢，归国。（《廉颇蔺相如列传》）——［渑池会］结束了，［赵王］回到国内。

③既泣之三日，乃誓疗之。（《病梅馆记》）——［我为它们］哭了几天以后，就发誓治疗它们。

“既”从表示时间的过去，进而表示时间的短促，相当于“不久”。例如：

①既而敌行益迩。(《冯婉贞》)——不久敌人走得更近了。

“既”作副词还能表示范围，有“已经全部”“全部”等义。例如：

①宋人既成列。(《左传·僖公二十二年》)——宋国军队已经全部摆开阵势。

②楚人未既济。(《左传·僖公二十二年》)——楚国军队还没有全部渡过泓水。

“既”在复句中往往用作连词，表并列。用法和现代汉语相同，但下一分句中和它呼应的词不尽相同，仅举一例：

①既无叔伯，终鲜兄弟。(李密《陈情表》)——既没有叔叔、伯伯，也没有哥哥、弟弟。

[原载锦州师范学院《语文教学与研究》1982年第1期]

听歌作文实况简录

我从怀化师专中文科毕业后虽然还只有三年，但怎样上好作文课却是我一直在悉心探索的课题。去年，我在高中二年级成功地进行了一次听歌作文，下面简录一些实况：

师、生：讲评上次作文 [23 分钟]（略）

师：下面进行听歌作文。我们要听的歌是《趁你还年轻》，由侯德健先生作词作曲。我先将歌词念一遍。[念完后] 现在就请大家听程琳演唱的这支歌。[放歌]

生（大部分）：[高声] 请再放一遍行吗?

师：当然可以。不过，得请大家注意，听第二遍时，要让自己思想的野马放纵奔驰。等会老师将以记者的身份采访你们当中的一些同学。明白吗？要展开想象的翅膀。[再次放歌]

师：这遍放过，我发现大家有好几秒钟都没吱声。我想，你们一定仍在展开想象。对不起！我不能不请大家收住思想野马的缰绳，回到现实中来。[笑声]

下面请你们接受我这个不出名的记者的采访。

记者（师扮）：何屹同学，请问你听了这支歌后有什么样的感受？

生（1）：听了这支歌后，我心中泛起了涟漪。青春是人生最美好的时刻，我们八十年代的青年应当倍加珍惜，它对每个人都是平等的——只有一次。我们要在这思想趋于成熟的时候立志，要在这精力最旺盛的时候发奋。争取在将来回首往事时，能毫无愧色地说：我没有蹉跎这青春的岁月！

记者：看起来这支歌已深深地叩动了你的心扉。那么我再问你，你打算怎样拟题，写什么形式的作文呢？

生（1）：我准备将题目拟为“燃烧吧，青春的火焰”，想写成散文。

记者：哦，很好。这标题使我想起了日本电视连续剧《排球女将》中的主题歌名——《青春之火》。青春就是一团火，我相信你会把这篇作文写好的。我代表大家谢谢你！

生（大部分）：[笑]

记者：怎么样？周老师像记者吗？[顿]哦，差点忘了，郭忠同学是班里最爱唱歌的女歌手之一，下面让我采访一下她。[对生（2）]郭忠同学，你能为大家谈点什么吗？

生（2）：能接受您的采访我很高兴。我确实爱唱歌，可惜唱得不好。但我听过许多歌星唱的歌，却从来没有像今天这样激动过。它像一股清泉涌进了我的胸房，它唱出了我们年轻人朝气蓬勃的特点，也唱出了我们年轻人的美好愿望。我觉得我们要趁自己还年轻，发奋学习，千万别放弃！所以我想写篇议论文，题目叫“羡慕小议”，用古今名人年轻时发愤的故事为论据，来谈我们到底应该羡慕什么。

记者：谈得很好，谢谢你的支持！[走向另一名学生]何雪秀同学，请问你是不是第一次听这支歌？

生（3）：嗯，不止一两次啦。

记者：那么你以前听这支歌时有什么感受没有呢？

生（3）：我就觉得程琳的这支歌唱得好。

记者：今天呢？今天你有什么想法没有？

生（3）：今天我听这支歌的时候，感到非常懊悔。过去我什么都不知道，却总是贪玩。我准备把文题拟为“莫让青春付东流”，告诫青少年朋友莫负大好春光。

记者：好。谢谢你！我相信你的老师看了你的作文后，一定会高兴的。[笑声]请坐！[走向另一名学生]谭尚志同学，我是记者，很想听听你的一些想法。

生（4）：我常为作文发愁[声音极小，后面有学生叫听不见]，觉得没什么可写。反正我很苦恼。[紧张，语言不时出现停顿]

记者：请不必过分紧张，慢慢谈。

生（4）：这次听歌作文，程琳那优美的歌声不仅使我陶醉，尤使我奋起。我很想说说自己的心里话，抒发自己的感受。我觉得很有东西可写，真的。也有真情可抒……我们的青春属于祖国，自己没有权力浪费它，谁要是消沉或气馁，谁的青春就会黯然失色。所以，我准备以“青春，应当闪光”为题来写篇议论文。

记者：非常感谢！[对全体听众]由于这位是第一次接受记者的采访，因此他很激动，讲话声音不大，也不太流畅，敬请大家原谅。

听课老师、学生：[笑]

记者：分别采访萧乐知、周辉煌、陆雨等同学……

生（5）：……我想以岳飞的词句“莫等闲白了少年头，空悲初”为题，劝勉同辈，也自勉珍惜时光……

生（6）：我喜欢赞美时代、歌颂生活和青春的歌……我将写篇题为“青春，该怎样度过”的作文……

生（7）：……我把歌名中的“你”改为“我”，题目就叫“趁我还年轻”，我要趁我还年轻，用自己的双手，紧扣青春的琴弦，奏出人生美妙的乐章。[慷慨激昂]

生：[鼓掌]

记者：因为时间关系，采访到这里，就到这里①。

生：[笑]

生（8）：老师，我们能采访一下您吗？

---

①“到这里，就到这里”是当年日本动画片《聪明的一休》中的台词。

师：当然可以。欢迎大家提问，我一定尽力配合。

生（8）：我想请您谈谈您的感受。

生（大部分）：还请谈谈您对写这篇作文的高见。

师：我虽然是你们的老师，但我们是同辈人。我听了这支歌后也深受感动，滚热的血时时在我胸中激荡。我们年轻人应该有理想，应该有追求，应该有前进的力量，应该腾起冲天的烈焰！我记得很小的时候，父亲就对我讲过“一寸光阴一寸金，寸金难买寸光阴”的道理；五十多岁的姑父也时常拿出“少壮不努力，老大徒伤悲”的古训教育我。在大学里，我读了朱自清的《匆匆》和诸如“盛年不重来，一日难再晨。及时当勉励，岁月不待人”等有名的古诗文，可却从来没有仔细思索过。直到今天听了这支歌，我才明白父辈为什么要训导我，前人为什么留下了那么多不朽的惜时篇，他们原来是在羡慕后来人啊。所以，我想写一篇题为“生活需要思索”的议论文。

铃：当——当、当——当——当、当……

师：对不起，下课了，答记者问也只好结束了。我毫无思想准备，配合不默契，请见谅！

由于这堂指导课上得很活跃，师生之间的情态非常自然，所以在作文讲评时，我仍用采访的形式进行。文贵以情动人，我有意将李卫红和何雪秀同学的文章进行对比，并结合以前介绍过的散文《离别》，使大家明白“感人心者，莫先乎情”的道理。何雪秀同学在念自己的作文时，禁不住哭出声来。她在接受“记者”采访时说：“我是带着深深的内疚和后悔的心情写的，所以我把自己的真实情感都写出来了……我将把这篇作文长久地留在我自己的心里，时时刻刻鞭策自己。”

接下来，学生对我为何雪秀的作文写的尾批中的这几句话发生了极大的兴趣：“我有时感到欣慰，有时在和你一起追悔，但更多的是羡慕你。望你成才，我衷心地祝愿你！”我非常高兴地一一回答了小记者们提出的许多问题。

总之，这次听歌作文可谓其乐无穷。形式好，且教书育人并举，因此受到了语文组老师的充分肯定，得到了学生们的一致好评。不过这得先感谢《语文学习》杂志才对，是它给了我信息，才使我设计了这次听歌作文。在“五四”晚会上，我班一位同学承担了节目主持人的任务，她干得非常出色。我想这种能力的取得固然需要自己在实践中锻炼，但老师在课堂里的串词，多少也能给她以潜移默化的影响吧。

［原载怀化师专中文科《教与学》1986年第1期］

起始年级语文自学辅导教学的几点做法

我校是参加第二轮初中语文自学辅导实验教学的学校。半年来，我一边加强对自学辅导教学的理论学习，一边在教学实践中悉心摸索操作方法。要搞好语文自学辅导教学，起始年级是关键，我是按下面三个要点来开展工作的。

一、引发好学的心态

中国古代伟大的教育家孔子说:“知之者不如好之者，好之者不如乐之者。”让学生“好之”，应该是搞好实验教学的第一个目标。我教了12年的高中语文后自动请缨搞教改实验，这表明我对这一课题特别感兴趣。所教初中班66名学生却无一不是被动接受这种学习方式的。他们当中有三分之一是独生子女，在家依赖父母，在校依赖老师。来到一个新环境，成了寄读生，本来就不习惯，还要他们破天荒进行自学，不做好思想转化工作怎么行呢?

尽管学生是被动者，但我充分相信，他们不是一只只待灌的瓶，而是一堆堆待燃的火。我自信自己不是一个无能的教师，可以遵循自学辅导教学“强动机、浓兴趣”的原则，用自己的智慧与知识的火种去“点燃”他们的求知欲。

首先，我在开学后及时给学生宣讲了自学辅导教学实验的意义，教材教法特点。还在班上引导学生开展了“未来的社会需要什么样的人才”的专题讨论，让他们明白跨世纪的人才拥有较强自学能力的必要，激发他们对实验教学的兴趣。

其次，我注意在教学中不断激发学生的兴趣。评点，是语文自学辅导重点培养的能力之一。叶老对评点有这么一段意见:“这样指点文章脉络，揭示作者的用心，旧时有所谓‘评点’一派，运用在教学之中，要言不烦，启发几句，让学生自去体会领略，自必使学生大有受益”。[①]在学生开始学习评点时，为使学生明白评点的意义，我特地将历代文人读书评点的情况[②]给学生作了专门介绍。明末清初文学批评家金圣叹曾评点过《水浒》《西厢》，颇有独到之见，令后人受益匪浅；脂砚斋评的《石头记》是红学研究的必备参考书；一代伟人毛泽东读书甚丰，每看一书，必作评点。通过介绍，学生便有了较强的学习动机和较浓的兴趣。

教材中丰富多彩的内容本身就能培养学生的兴趣，但我仍有意识地引入一些提高学生学习兴趣的内容。如教选学课文《想诗》时，我写出如下题目让学生构思作画："野渡无人舟自横""踏花归去马蹄香""蛙声十里出山泉""深山藏古寺"。不仅让学生在课堂上踊跃发表意见，还让他们回去和家长商量，设计最佳方案。苏霍姆林斯说过："兴趣的源泉在深处。"这种达到了深处的教学活动，使学生获得了来自学习本身的兴趣和愉悦。这种兴趣和愉悦就是高尔基所说的如饿汉扑到面包上的那种境界，也就是我们所认识的学习的内驱力的核心，它是一种如饥似渴的内驱力。这是搞好自学辅导教学的良好基础。

二、树立能学的信心

激发了学生自学的兴趣，引发了好学的心态只是第一步，还应在此基础上帮助学生树立能学的信心，因为"自信是我成功的第一秘诀"（爱默生语）。本来"从初一开始自学，往往会引起他们的好奇心，也会产生惧怕心理"[③]。而我班的生源质量又不够好，66 名学生，有三分之二是出资择校生，学习功底不扎实，畏难心理严重。分析其原因，或能力不够，或未养成勤学习惯，或缺乏坚强的毅力。

刘国正先生说："掌握语文能力是很不容易的，要经过艰苦磨炼的过程。"要学生具备自学能力当然更难了。因此，对缺乏能力的学生，我从不歧视他们，而是予以重点辅导，让他们有"保障感"，并形成这样的心理状态：老师在我们的身边，我们放心地学吧。课后我经常检查他们的课本，帮他们一把，扶他们上路。对他们的微小进步，我及时予以表扬。他们通过自学解决了问题而又得到了老师和同学们的赞许，就体验到了自身的力量，就会对自学充满了信心，这信

① 《叶圣陶语文教育书简》（25），见《语文学习》1990 年第 1 期。

② 赵俊之《评点法在语文自学辅导教学中的运用及其他》，见《语文自学辅导教学实验研究文集（一）》。

③ 《语文教改的三个基本点》，见《语文学习》1990 年第 6 期。

心，也包含着兴趣，能变成一种良性循环。

对缺乏习惯的学生，我时时提醒他们养成良好的习惯。在教《普通的人，伟大的心》时，我引了毛泽东的两句诗说明彭德怀的伟大:“谁敢横刀立马，唯我彭大将军。”诗句刚板书完，百分之九十的男生都特别来劲，他们纷纷站起来做着横刀立马的姿势，口中念念有词:“唯我某大将军！”我机敏地说:“我觉得刚才这些男同学的愿望恐怕难以实现。”当即有许多同学不以为然，我便走至“黄大将军”身边问他:“毛主席的这两句诗你抄在书上了吗？”他说没有，我便提醒他:“凭这一点你就很难当上将军。”话音刚落，没动笔的同学都沙、沙、沙地写上了。这样顺水推舟启发学生养成勤动手的习惯是挺管用的。

对缺乏毅力的学生，我注意培养他们坚韧不拔的毅力，主动克服学习中的困难。我诱导他们，古人曾说过，做学问要有三个境界，其中第二个境界是“衣带渐宽终不悔，为伊消得人憔悴”。这原是描写相思之情的，这里比喻学习也要像害了相思病一样，即使苦思苦想到了清瘦憔悴的地步，也决不后悔罢休。学习中，有学习本身遇到的问题，还会碰到学习条件上存在的问题，但不管前者还是后者，我们都要有毅力。《现代汉语词典》《古汉语常用字字典》是我们实验教材的配套用书，可有些学生就是不愿动手查，偏要举手问我。对这类缺乏毅力的学生，我不急于告诉他答案，而是逼着他查给我看，以克服懒惰心理。

三、培养会学的技能

吕叔湘先生说过:“学习语文不是学一套知识，而是学一种技能。”学习的技能学生一辈子受用，因此“授人以渔”是我追求的第三个目标。

首先，我注意让学生转变“师云亦云“的错误观念，培养他们思维的灵活性。因为语文不是 1 + 1 = 2，不是死的魂灵，而是活的艺术。开学不久，学《牛郎织女》一课，我在辅导时曾肯定过黄 ×× 同学课后练习的答案，在“知”的环节，我赞同了另一个同学的表述。课后黄 ×× 找我质疑。我及时启发他:“你说某同学的衣服漂亮，我说好看，他说真美，这不是一回事吗？”我们的学生在小学养成了一切唯老师是听的思维定式，而许多老师又是唯教参是从。这很不利于培养学生的思维品质。因此，我尊重所有的学生以自己特有的个性参与到课堂教学中来。在“知”的环节讨论时迸出的思想火花远比答案可贵。所以我不用指导书的结论去统一全班学生的认识。对同一问题，允许大家有不同意见。列宁非常赞赏黑格尔的一句格言:“同一句格言，从年轻人（即使他对这句格言理解得完全正确）的口中出来时，总是没有那种在饱经风霜的成年人的智慧中见有意义和广袤性，后者能够表达出这句格言所包含的内容的全部力量。”我们怎么能要求学生的认识一下子提到成年人的高度呢？黑格尔的这句格言，应当成为指导教学的座右铭。

其次，我特别注意激发学生的非智力因素，培养他们的自学能力。要求他们“专心以求快”“细心以求准”“恒心以求实”，努力使自己成为“敏捷而踏实”的学生。

第三，在进行个别辅导时，我注意瞅准时机，将学语文的一些“机宜”面授给学生，让他们插上腾飞的翅膀，遨游在语文学习的自由天空。

以上就是我抓起始年级语文自学辅导的三点具体做法，它们既有所区别，可以看成三个不同的层次，又互有关联，相互制约。有了这三块基石，便可将学生领向孔老夫子所说的“乐之”境界。实验教学的乐趣便随之产生了。

将教学引向课外

《明湖居听书》是一篇映衬手法运用得极为精妙的课文，我在指导学生自读时，特地将教学引向了课外。

“课文一开头就是‘次日’两字，那么头一天是什么样的情况呢？”我仿拟说书人的口气介绍说:“在开演的头一天，街上的小商小贩就议论着要在第二天停业，柜台的伙计要轮流请假，去听王小玉说书。老残一路走来，街谈巷议，大半都是此话。及至茶房的介绍，更是绘声绘色：白妞的声音要多高有多高，中气要多长有多长。南昆北弋，东柳西梆，各种曲调无所不能，而且能适应各阶层人物的口味，无不为之倾倒。至此，白妞未曾出场，已是先声夺人。由听众的谈论，突出了白妞在人们心目中的地位，以及她风靡历下，倾城倾国的艺术魅力。这一段侧面描写，把整个济南城渲染得无处不有白妞在，无处不充满了对白妞的狂热崇拜气氛。”

这番精彩生动的简介，既营造了一种“说书”的氛围，又让学生产生了阅读《老残游记》全书的内驱力。（课后，班上果然出现了争相传阅的情况，有的学生是掏钱买原著。）

稍后，为使学生更好地欣赏刘鹗对白妞演唱艺术的描绘，我将描写音乐的三首唐诗诗题及作者（《听颖师弹琴》韩愈、《琵琶行》白居易、《李凭箜篌引》李贺）写在黑板上。接着我抑扬顿挫地背诵道:“大弦嘈嘈如急雨，小弦切切如私语。嘈嘈切切错杂弹，大珠小珠落玉盘。间关莺语花底滑，幽咽泉流冰下难。冰泉冷涩弦凝绝，凝绝不通声暂歇。别有幽愁暗恨生，此时无声胜有声。银瓶乍破水浆迸，铁骑突出刀枪鸣。曲终收拨当心画，四弦一声如裂帛。”（部分学生跟着背诵）

我启发学生:“白居易的摹写以声传情，以情寄声，对声音的再现为千古传颂。但终究是以声比声，未出听觉形象的范围。刘鹗的笔力能否在‘山重水复疑无路’之时，出现（这时学生齐念“柳暗花明又一村”，老师等学生话音落下后）‘山外青山楼外楼’的美妙境界呢？下面学生进行了认真的对比分析和评议。

最后，我要求学生课后找来这三首唐诗进行研读，结合课文对说书艺术的描绘，写一篇文学评论，把学生的视线再次引向课外。

[原载《语文学习》1997年第11期]

作文网校的创建及意义

进入现代高科技迅猛发展的信息时代以来，我国的网络建设日益加快。目前，各地已创建了不少网上学校，为素质教育开辟了新的渠道。在众多的网校中，我们湖南师大附中白帆文学社和湖南国讯教育信息有限公司共同创建的“白帆作文网校”深受上网学生的欢迎。

《白帆》文学杂志是展示我校语文活动课成果的一个园地，是学生自己创办的文学刊物，每学期印一册。因第五期《白帆》杂志由油印改为胶印，封面改用128克铜版纸彩印，内芯扩大为三个印张，同学们遇到了资金困难。他们和指导老师商议后，决定请经常来学校发布广告，发动同学们上网的湖南国讯教育信息有限公司提供赞助。本着互惠互利的原则，湖南国讯教育信息有限公司为第五期《白帆》杂志承担部分印刷费用，白帆文学社除在第五期《白帆》杂志的封三、封底为湖南国讯信息有限公司刊发广告外，还将第五期《白帆》杂志的全部内容拷入软盘，供湖南国讯教育信息有限公司在网上中学展示。在具体办理这件事情的过程中，我们指导老师萌生了借用湖南国讯网络创建作文网校的想法。

经过半年多筹备，今年3月1日正式创建了全国首家中学作文网校，定名为“白帆作文网校”。创建过程中喜讯不断，至网校开学之日，第五期《白帆》杂志上刊发的学生作文，被全国各地报刊转载的已达9篇之多。

白帆作文网校成立后，如何进行网上作文教学，成为摆在我们面前的一个很有实际研究意义的新课题。目前，我们白帆作文网校的主页上面主要设置了如下内容：

- 教师简介　　• 白帆杂志
- 作文题库　　• 写作知识
- 作文辅导　　• 写作例文
- 作文讲评　　• 应考作文

只要上网学生按照我们提供的网址进入该主页，用鼠标将任意一个小圆点点击一下，即可进一步往下访问。如果学生点击的是“应考作文”一项，则立即有以下相关内容显示：

- 段考、期考作文
- 中考作文
- 高考作文

按同样方法继续访问“高考作文”一项，将显示以下相关内容：

- 历年高考作文题总汇
- 历年高考优秀作文选评
- 1998年高考作文评分标杆

- 1999 年高考作文题型预测
- 湖南师大附中高三学生优秀作文
- 1999 年高考作文评卷信息

我们充分注意了主页上面各项内容的相关性。上网学生进入题库选定题目后，可退出题库进入辅导站寻求辅导，还可以查看“作文讲评”或“写作例文”中的相关内容进行自我小结。

“作文讲评”是作文网校的“拳头产品”。它将学生原有的作文和教师批改后的作文分设在显示屏的左右，上网学生既可通过鼠标操作分篇进行翻阅，又可分段进行对比阅读。凡经教师批改过的地方，作文网校都用红字作了处理，两相对照，醒目了然，极富启发性。对比较典型的作文，教师还加上了适当的“点”“评”，供上网学生认真思考修改理由，仔细领会作文妙处。

作文网校还可根据具体情况，在主页增设“作文竞赛”“集体作文”①“作文接龙”等项目。下面网页的内容亦可随时做出适当的调整以供上网学生浏览。

作文网校的建立为作文教学及研究开辟了一片新天地，它具有以下一些意义。

1. 网上作文教学是对封闭式静态传统作文教学方式的大胆突破，能充分展示作文教学的魅力。网上作文教学既不受课堂作文教学时空的限制，同时也改变了教学的手段，提高了教师个别化教学的程度，增加了学生学习的范围，扩大了作文教学的容量。点评作文使写作教学更加具体直观，能给学生以有效的信息刺激，是传统作文教学手段所无法企及的。

2. 作文网校选用优秀语文教师在网上指导学生作文，是对中学生作文教学资源的一种最有效的开发和利用。因为教学情况通过网络终端被所有网络成员共享，其传播方式是在线瞬间传递，不受时空限制，所以教师的作文教学特长能得到充分的发挥，教师的作文教学效益得到成倍的提高。

3. 网上作文教学有助于教师业务素质的提高，能促进教师更快地走向成熟。②参与网上作文教学的教师一定要具备深厚的文化底蕴。无论是与上网学生讨论，还是回答他们提出的问题，无论是批改，还是点评，都要求教师具有真知灼见。

---

① “集体作文”教学法论纲. 教学与管理，1999 年（1–2）.

② 网络教学带来学习的革命. 文汇报，1999-3-4（五）.

要做到这一步，教师必须苦练内功，努力成为一名学者型的名师。

4. 网上作文教学能有效减轻教师的负担，提高学生的写作水平和评改能力。作文批改有多种多样的方式，任何一种都可以在网上进行。叶圣陶先生认为："给学生改文，最有效的办法是当面改。"① 但因受班级授课制的限制，对全班所有学生作文进行面批不大可能。而学生在作文网校"作文讲评"园地检索教师对某篇作文的详细点评，实际上有接受教师面批的效果。教师只要选用几篇典型作文加以点评即可，没必要对学生的每篇作文都做出具体的评判。而现代通信手段使作文批改的信息反馈非常及时，也有利于学生写作水平和评改能力的迅速提高。

5. 由于上网学生可通过电子邮件和老师进行个别讨论，发表不同看法，网上作文教学还能增加教师评判作文的准确性，有助于学生产生积极的作文反馈心态从而喜爱上写作，同时也能锻炼学生的独立交往能力和独立学习能力。

6. 网上作文教学能确保学生的主体地位，调动学生主动参与作文教学的全过程。教学内容的系统性、新颖性、趣味性，教学手段的多样化能吸引学生的注意力，激发学生学习写作的动机，提高学生学习写作的积极性。

7. 从目前的情况来看，电脑写出的文章不再仅有文本这种单一形式，人们还可将语言文字、图像、音响等信息有机结合起来，写成一篇特殊的电子文本，使作者的思维处于一种超时空、跨媒体的自由境地。因此，网上作文教学还能为学生的右脑开发、智力培养、审美取向优化、综合素质提高提供无限广阔的空间和极其有效的途径。由于应用了现代网络技术，学生可随时调阅作文网校这一信息库里的各种信息，网上作文教学便可大大提高学生写作学习的效率，较好解决写作教学中长期存在的"少慢差费"现象。

总之，网上作文教学符合当前教育改革的潮流，适应现今素质教育"优质、高效、减负"的要求，有着良好的社会效益和广阔的发展前景。作文网校所产生的综合教育功能定会影响到作文的本质及语文教育的发展。我们要抓住时代转型的重要契机，不断接受新思维，迅速掌握多媒体教学手段，为完善网上作文教学，提高写作教学质量做出应有的贡献。

[原载《语文学习·教学与管理》1999年第7期]

① 叶圣陶语文教育论集（下册）. 教育科出版社，1980，489.

古代诗歌鉴赏命题形式蠡测

2002年的《考试说明》进一步加强了对学生分析能力的考查，明确规定对现代诗歌鉴赏不作要求，而对古代诗歌鉴赏则有了更高的要求：将它由第Ⅰ卷调至第Ⅱ卷，由选择题变为简答题，分值由3分变为6分。面对这一重大变化，许多师生不知所措。其实，只要我们静下心来认真思索一番，就会觉得这一变更是必然的。

古代诗歌鉴赏题从80年代末滥觞于高考语文试卷中，90年代中后期题型固定且成为语文高考的必考项目。正像科技说明文完成其历史使命退出舞台给社科文一样，古代诗歌鉴赏题必然在几年的稳定后改变考查模式。

第一，以前的诗歌鉴赏试题不要求考生自己去鉴赏，而是让考生判定别人鉴赏的优劣，不利于选拔具有创造精神的人才；第二，这些诗歌鉴赏试题的制作素材大多选自80年代末上海辞书出版社出版的《唐诗鉴赏辞典》《唐宋词鉴赏辞典》《元曲鉴赏辞典》等工具书，古人云“诗无达诂”，专家的意见有时也很难说就是定论，命题人拿它来作为高考选拔人才的“尚方宝剑”肯定是不妥的。最近几年的高考过后，人们对古代诗歌和现代诗歌鉴赏题的批评较多，就是最好的证明；第三，诗歌鉴赏客观题的选择项特别是错误选择项不好编。这些错误选择项要么考生很难挑出（正确的选择项在风声鹤唳中很容易看成错误的，有时那些视为正确的选择项本身就存在着这样或那样的缺陷），要么考生一见明了甚至一见喷饭。如1999年高考语文试卷要求考生对杜甫的《漫成一首》进行鉴赏:“江月去人只数尺，风灯照夜欲三更。沙头宿鹭联拳静，船尾跳鱼拨剌鸣。”错误选择项是:“C. 二、四两句分写了江风吹打桅灯、大鱼跃出水面的‘动’，与一、三两句的‘静’对比鲜明。”稍有头脑的考生都会明白“风灯”类似人们穿的“风衣”，怎么会是“江风吹打桅灯”呢？至于各地高考模拟题中的古诗鉴赏题，有不少更是笑话百出，根本达不到遴选人才的目的。而新的命题方式除了能有效克服这些不足外，还将有利于提高中学语文教师的素质，有利于中学语文教学方法的进一步改进，有利于中学语文研究性、探索性学习的深入开展，有利于选拔具有创造意识和创新精神的高素质人才。

古诗鉴赏到底会怎样命题？这是大家都在思考的问题。笔者认为，无论何人命题，也无论采用何种形式命题，都会把渗透“创新精神”“创造意识”这两大理念作为前提。这里，我们不妨先看一看 1999 年全国保送生综合测试的作文题。

阅读下面的材料，然后展开议论，谈谈自己的看法。（20 分）

唐代诗人杜牧曾写过一首题为《江南春》的诗:“千里莺啼绿映红，水村山郭酒旗风。南朝四百八十寺，多少楼台烟雨中。”对这首诗，明代的文学家杨慎在《升庵诗话》中批评说:“千里莺啼，谁人听得？千里绿映红，谁人见得？若作十里，则莺啼绿红之景，村郭、楼台、僧寺、酒旗皆在其中矣。”针对杨慎的意见，清代文学家何文焕在《历代诗话考索》中，曾进行了驳斥说:“即作十里，亦未必尽听得着看得见。题云‘江南春’，江南方广千里，千里之中，莺啼而绿映焉，水村山郭无处无酒旗，四百八十寺楼台多在烟雨中也。此诗之意既广，不得专指一处，故总而命曰‘江南春’。”

要求：自拟题目，写一篇不少于 300 字的短文。

毫无疑问，这是一道考查考生“创新精神”及“创造意识”的好题，它能有效启发考生的联想想象，充分调出考生的知识内存，使思维敏锐的考生脱颖而出。

参考答案：

例文一：

贵在想象

某考生

我不赞成杨慎的观点，我觉得何文焕的观点是正确的，诗贵在想象。

假如用杨慎的观点，用细节分析、科学剖析的话，那么“白发三千丈，缘愁似个长”也不能成文啦，白发怎么能“三千丈”,“五尺”就不易啦！“一枝红杏出墙来”，春天来了，怎么才有“一枝”呢？应改为“多枝”，那么还有意境、想象可言吗？“十里蛙声出山泉”，为何光画蝌蚪就境界全出，因为画面富有想象力；“万绿丛中一点红”，为何脍炙人口，因为它对比鲜明，诗味盎然；“飞流直下三千尺”，为何流芳千古，因为它表现了瀑布雄伟壮观的气势。

诗贵在酿造想象的境界，欣赏者也要善于理解、玩味。文学与科学在形象思维方面是具有天壤之别的。

例文二：

意境是诗的灵魂

某考生

诗歌、散文等文学作品，大都是讲究意境的。短短几行古诗，名家高手往往会创造出绝妙的艺术意境。杜牧的《江南春》就是例子。“千里”“四百八十寺”等等跨越时空的词语，给我们创造出了“江南春色”的美好境界。

然而让杨慎一改就索然无味了。倘若按照他的观点，还有诗吗？“一唱雄鸡天下白”怎么讲得通呢？“天下白”，难道没有“黑”的地方？“千里冰封，万里雪飘”，难道真是一千里路被冰覆盖?

诗贵在有意境，可以用夸张、渲染、烘托的手法。“小桥流水人家”是用名词展现的意境，“飞流直下三千尺”是用夸张描绘的风采。意境是由诗人与读者共同创造的。

尽管这是一道作文题，但考生完全可以将其当成一道古诗鉴赏题来作答。我们不妨将其改成以下这样一道古诗鉴赏题。

阅读下面一首唐诗，回答后面的赏析题。(6分)

江南春绝句

杜牧

千里莺啼绿映红，水村山郭酒旗风。

南朝四百八十寺，多少楼台烟雨中。

明代翰林修编杨慎（升庵）在《升庵诗话》（卷八）里说：“千里莺啼，谁人听得? 千里绿映红，谁人见得? 若作十里，则莺啼绿红之景，村郭、楼台、僧寺、酒旗皆在其中矣。”清朝人何文焕在《历代诗话考索》中，对杨慎的意见作了反驳：“即作十里，亦未必尽听得着看得见。题云‘江南春’，江南方广千里，千里之中，莺啼而绿映焉，水村山郭无处无酒旗，四百八十寺楼台多在烟雨中也。此诗之意既广，不得专指一处，故总而命曰‘江南春’，诗家善立题者也。”

请结合这两则评论对《江南春绝句》的一、二两句意象及意境进行合理的赏析，200字左右。

显然，修改后的题目答题要求更加明确，操作性也变得更强了。

参考答案：

何文焕的话说得有道理。“千里”改作“十里”，似乎更切合实际，但诗境全失。因为所谓“千里”，正极言江南地广，是指整个江南春色说的，而不是实指某处景色。诗人描写景物，不必拘泥于见闻，可以写意中的虚景，也可以把眼前的实景和意中的虚景结合起来写。杜牧就是把自己的实感和想象糅合在一起，给我们绘出了一幅地域广袤、气象万千的江南春景图。如果像杨慎说的不用“千里”二字，这两句就要减色了。

这两句诗写了七种意象。莺啼是从听觉上感受的，春风是从触觉上感受的，红花、绿叶、水村、山郭、酒旗，是从视觉上感受的。从不同的角度来刻画景物，逼真，有立体感，容易把读者带到作品的艺术境界之中。静景动景构成对比，画面更加生动。红绿相衬，色彩十分鲜明。所有景物都和“江南春”这个规定情境相适应，统一构成意趣盎然的江南春图景。

在明确了“创新精神”“创造意识”是命好古诗鉴赏题的两大前提之后，我们就该思考考试专家们会如何命题的问题了。

第一，应该明确：古代诗歌的考查主要包括对作品的形象、语言和表达技巧进行初步的鉴赏，对作品的思想内容进行评价。所谓初步鉴赏指的是对作品的形象、语言和表达技巧作概要的赏析，无须引经据典，也不需要拿试卷以外的作品进行比较，只需对作品本身的特点进行鉴赏。当然，如果诗句用到的典故是我们在课文中学过的，我们应该知道，并能结合所学的知识进行分析。

第二，由于今年是首次采用主观题的形式来检测考生的古诗鉴赏水平，题目应该不会很刁钻。估计会选一首五言绝句或七言绝句来做命题的材料，而这一绝句又以唐代诗人的最有可能。《语文读本》上选的古诗绝句我们可以重点关注一下。

第三，面对一首绝句，可以要求考生赏析全篇，也可以要求考生赏析其中的一至两句“秀句”，今年应以后者最为可能。答题长度相当于早几年经常考的小作文，字数应该在200字左右，不会超过300字。

第四，欣赏文学作品难免“见仁见智”，所以人们说“一千个读者就有一千个哈姆莱特”。将古诗鉴赏用主观题的形式进行检测，让考生根据自己的理解提出不同的见解，这是在新的语文教学理念指导下的一次变革，是符合文学鉴赏规律的举措。但高考命题毕竟有其自身的特点，它必须在放开手脚的同时对试题加以必要的限制，不能使考生无从下手，切入点最好小一点，以便于应考考生和阅卷教师操作。今年高考古代诗歌鉴赏命题的切入点可能是：①分析作品的整体风格，如让考生回答文本的风格是豪放还是婉约，是属于山水田园诗派还是属于边塞诗派；②由作品风格判定作者是谁；③分析诗歌的意象及意境；④分析诗歌的表现方法及表达作用，如赋、比、兴、通感、夸张、对比、象征、寄慨等。

当然，鉴赏文学作品的形象、语言和表达技巧在命题上可以就某一方面提出设问，也可以是综合要求，也可能和评价作品的思想内容结合起来考查。这就要求我们在课堂教学中要全面培养学生的能力，不能有所偏废。

[原载《中学语文教学》2002年第5期]

一堂成功的求异思维写作训练课

求异思维是一种可贵的创造性思维。为了让学生全面了解它的特点，掌握其思维方法，准确地加以运用，我特地安排了一堂“议论文写作中的求异思维训练”课。并于课前学习了高中语文第四册第一单元的知识短文《学会辩证地分析》。

一、框架构想求完美

除导语外，整堂课由四个板块构成。首先讲清求异思维的特点及作用。求异思维是一种向寻常思维相反或相邻方向发展的思维，它能从一个信息源推导出不同的结果。譬如从《邹忌讽齐王纳谏》可以确定出以下议论角度：批评者的动机；被批评者的态度；纳谏与国家兴衰的关系；身居高位者应当警惕奉承拍马等。求异思维就是要求我们在面对某一作文题的时候，不满足于某种现成的思维成果，不满足于别人常走的路，而是积极开动脑筋，围绕既定题目进行多方向、多侧面、多角度的思考，写出构思独特、内容新颖、不落俗套的文章来。写作中求异思维运用得好，会像舞剧《丝路花雨》中的反弹琵琶一样，令人耳目为之一新。

其次，类化出求异思维的四种方法：从事物的诸多内涵去求异；用标新立异的办法去求异；从事物与它事物的因果联系去求异；从不同角度看事物，提炼出不同的认识。

接着，阐述运用求异思维要注意求新、求准、求深。求新，业已在前面阐明。又如，昙花开在零点到凌晨两点，我们赞扬它的默默奉献精神就有了新意。求深，就是要议论得深刻、透彻。我着重讲了求准的问题：有篇题为《牛年思牛》的习作，一反“牛年赞牛”的常套，一针见血地指出牛的“愚昧”，不会思考，说“它那貌似深沉的头脑里却空无一物”，文章联系现实，提出自己独立的见解，中心思想无疑有积极的一面，反映出这位中学生思考的某种深刻性和独特性。同时，文章全盘否定了牛的“勤劳”“无私”，称之为“悲剧”，这恰恰又表明作者从另一角度陷入了思考的片面性和绝对化。可见求异思维运用得好，能新人耳目，运用得不准则可能导致大的失误。为了杜绝求异思维中的绝对化和片面性，我们应该使用“辩证的分析”这个法宝。可以说，辩证分析是求异思维走向成功彼岸的津梁和舟楫。只要我们假了这个舟楫或津梁，就能顺利地渡过求异思维这个江河了。为了求准，我们还要做到言之有理，持之有故，自圆其说。另外，真理有时超越一步就会变成谬误，如果以为什么观点只要通过“反一反”“倒一倒”，就能有独到的见解，这显然是一种误解。有的贬义词如“讳疾忌医”“浑水摸鱼”等，是不能反其意而用之的。我们决不能写文章说:“我们提倡讳疾忌医”“我们就是要浑水摸鱼。”

末了，指导学生阅读下则医学史逸事材料作文：巴豆，据南朝名医陶弘景的《本草经集注》记载，药性最能泻，但李时珍试用结果表明：巴豆只要用量适度，不但不会引起腹泻，反倒能治好慢性腹泻；剂量大了才会引起严重腹泻。

二、诱导启发求活泼

这是本堂课出彩的地方。先看我对方法二“标新立异”的启发诱导:“我们知道，任何人都不会希望自己陷入困境。但从另一方面说，逆境可以磨炼人的意志，拜伦就说过:‘逆境是达到真理的一条道路。’逆境让人更接近于成功。可不是吗？‘屈原放逐，乃赋《离骚》；左丘失明，厥有《国语》（请能背诵这段文字的同学跟我一起背诵）……’所有这些，便是明证。我刚才又运用了一种求异方法。又如：

近墨者黑→近墨者未必黑

两耳不闻窗外事→两耳要闻窗外事

有志者立常志→有志者也要常立志（学生问：有没有典型论据?）

要论据，俯拾即是：鲁迅曾三易其志，郭沫若也曾投笔从戎，雷锋则干一行爱一行。下面请同学们仿效我的这种方式对下列命题进行求异：

1. 高枕无忧→高枕应忧（人口、环境、资源……我们当前就是要有忧患意识。学生列举回答）

2. 向愚公学习（愚公那种征服自然、改造世界的雄心壮志和坚定不移的斗争精神是可贵的）→移山为一家之利，效率低，得不偿失，不如搬家。学生答）

3. 只要功夫深，铁杵磨成针→铁杵磨针太费时，苦干还要加巧干。学生答）

上面这种求异的方法，我们怎样概括好呢? 我先用了‘推陈出新’这条成语，后来通过求异，觉得不如用‘标新立异’这条好。”

再看我对方法四“从不同角度看事物，提炼出不同的认识”的启发诱导:“假如让我们讨论‘什么最宝贵’这一问题，回答将是多种多样的：真理、时间、生命、爱情，可匈牙利诗人裴多菲却说:‘生命诚宝贵，爱情价更高；若为自由故，二者皆可抛！’他认为自由最宝贵。以上这些回答，从某种角度讲都有它的道理。这样的回答还有很多。（板书：贵在□□）下面请大家用适当的词语取代黑板上的缺号。”问题刚一提出，各种答案就像源源不断的泉水，汩汩而来。贵在爱美、贵在向善、贵在求真、贵在参与、贵在创新、贵在求异……你一句，我一句，课堂气氛异常活跃。

在诱导启发的过程中，我还特别注意用幽默的语言激发学生的兴趣。指导学生根据医学史逸事作文时，大家从不同角度提出了以下观点：破除迷信，大胆创新；实践出真知；要把握事物的度；量变到质变。这些观点我备课时均已涉及，只是语言表述有所不同，我便将其一一抛出，并分别以“这叫作不谋而合”“可见英雄所见略同”“这是为了一个共同的目标——求异，走到一起来了”“真是心有灵犀啊”加以评议，既让学生受到鼓舞，又让他们体会到了汉语表达的无穷魅力。

三、思维训练求精当

为增加课堂的附加值，必须设计相应的训练题；受四十五分钟的限制，训练题的设计又必须精当。在诱导第一种求异方法“从事物的诸多内涵去求异”时，我要求学生按照我从《邹忌讽齐王纳谏》分析出角度的思维模式完成下面的题目：《战国策·赵策》上说：一个赵国人牵了匹马到集上去卖，一连三天竟无人问津。于是，他便去找伯乐，要伯乐围着他的马转三圈之后离开。离开时，要三次回头看马。如果伯乐这样做了，他付给伯乐“一朝”的工钱。伯乐照着做了。于是人们争着买这匹马。很快，这匹马便卖了出去，而且马价提高了十倍。请根据《马价十倍》这个故事进行求异构思。经过讨论，学生得出以下观点：要学点生意经（卖马者角度）；不要盲目崇拜名家（买马者角度）；名人要自尊自爱（批评伯乐角度）；千里马何愁无人问津（千里马角度）。

在讲运用求异思维的注意事项时，我穿插设计了这样两道思维训练题：

1. 下面是我们作文中出现过的一些主观武断或观点片面的句子，请具体说出其毛病。

①我们要学会读书做笔记，只有做笔记，开卷才有益。

②除了黄色书刊和武侠小说，其余就是进步的、健康的。

③对于我们中学生来说，读大学生的书和读小学生的书都是没有什么意义的。

④在劳教所里的少年犯，就是因为看了黄色书刊而走上犯罪道路的。

2. 下面均是利用因果联想去求异得到的结论，你认为准确吗？为什么？

①花下有刺→是个坏地方

②刺上有花→是个好地方

③物价提高，私人发财，社会秩序不如过去→改革不好

④共产党内有腐败现象，干部中有受贿现象→社会主义不好

⑤小马跑不过老马→小马不好

⑥“跬步”何等之慢→我要“千里”

第 1 题，学生稍作思考分析就有了完美的解答。第 2 题，因为刚刚学过《学会辩证地分析》，学生很快就能指出①—④句没用一分为二的观点看问题，⑤句没用发展的观点看问题，⑥句没用联系的观点看问题。

由于整体设计巧，环节衔接好，提问和训练题注意了可操作性，虽然这堂课有许多老师听课，学生却没有丝毫的拘束。不仅课堂气氛活跃，而且第二堂习作课佳作纷呈，圆满达到了教学目的。

［原载上海教育出版社《作文大赢家：中学作文成功教例》2002 年 5 月第 1 版］

2003 年高考作文漫议

每年的高考作文题都是社会的一大热门话题，今年也不例外。

今年高考作文题给出的材料是《韩非子》中“智子疑邻”的寓言故事。要求跟去年一样，连续提了两个问题“感情上的亲疏远近和对事物认知的正误深浅有没有关系？”“是什么样的关系呢”，然后引出“感情亲疏和对事物的认知”这个话题。“注意”也同往年差不多，三个“自”（立意自定、文体自选、题目自拟）加上一个“试题引用的寓言材料……可用也可不用”，给学生写作以充分的自由度。

除了这些是考生“似曾相识”的以外，今年的高考作文题在信念上也保持了连续性，仍有去年“诚信”的影子，对考生的思想观念有一定的考查成分。

但转变也是易见的，出现了一些新的走向。

首先是将前两年对学生思想道德方面的检测转向了思辨素质的检测，这一由“善”而“真”的视角转变不仅同样显示了对学生人文修养的关注，而且是一种蕴含更深的人文关怀。作文题材料虽是古代寓言例子，但用于当今的作文题仍具有较强的针对性和社会意义。

其次是话题的限制性超过了历年的命题。2001年的话题是“诚信”，只要求考生“所写内容必须在‘诚信’的范围之内”。2002年的话题是“心灵的选择”，要求必须扣住“心灵”，应写出心灵经受的挣扎与搏斗，这个过程应是具体的，没有这个过程属于跑题。今年的高考作文试题又别出心裁，以“感情亲疏和对事物的认知”为作文话题，要扣住“感情亲疏”四个字，行文中要体现出感情的亲疏远近对认识能力的影响，并且要写出两者的关系，限制性更强。

总的来说，今年的高考作文题是平易的。“智子疑邻”现象无论在历史上还是现实生活中，都有许多经验教训。有的发生在别人身上，有的是自己经历过的，这些都可以进入今年作文的话题。湖南出现了10多篇满分作文，其中有写人际交往的微型小说《保姆与家教》，有写选拔起用人才的历史故事新编《既生“亮”，何生“关”“张”？》，还有评价他人的《用双眼看世界——网络个人主页设计》等，视角独特，精彩纷呈。我们开始认为限制加大后，作文分会大幅降低，看来这个担忧是多余的。优秀考生仍然进入了写作的自由王国。

由于这个话题涉及认知理论，哲理意味浓郁，要写出好文章也不容易，理论水平普遍不高的高中生尤为如此。此次作文中暴露出的最严重问题是考生思想的简单、呆滞。不少文章用华美的词语来掩盖思想的苍白，一戳就破。还有些考生在破题之后只能勉强地拿一二个事例作平面的类比，无法条分缕析，不会深入拓展，这种辨析的无能正是理论水平和理解力不高的表现。有相当部分考生对关系型命题没有思想准备，未能抓住感情与认知的“关系”，或单方面谈感情，或单方面讲认知，顾此失彼；有的因平时话题作文中的限制少，没有受过严格的审题训练，把话题变成“做人要讲爱心”，或变成“父母的爱造成自己无能”之类的议论；有的因平时忽视文体训练，写成了一些文体驳杂、“四不像”的文章；有的则受宿构的影响太大，基本照搬平时看过的一些微型小说或故事。这些都是训练有偏废、准备不足造成的。还有部分考生基础较差，甚至连题意也弄不清楚，以致写出来的东西不知所云。这类考生既有生活经验浅薄、知识积累贫乏、写作技能低下的问题，还有思维训练薄弱的问题。

冰冻三尺，非一日之寒。要解决这些问题，同学们还是应着眼于“素质”，从基本功抓起。作文的根本在思想，文章的生动应来自于思想的深广与灵动。思想内涵丰富了，作为载体的语言方能秀美于外，显示出勃勃生机。

因此，我们首先必须加强自身人文素质的培养，提高创新思维能力，对事物要有独立的见解。其次，应放宽视界，学会关注社会、感受生活，以积极健康的情感和正确的世界观、人生观、价值观剖析社会、思索人生、关爱生命，注重从生活中悟出生命的真谛和人生的哲理。最后，要注重积累，融入新知，力争厚积而薄发。如此养之有素的训练加上我们在考场上的良好发挥，拿下高分作文应不是难事。

我们来看看下面的一篇满分作文：[略]

[原载《高中生》2003年第9期]

“诗眼”琐谈

一

2003年高考古诗鉴赏题选了王维的《过香积寺》一诗来鉴赏，要求指出第三联中的“诗眼”并结合全诗作简要赏析。

要答好此题，必须理解什么是诗眼以及诗眼在全诗中的作用。相传张僧繇画龙，一经点睛，便凌空飞去，诗眼有似于此。古人写诗作词，讲究锤炼字面。凡在节骨眼处炼得好字，使全句游龙飞动、令人刮目相看的，便是所谓“诗眼”“词眼”。微云、河汉、疏雨、梧桐，均是寻常景物，而孟浩然练就“淡”“滴”二字，写成了流传千古的“微云淡河汉，疏雨滴梧桐”。“淡”状出视觉感受，“滴”达出听觉感受，“淡”和“滴”渲染出一种冷漠、孤寂的境界。宋祁的“红杏枝头春意闹”、张先的“云破月来花弄影”，如果没有“闹”“弄”二字，所写景色也就平淡无奇。而着“闹”“弄”二字，就境界全出，顿然改观。

“诗眼”一词，最早见于北宋。苏轼诗云：“天工忽向背，诗眼巧增损。”范成大则写道:“道眼已空诗眼在，梅花欲动雪花稀。”范温的诗话更以“诗眼”为名，题为《潜溪诗眼》。“词眼”一词，首见于元代陆友仁的《词旨》。《词旨》分八部分，其六专论“词眼”。虽然“诗眼”“词眼”的称呼出现较晚，而注意炼字，可以说与诗歌创作的历史一样久远。

《诗经·周南·芣苢》:“采采芣苢，薄言采之。采采芣苢，薄言有之。采采芣苢，薄言掇之。采采芣苢，薄言捋之。采采芣苢，薄言袺之。采采芣苢，薄言襭之。”每两句只在关键处换一个动词，而“采”“有”“掇”“捋”“袺”“襭”，逐层推进，同中见异，摇曳无穷，堪称“诗眼”。

南朝民歌《明下童曲》:“走马上前坂，石子弹马蹄。不惜弹马蹄，但惜马上儿。”一个“弹”字，墨光四射，令人耳目一新，与后世所说的“诗眼”已毫无二致。

两晋南北朝时，随着声律论的兴起与骈俪文的盛行，在文人创作中追求警策、秀句（其中也包含了对诗眼的追求），成为一时风气。“天际识归舟，云中辨江树”（谢朓），“亭皋木叶下，陇首秋云飞”（柳恽），“夜雨滴空阶，晓灯暗离室”（何逊），“行舟逗远树，度鸟息危樯”（阴铿），“蝉噪林愈静，鸟鸣山更幽”（王籍）等，锤字炼句得其神韵，历来传为美谈。而“识”“辨”“下”“飞”“滴”“暗”“逗”“息”等动词（“暗”字为词类活用，形容词作动词）与“愈”“更”等副词，都不愧为句中之眼，起着画龙点睛的作用。

唐代大诗人杜甫，历来被视为锤炼字句的圣手。他的《曲江对雨》诗，宋代被题于某寺院壁上，其中“林花着雨胭脂湿”句，“湿”字被蜗涎蚀坏了，苏轼、黄庭坚、秦观、佛印分别以“润”“老”“嫩”“落”补缺，都不及“湿”字贴切。原来他们几人均是就句补字，忽略了全诗的时代背景和思想内容。杜甫这首诗写于长安新经丧乱之后，借荒凉雨景，抒寂寥心情。用“胭脂润”或“胭脂嫩”表现明快色彩，显然不合适；而花在雨中，也不一定掉落，颜色更不会暗淡，所以用“老”“落”写花，更欠确切。

宋、元时代的诗论家，正是在千百年来诗歌语言艺术日益精进的基础上，在诗人们愈来愈自觉地注意锤炼字句的情况下，概括出“诗眼”“词眼”这些诗学新术语的。

二

诗眼、词眼在句中的作用不一而足。

或者用以翻出新意。如萧楚才改张乖崖“独恨太平无一事，江南闲杀老尚书”之“恨”为“幸”,“恨太平”是对天下太平的不满,“幸太平”是因天下太平而感到幸福，一字之改而诗意迥异。

或者借以增添情趣。如韩驹改曾吉甫“白玉堂中曾草诏，水晶宫里近题诗”之“中”为“深”、“里”为“冷”，改动两个字，使得原来只是用以指示方位的“白玉堂”与“水晶宫”，转眼显得雍容高华，超凡脱俗。

或者靠它增强形象性。王安石的“春风又绿江南岸”，用“绿”字而不用“到”“过”“入”“满”等字，是取“绿”字的色彩；韩愈帮贾岛斟定“僧敲月下门”，是取“敲”字的声音（上句为“鸟宿池边树”，已是关门上闩的时候,“推”是推不开的，只好“敲”了）；秦观的“山抹微云，天粘衰草”，是取“抹”“粘”动作勾画出的线条轮廓。

或者关乎诗意的精确。如齐己咏早梅:“前村深雪里，昨夜数枝开。”郑谷将“数枝”改为“一枝”，使“一枝”与“早”意丝丝入扣。

有的诗眼、词眼还有助于铸就诗词的意境。洪荼《阮郎归》词写春光:“绿情红意两逢迎，扶春来远林。”凭着一个“扶”字，我们感受到了从树林深处步步走近的春天。

三

一般来说，诗句中最重要的一个字就是谓语中心词。把这个中心词炼好了，成了“诗眼”，诗句就变得生动、形象了，如：

“羌笛何须怨杨柳，春风不度玉门关。”（王之涣《凉州词》）“怨”“度”均是炼字。表面上是说：羌笛何必吹《折杨柳》这首哀怨的曲子呢，春风可从来没有到过玉门关外啊！实际上是抱怨朝廷从来不关心边远荒凉地区的居民和战士，连短暂一过都做不到，更不要说体察下情了。“怨”“度”二字可谓情与景会，事与心谐。

“晓战随金鼓，宵眠抱玉鞍。”（李白《塞下曲》之一）“随”和“抱”这两个字都炼得很好。鼓是进军的信号，所以只有“随”字最合适。“宵眠抱玉鞍”要比“伴玉鞍”“傍玉鞍”等说法好得多，能显示出枕戈待旦的紧张情况。

“感时花溅泪，恨别鸟惊心。”（杜甫《春望》）“溅”和“惊”都是炼字，花使泪溅，鸟使心惊。春来了，鸟语花香，本应欢笑愉悦，但由于国家遭逢丧乱，一家流离分散，花香鸟语只能使诗人溅泪惊心罢了。

“烟雨莽苍苍，龟蛇锁大江。”（毛泽东《菩萨蛮·黄鹤楼》）“锁”字是炼字，它把龟、蛇二山在形势上的重要地位非常形象地显示了出来，若换成“夹大江”之类，那就兴味全无了。

“六盘山上高峰，红旗漫卷西风。”（毛泽东《清平乐·六盘山》）“卷”字是炼字。用“卷”字来形容红旗迎风飘扬，显示出红旗是革命战斗力量的象征。

“山舞银蛇，原驰蜡象。”（毛泽东《沁园春·雪》）“舞”和“驰”是炼字。本来是以银蛇形容雪后的山，蜡象形容雪后的高原，说成“山舞银蛇，原驰蜡象”，静态变为动态，生动的形象更加突出。

“五岭逶迤腾细浪，乌蒙磅礴走泥丸。”（毛泽东《长征》）“腾”和“走”是炼字。把细浪翻腾、泥丸滚动说成“腾细浪”“走泥丸”就更加苍劲有力。恰当的比喻将“红军不怕远征难”的革命气概描画得十分传神。

形容词和名词，当它们被用作动词的时候，也往往是炼字。如：

“草木变衰行剑外，干戈阻绝老江边。”（杜甫《恨别》）“老”字是形容词用如动词。诗人从爱国主义的情感出发，慨叹国乱未平，家人分散，自己垂老滞留锦江边上。一个“老”字充分表达了这种浓厚的情感。

“流光容易把人抛，红了樱桃，绿了芭蕉”（蒋捷《一剪梅·舟过吴江》），形容词“红”“绿”用作使动词。诗人通过樱桃变红、蕉叶转绿的动态，抒写了对时光流逝的惋惜。如果说成“樱桃红，芭蕉绿”，就会味同嚼蜡。

“指点江山，激扬文字，粪土当年万户侯。”（毛泽东《沁园春·长沙》）“粪土”二字是名词用作动词，恰当而简练。把当年的万户侯看成粪土不如，这是蔑视敌人的革命气概。

形容词即使不用作动词，有时也有炼字的作用。如：

“草枯鹰眼疾，雪尽马蹄轻。”（王维《观猎》）这两句诗共有四个句子形态，

“枯”“疾”“尽”“轻”，都是谓语，但“疾”“轻”是炼字。草枯以后，鹰的眼睛看得更清楚了，诗人不说看得清楚，而说“疾”（快），“疾”比“清楚”更形象。雪尽以后，马蹄跑得更快了，诗人不说快，而说“轻”，“轻”比“快”又更形象。

四

在阅读和鉴赏古诗时，怎样去寻找诗眼、词眼呢？

古人有五言诗以第三字为眼、七言诗以第五字为眼的说法，如“孤灯燃客梦，寒杵捣乡愁”（岑参），“万里山川分晓梦，四邻歌管送春愁”（许浑）。主张五、七言诗要分别在第三字和第五字上着力。这种说法不无道理。五字句与七字句的节奏多为上二下三与上四下三，如“孤灯／燃客梦”“万里山川／分晓梦”。而意义单位又往往与节奏单位相统一，在五言诗句中，常常上二字是主语，第三字是动词所在；在七言诗句中，常常上四字是主语，第五字是动词所在。动词是叙事、写景、状物、抒情的关键字，因而自然成为锤炼字眼的重要对象。但若把诗眼定死在五言诗的第三字、七言诗的第五字上，则又未免偏颇。原因是诗句的语法结构多种多样，并不都取上述诗句的格式，而诗眼也并不局限于动词一个类别。“身轻／一鸟／过”“白玉堂／深／曾／草诏”，便是不受诗眼在第三、五字说法局限的例子。

在词里，句子参差不齐，句法千差万别，当然更无从咬死第几字方得为眼，所以“绿肥红瘦”（李清照）既不妨以二、四字为眼，“宠柳娇花”（李清照）又不妨以一、三字为眼。再看马致远的《天净沙·秋思》：“枯藤老树昏鸦，小桥流水人家，古道西风瘦马，断肠人在天涯。”前三句无一谓词，只一气排列九个名词，但一点也不费解，好像给人一幅景象凄凉的夕阳图。原因就在于九个名词前的修饰词选择得精巧、恰切。假如把名词前的修饰词删去或换上另外的修饰词，则很可能风景大煞，意味索然了。

［连载《语文报》（高考版）2003 年第 49、50 期］

一道新意不足的作文题

2004年高考湖南卷有不少亮点，如文言文阅读撇开了十几年惯用过的史传文，选用苏轼的散文名篇《放鹤亭记》作语料；第六大题里，设计了要求考生“以主持人的身份拟写几句串台词”的新题型等。相比之下，作文题显得缺少了一点新意。

湖南作文题袭用流行了几年的方式，先提供一则简明的材料，然后引出“家庭教育”这个话题，要求考生自选角度，自拟题目，写一篇不少于800字的文章，“三自”（立意自定，文体自选，题目自拟）变成了“二自”。“注意”也同往年差不多，所写内容必须在规定的话题之内，除诗歌之外，其他文体不限，给学生以比较充分的写作自由度。

这道作文题很有现实针对性，因为家庭教育是人们普遍关心的热点问题。我们的大脑对下列家庭凶杀案例留下了不可磨灭的印象：浙江金华17岁的中学生徐力弑母；湖南衡阳一名初三学生李毅（化名）毒翻全家；贵州安顺市两名16岁孪生姐妹将6瓶鼠药放进稀饭，毒死亲生父母……这些个案是怎样造成的，它们与我们的学校教育、家庭教育有没有关系，有什么样的关系，很值得我们思考。马加爵事件发生后，中共中央国务院及时颁布了《关于进一步加强和改进未成年人思想道德建设的若干意见》，意见第五部分就是“重视和发展家庭教育”。确实，学生是家庭的重要成员，父母是孩子的第一任教师，在这方面，每个学生都有一定的生活体验。但家庭教育的主体是家长，孩子是受教育者。在家庭中，家长作为孩子的监护人，如何教育好孩子，是他们的责任和义务。家长有很多教训或经验，有切身的体会，深刻的感悟，独到的方法，要谈“家庭教育”，家长最有发言权。孩子从来没有做过家长，让他们模拟爸爸妈妈，爷爷奶奶，总有隔靴搔痒之感。另外，由于孩子的学业负担太重，除了对自家的“家庭教育”有一定皮相的“感受”外，对社会上“家庭教育”的成败案例关注甚少，更无暇“思考”乃至深度的“思考”，因此也难以谈出个子丑寅卯来。

说其新意不足，主要是因为仍在走话题作文的老路。按我们的理解，教育部扩大自主命题省份的比例，为的是打破专由国家考试中心组织命题的单极化，让语文命题呈现出百花齐放的格局，这既是普通高中课程改革的需要，也是时代发展的需要。但今年仍有浙江、天津、重庆、广东、江苏、湖南以及全国卷考话题作文，另有部分省市虽然考的是命题作文，但可以当成准话题作文写，湖北卷则出现了以“‘买镜’为题目写一篇话题作文”的笑话。

话题作文最大的弊端就是考生极容易套作、宿构，导致高考作文成为不公平竞争。2001 年，四川高考满分作文《患者吴诚信的就诊报告》，涉嫌抄袭当年第 7 期《杂文选刊》刊发的《患者吴良知先生的就诊报告》；2003 年，海南高考满分作文《最美丽的鸟》，涉嫌抄袭《故事会》杂志刊发的《爱的误区》；湖南一篇题为《猫头鹰的孩子》的文章应同属抄袭，因为只得了 58 分，媒体未作报道；今年重庆亦有多篇高考满分作文涉嫌抄袭或套作。其次是导致不少学生不会写文章，把握不住文体，只会编一两个幼稚的故事（情节幼稚，道理也幼稚）。摆在读者面前的是一篇篇让人感动不起来的故事，这些故事大都不是他们亲身经历过的，而是凭空捏造的，说得冠冕堂皇点是虚构的。这样的文章大多缺少真情实感，故一点也打动不了读者。第三是不利于中学语文教学，特别是作文教学。材料作文大行其道的时候，确实出现了“引——析——联——深——扣”等令人生厌的八股式写作模式，而在话题作文的指挥下，面对具有强烈创造性因素的作文教学，我们的语文老师又在做些什么呢？他们心甘情愿地被高考牵着鼻子走，不仅让高中生写话题作文，也对初中生开始了训练。急功近利的实用主义，势必将作文教学引入新的死胡同。本学期，我校高一期未考试出了道命题作文“变”，文体不限，没想到大部分学生仍旧脱离不了编写无厘头故事的窠臼，很少抒发真情实感的文章。话题作文导致学生思维品质的僵化，由此可见一斑。

法国思想家帕斯卡尔说过：“人是芦苇，然而是能思考的芦苇。”人之所以伟大，在于它有思维、会思考、能衡量、会选择。毛泽东在湖南第一师范读书时的年龄，应该和现在的中学生差不多。当年的毛泽东是最具有思想的人，曾意气风发地“指点江山”，可我们当代的中学生呢？虽然学了够庞大系统的新知，做了够多的题，有人能写出当年毛泽东那样的“激扬文字”么？我们如果平时多让他们思考，多让他们发表自己的看法，会造成这种根本没有见地的局面么？就拿“家庭教育”这个话题来说，如果在材料部分引一两个类似上面提到的具体案例，然后要求考生联系生活实际，写真事、抒真情、讲真话，围绕家庭教育提出自己的思想见解，应该来说，佳作会更多。

高考作文考话题作文已经有了六个年头。话题作文的优点诸多文章已经论述得很清楚。但即使是一道美味大餐，也不能天天吃。命题作文、材料作文等也有其自身的优势，不可一概排斥。早在 2000 年，《高考考试说明》就在写作考点的“发展等级”中提出了“有创新”的要求，那我们的高考作文命题为什么不首先做到“有创新”呢？所以，高考作文命题题型一定要多样化，文体也一定要多样化。当然，高考命题有一个“稳中求变”原则，也许是因为湖南卷已经有了一大“变”，故作文题暂求一个“稳”，更何况它还是有点小“变”呢。

自古湖湘多才俊。我们相信，孕育了文学湘军、奥运湘军、电视湘军的湖南省，明年的高考作文题一定会带来更多的新意。（与吴彩霞老师合写）

[原载《语文学习》2004 年 7—8 期合刊]

审题立意细思量

从广义讲，应试作文都是命题作文，命题作文不同于平时写自由文，它是在一定约束下按命题者的要求被动地表达自己思想感情的写作方式。所以拿到题目，必须分析、揣摩，准确理解题意后，才能构思运笔行文。

揣摩、思考的入口处，即审题立意，这是写好命题作文的第一关。审题，即弄清题目内涵及相关要求；立意，即根据把握的命题意图、旨趣及相关要求，确立文章表达的主旨。审题立意的基本要求是：

1. 审题要全面、准确

从形式上看，高考作文题型大体有命题作文、材料作文、话题作文等。近几年高考作文的命题大都是话题作文，题意显豁，大大降低了审题的难度。但降低审题难度并不等于不需审题，并不意味着写作时可以天马行空。事实上，这几年来，还是有不少考生在审题上出了差错。我们应该有一种意识，任何类型的作文，都或多或少地存在审题这一关，我们应该主动地带上无形的“镣铐”再去“跳舞”。

审题要全面，即凡是命题者给出的材料、提示语、要求及注意事项，都要一一看清楚，看明白，不能疏忽，不能遗漏。

（1）审材料

材料是引出话题的由头，这就意味着材料与话题之间有着密切的关系，审题时就不能不仔细推敲材料。读材料时不能匆匆“扫描”，应该一个字一个词地在心中默读清楚，找出材料中的关键词句，因为关键词句往往就是命题者下达指令的主要载体，抓住了它，审题就有了依托。

如2004年高考全国卷（Ⅳ）作文的材料是：一个富人去请教一位哲学家，为什么自己有钱以后很多人不喜欢他了。哲学家将他带到窗前，说:“向外看，你看到了什么？”富人说:“我看到外面有很多人。”哲学家又将他带到镜子前，问:“现在你又看到了什么？”富人回答:“我自己。”哲学家一笑，说:“窗子和镜子都是玻璃做的，区别只在于镜子多了一层薄薄的白银。但就是因为这一点银子，便叫你只看到自己而看不到别人了。”很显然，哲学家的最后一句话是理解材料的关键句子，好好揣摩它，才可能对材料有个准确地把握和理解。

（2）审提示语

话题作文大都有一段提示语，它往往在材料之后、“话题”之前。提示语的作用不是对材料作解释说明、帮助考生理解材料，就是启发思考、扩展思维。仔细阅读提示语，对迅速、准确地把握材料及话题的内涵非常重要。考生一定要注意这些提示中透露出来的信息，并加以巧妙利用，帮助自己轻松地理解话题，从而写出切合题意的作文来。

如2004年重庆高考作文，在引出“话题”之前，有这样一段提示:“在这则材料中，登山队员对自我的认识与“大家”对他的期望是不一致的。在现实生活中，自我认识与他人期望有时一致，有时不一致。一致、不一致都值得我们深思。”这里面包含着以下信息：当自我认识与他人期望一致时，我们应该深思什么呢？我们应思考自己对自己的认识是否正确，他人对自己的期望定位是否符合实际，切不可盲目自喜。当自我认识与他人期望不一致时，我们又应该深思什么呢？我们应清醒地认识到对自己的认识是否实事求是，定位是否准确，若清醒地认识到自己对自我的认识准确到位，那么千万不要让他人的期望迷惑自己，从而失去自我。当然，他人的期望对自我认识也有一定的参考作用，但人生千万不能唯命是从。一切从实际出发，准确定位人生，才能发挥人生的极致。这个“提示”实际上还告诉我们，写作本题一定要紧扣“自我认识”和“他人期望”两个方面来谈，不可偏废。

（3）审话题

话题作文，总要提供给考生一个话题，我们首先要吃准这一“话题”的含义。一般说来，“话题”中总会出现一两个对理解题意有重要影响的字词，把握住这些关键字词，也就掌握了准确理解题意的钥匙；反之，就会造成审题上的失误。

如2000年高考题，有不少考生对“诚信”一词理解出现了偏差。有的把“诚”理解为“诚恳”，把“信”理解为“自信”“信仰”。其实，“诚信”一词只能理解为“诚实守信”。另一些考生把“诚信”理解为“忠诚”“信任”，虽未出大错，但也只能视为基本符合题意。2003年高考作文话题“感情亲疏和对事物的认知”明明是关系型的题目，但有相当多的考生在写作时，撂下“对事物的认知”，紧紧揪着“感情亲疏”，大谈特谈什么“与邻为善”“好心得好报”。严格地说，考生作文必须写到“感情”“亲疏”“认知”“正误”这四个要素，才算切题，才可进入一类卷。2004年高考全国卷（Ⅰ）话题“相信自己与听取别人的意见”、全国卷（Ⅱ）话题“遭遇挫折和放大痛苦”、全国卷（Ⅲ）话题“快乐幸福与我们的思维方式”、全国卷（Ⅳ）话题“看到自己与看到别人”、浙江卷话题“人文素养与发展”、广东卷话题“语言与沟通”、江苏卷话题“水的灵动，山的沉稳”等，也是关系型的作文，如果不明白这一点，也会顾此失彼，造成审题上的失误。

（4）审注意事项

在引出话题之后，都有一个“注意”（或“要求”），对写作作一些限制，诸如写作范围、角度、文体、篇幅等，这些内容我们也要细读，千万不能忽视。

如近几年在写作字数上都有“不得少于800字”的要求，那么写作时就不能少于800字，低于800字就要扣分。“不得抄袭”，则是要求考生写作时引述材料要特别小心，不可去“穿靴戴帽”进行套作，更不可完整地搬用别人的文章。

审题要准确，即要确切地理解题目的含义。如“尝试”不同于“品尝”，更不同于“感受”。“假如记忆可以移植”，“记忆”不同于“思维”，更不同于“身份”“地位”“品格”“相貌”;“移植”是有“移”有“植”，而不是单方面的“删除”或“植入”，更不能与“恢复”混为一谈。“心灵的选择”，必有触动“心灵”之事，且面对两难之矛盾，非如此则无“选择”之必要。“相信自己”不同于“夜郎自大”“刚愎自用”“固执己见”等心理感受;“听取别人的意见”则不同于“失去自我”“迷失自我”，而是要客观理智地分析别人的意见，具体问题具体分析。

2. 立意要正确、鲜明、深刻、新颖

“千古文章意为本”，文章的好坏，立意是关键，故审题之后要确立文章的主旨。它是文章的内在发动机，制约、规范着文章的全局。确立主旨要做到以下四点（前两点为基础等级要求，后两点为发展等级要求）。

（1）正确。要真实、客观地反映社会生活，帮助人们正确认识事物，引导人们积极向上。比如“尝试”这个文题，就不能写盗窃、作弊等丑行。写记叙文，一定要认真寻求人物、事件所表现的正面意义，写议论文，则要力戒偏激的观点。

（2）鲜明。主旨鲜明要做到两点：明确、集中。明确，作者赞成什么，反对什么，对事物的褒贬态度不能含糊，要旗帜鲜明，且“感情”要“真挚”。集中，即强调中心思想在文中的地位，它是全文的统帅，文章要始终如一地把“目标”聚焦在这个“统帅”上，不能偏离它，更不能多中心。比如“近朱者赤，近墨者黑”，题目即中心论点，举例、说理都必须围绕“环境”这一外因对人的影响来展开。可有的同学文章展开后，主题又转到“近朱者未必赤，近墨者未必黑”即内因起决定作用这一论题上了，这就属于偏题。

（3）深刻。立意忌肤浅、一般化，文章应蕴含着作者对观察和关注着的事物的理解和感受，且最好能上升到感悟的高度。感悟的过程，是对目之所见，耳之所闻或亲身体验的事物，用心去思考、理解、升华的过程。从感性的事物中悟出某种道理，显示出作者对时代、社会、人生的深刻探索和领悟。

（4）新颖。立意要有新思想、新认识、新启示，给人清新拂面之感，发人深思，醒人耳目。“新”并不意味“奇特”“怪异”，你能从平凡的，乃至人们司空见惯的事物中，见人之所未见，发人之所未发，即是新。重复的形象，嚼烂的题材，用腻了的陈言，亦步亦趋，人云亦云的看法，都会使你的立意失去新意。

［原载《招生考试通讯》2005 年第 1 期“周老师教你写考场作文”专栏（1）］

结构章法巧安排

限时作文字数不多，这对文章的篇章结构、材料组织提出了更为苛刻的要求。而目前中学生考场话题作文中比较普遍存在的问题就是“思路不清，结构混乱”。由于话题范围大，考生可能会觉得有很多话要说，加上时间紧迫，来不及深思细想作通盘考虑就匆忙动笔，结果是先想到什么就先写什么，写到后来，觉得还漏掉什么就补写什么，导致思路不清晰，段与段之间没有什么逻辑联系，结构混乱，毫无章法。

巧思：谋篇布局

结构，即文章内部的组织、构造。结构的原则：首先，要服从于表现主题的需要；其次，要反映出文章内容的内在联系；再次，要适应不同的文体特点。结构的要求：完整、和谐、严谨、清晰。完整，是结构的一般要求，就是要有头有尾，首尾圆合；有呼有应，交代周全；没有断层，没有残缺。和谐、严谨、清晰，是高一些的要求。和谐，就是要顺理成章，举止自如；承转有度，衔接自然；没有雕琢的痕迹，不是牵强的拼凑。严谨，就是精当细密，“天衣无缝”；不是“颠三倒四”，没有“顾此失彼”。清晰，就是主线分明，层次清楚，顺序合理。

文章结构，定体当无，大体则有；结构之法（章法），亦无定法，且法是死的，用则要活，所谓“运用之妙，存乎一心”。不同的文体表达主题的方法不一样，采用的章法自然也不一样。议论文要求以立论鲜明、论证严密的章法（如“总分总”思路；正反对比论证思路；提出问题、分析问题、解决问题思路等）去突出中心；记叙文要求以构思新颖、剪裁精当的章法（以时间、空间、事态的发展为线索）表现主题；而说明文则要求用层次分明、条分缕析的章法说明事物。

正因为文体决定章法，所以考生可以通过章法训练，强化自己的文体意识，提高因文变法的能力。事实上，巧妙的构思都是由独特的文章体式和结构方式来实现的。高考作文放宽文体要求后，考生可以试用基本文体以外的体裁进行写作，以求脱颖而出。近年的满分卷中除了一般的散文、小说、戏剧、诗歌等文学体裁外，还有相当一部分是较独特的文体，如法庭辩论、判决书、检讨书、实验报告、医疗诊断书、产品说明书、网络主页设计、新闻特写，甚至还有移用祭文的等。1999 年高考就涌现了众多结构精巧的佳作:《假如记忆可以移植（高三 × 班主题班会）》用会议记录稿的形式，通过主持人的话引出论题，一个个同学的发言，为中心人物“我”的阐述作了很好的铺垫;《一则移植记忆的广告》则借助广告的体式介绍记忆移植业务的注意事项、操作程序，构思奇特，别具一格。2004 年高考，更有许多布局新颖的佳作。比如山东考生的《中学生电视辩论赛》，开篇就以正反双方亮观点的形式，扣住了话题；主体部分则通过论辩过程，鲜明地展示了“走自己的路”与“听取别人的意见”的辩证关系，论述充分而严密，读来确实雄辩而有力。这样巧妙地以辩论的形式构思谋篇，不仅新颖别致，而且有利于话题的准确切入和内容的深入展开。更有考生巧思独运，以网络论坛发帖的形式展开议论，一个个跟进的帖子代表了不同的观点和论证层次，结构上不乏独到之处，值得考生学习、借鉴。

构思谋篇时，应注意开头与结尾的写作。开头应点明题旨，统摄全篇，尽可能别致些。好的开头，或设置悬念，发人深思；或诗情洋溢，引人入胜；或昭示哲理，耐人寻味，可收到“以奇句夺目”（元代乔梦符语）的功效。如 2004 年广东高考佳作《语言——沟通的加速度》的开头:“燕子对鸣，才能微雨双归；鸳鸯互啼，才能相对浴衣；母牛长哞，才能母子相依。而苍狼厉嗥，才能唤来群狼共御敌；雄鹰尖唳，才能威慑敌胆所猎无失。如果你在人群里失去共同语言，无可奈何地沉默，那你就是可怜的‘落花人独立’。沟通需要语言，语言是沟通的加速度。”以五种动物的和鸣排比起笔，十分形象地引出语言对人类的重要，然后说出自己的观点，为全文切合话题奠定了基础。

作文结尾应力求简捷、有力，要呼应题目与开头，使结构严谨缜密。好的结尾，或引用名言警句、诗词歌诀，增强作文的厚重感；或运用比喻、排比等，画龙点睛，使立意升华；或运用祈使句、反问句等，笔势雄健，洗练干脆。如2004年浙江高考作文《德先生，在我们无路可走的时候》末段写道:“‘德先生’，在我们无路可走的时候，我们需要你，用你的火花点亮我们的心灯。‘德先生’，在我们无路可走的时候，我们需要你，用你的锋刃披开沿途的荆棘。‘德先生’，我们需要你！”以整散结合的句式造成语意的延伸，用饱满的热情呼唤“德先生”的回归。语言洗练，字里行间充满激情，读来振奋人心。

妙思：题记传神

构思谋篇时，可以拟写一个题记。题记一般放在文章的前面，单独成段，作为对文章内容的重要阐释，它有如下表达作用。

一是提示或暗示文章的基本内容，让读者粗知（或揣想）作品将写些什么。比如2004年四川高考作文《生命是一朵常开不败的花》的题记:“其实，每个人的心里都有一片戈壁滩，而我们一生的事业就是让那里开满鲜花。”文章列举苏武、王昭君等历史人物直面挫折、缩小痛苦的事例，论述了“人生只有走出来的美丽，没有等出来的辉煌”,“直面挫折，化解痛苦才是我们的最佳选择”的道理。这段题记用具有象征意义的语言，暗示了全篇的基本内容，而且写得很有诗情画意。

二是用来揭示文章的主旨，直接把蕴藏于较长篇幅中的主题端出来，醒人耳目，使读者能迅速把握。如2004年山东高考优秀作文《相信自己，也要相信别人》的题记:“庸者，相信别人，怀疑自己；愚者，相信自己，排斥别人；智者，相信自己，也相信别人。”

就写法而言，题记可以自拟。例如2003年高考吉林一考生的满分作文《血浓于水　理大于情》，其题记为:“像有云常常就会下雨，像空穴常常会有来风。感情直接关系到认知，它常常影响着对事物的判定。”两句小诗予以形象、贴切的描述，文字简洁而灵性闪烁，体现出较高的文学素养，自然深受好评。

引用名人哲语作为题记，也有其使人折服的力量。比如2002年河北高考优秀作文《险崖无悔》，文章设置了华山险崖救援的典型环境，讴歌了把舍己救人作为“心灵无悔的选择”的高尚情操。作者巧引《孟子·告子上》中的名句“生，我所欲也；义，亦我所欲也。二者不可得兼，舍身而取义者也”点出全篇的精神，暗示了主人公震撼人心的心灵选择，有效地增强了文章的凝重感，给读者以深刻的印象。

可见写好题记要有深刻的思想，广博的知识，要讲究语言的精练。为此，平时除了多摘抄、熟记一些格言警句外，还要多锤炼语言功夫，比如练习撰写“一句话隽语”，每天一条，认真构思，反复推敲，力求表达得精辟、有味，能给人以启迪。

凝思：点面交关

构思谋篇时，也可以将文章切分为几个相对完整的意义段，给它们各加上一个简洁、醒目的标题，从而使全文要点清晰、层次分明。

拟写小标题时应抓住内容要点，且言简意赅，让读者一看之下，就能粗知文意。2004年湖北高考佳作《心有明镜》就成功地运用了拟小标题的写法，文章以“青冢有情犹识路”“悠然采菊东篱下”“一蓑烟雨任平生”三个小标题，将三位古人心中的明镜展示在读者面前：昭君的选择是心中装着人民；陶潜的选择是他不为五斗米折腰；苏轼的选择是他生性孤傲、正直。

高考作文写作时间虽短，但在动笔之前，也要有一个大略的设计。其构思可分三步进行：

首先，总体构想，建成框架。如何开头，如何展开，如何衔接，如何照应等等，要一一敲定，仔细酝酿，在头脑中形成文章的雏形。

其次，缜密构思，拟写提纲。要围绕中心，全面筹划行文布局、材料安排。要特别注意通盘考虑好行文的先后、详略、过渡、呼应等问题，边考虑边在草稿上列出提纲要领，准备使用的典型材料也以最简洁的词句反映出来，因为这就是作文的蓝本。

再次，审视质疑，闭目反思。基于人认识具有反复性、无限性、上升性的特点，为防止疏漏与差错，还得进一步思考，对重点问题心中多问几个为什么，绝不放弃提纲中的任何一个疑点。写作提纲了然于心，作文呼之欲出，方可进入成文阶段。

［原载《招生考试通讯》2005年第3期“周老师教你写考场作文”专栏（2）］

语言表达有文采

当准确的审题、深刻的立意和新颖的构思了然于胸时，成就一篇优秀作文的基石便已奠定。但实际上不少考生有了这块基石却仍然得不到高分。其中一个重要原因在语言表达。概而言之，语言和思想不相匹配。

文章的艺术就是语言的艺术。相同的内容用不同的语言来表现，就会有不同的艺术效果。有一篇题为《奶茶》的作文，用了一个很普通的故事来演绎“感情亲疏和对事物的认知”。一个叫静的女孩因为曾喝过李阿姨店里的奶茶，对李阿姨有了好感，于是在没有实践的情况下，就轻易否定了别人店里本来也不错的奶茶，舍近而求远。但这篇文章读来就令人觉得很有味。你看:“璐指着不远处一个小小的奶茶店，火辣辣的阳光立刻倾撒在她的胳膊上，她急忙收回去。”一个小小的细节，就把天气的炎热写得真切可感。“璐的嘴唇更是干得像皱着的花瓣，红得厉害。”这样的比喻多么准确、精彩。“静看着璐，突然觉得有点对不住她。”这样的结尾多么含蓄，一切都在不言中。由此可见，语言表达在高考作文中是有举足轻重的作用的。下面我们将高考考纲与近年高考中的满分作文实例结合起来细谈。

高考作文的语言大致涉及通畅、合理和生动三个方面，它们分别与语法、逻辑和修辞有关。而高考考纲目前仍将作文切分为基础等级和发展等级这两级指标，基础等级的要求是“语言通顺”，发展等级的要求是“有文采”。

“语言通顺”主要是指写作语言的规范、准确、连贯和得体。

规范是指符合现代汉语的语言特点、语法规则和表达习惯。像生造词语、文白夹杂、前言不搭后语，滥用方言俚语、乱用外文、不按语法构句、刻意雕琢而不知所云等现象，都是不规范的。如一篇题为《留住我们的根》的作文第一段:“踏着古老的青石板路，穿过狭窄的胡同里弄，我们来到了目的地，这真是我们苦苦寻觅的地方吗？我不敢相信自己的眼睛。可铭牌上的的确确写着：贾谊故宅——贾谊，西汉著名文学家、政治家，有《过秦论》等名篇传世。”文章在进行客观描述时，将北京的“胡同”和上海的“里弄”杂合在一起，其实在我们湖南只有“街”“巷”这两种说法，所以，这样表达不仅不规范，反而弄巧成拙。又如 2004 年湖南的一篇高考优秀作文，借白居易《琵琶行》中有关音乐描写的诗句作为行文结构转换的标志，巧妙地串起从小到大父母对“我”的关爱与教育，读来颇有意味。可惜文章的标题《琵琶行之父母有情》费解，若拟为《琵琶行 · 父母有情》，则既规范，又耐人寻味。

准确就是要选词造句贴切，符合实际，能正确使用词语，没有搭配不当、成分残缺或赘余、表意不明、不合逻辑等现象。高考作文中常见一些自己认为“很好”的词语，其实并不准确。如一位同学写道:“世界各个强队都在秣马厉兵，觊觎桂冠。”很明显这个同学没有弄清“觊觎”这个词语的意义，用在此处感情色彩完全不对了，这就是遣词不准确。又如 2003 年高考湖南优秀作文《保姆与家教》的结尾:“这样，我想，柳靓又可以在学会上发表论文了。”这里的“发表”也用得不准确，应该改为“宣读”才妥当。

连贯是指句子内部组合得当，句子与句子之间的衔接，顺序要合理，一段话要有统一的中心，语言和语气都应畅通，语言之间要有呼应，恰当运用过渡性话语，使人读起来不感到生硬，不要有“跳跃”和脱节现象。如 2004 年湖南优秀作文《追忆似水流年》中的一小段:“有欣喜，有伤痛，有泪水与欢笑，这就是她的似水流年。”先将“欣喜”和“伤痛”对举，再将“泪水”与“欢笑”并提，前面是先喜后悲，后面则是刚好相反，因此显得相当生硬，较好的表达应该是:“有欣喜和欢笑，有泪水和伤痛，这就是她的似水流年。”

得体就是要注意语言表达的对象、场合及说话的方式，在一定的语言环境中把语言表述得恰如其分，而不能出现不分对象和场合，心中没有读者的现象。有人说，语言是思想的外衣。外衣的美丑固然会影响人们对“穿衣者”的影响，但前提是“得体”，一味求美而丢失了得体，美便会向丑转化。如果思想是个婴儿，穿着成人外衣，再美也会给人以“家庭贫困”之感；如果思想是个男子，穿着女性外衣，再美也令人作呕；如果思想是具僵尸，套着绫罗绸缎，再高贵你也不会多看一眼。如2004年湖南的一篇三类卷高考作文《神》的一段文字：“终于长大成了一个亭亭玉立的少女，初三时，我对妈妈说：‘我想出人头地。’……那一年，学校组织文化艺术节，我拿出十足的勇气报名参加主持人培训活动，终于，我在数十名美眉中脱颖而出。”考生在文中说自己“亭亭玉立”，是“美眉”，这就显得不得体了。

“有文采”是在语言通顺的基础上提出的更高要求。所谓“有文采”，就是语言美，富有感染力、震慑力、穿透力。文采从哪里来？从生动的用语、灵活的句式、漂亮的修辞、耐嚼的文句等方面来。

（1）词语生动，句式灵活

在选用词语时，应尽量选择那些具体生动、形象鲜明、内涵丰富、能调动人的感官体验的词语，而少用那些抽象概括、不疼不痒的词语。句子有长短、整散之别；语气有陈述、疑问、祈使、感叹之异；结构有常式、变式之不同。不同的句式有不同的表达效果。要根据表达的需要灵活选用句式，不能呆板地运用一、二种句式。如2004年福建满分作文《穷则独善其身》的第二段：“苏轼之才，高于八斗，富过五车，琴棋书画，诗词歌赋，不仅样样精通，而且都在中华民族几千年的悠悠文化史上占有一席之地。可以毫不夸张地说，生于今日，则苏轼大概就是中国音协会长，画协会长，围棋九段，作家协会会长，文联主席……然而这样的稀世之才，却被腐朽的封建王朝左迁，左迁，再左迁。”这段文字，整散结合，长短错综，不仅句子的“含金量”大，能调动读者的丰富联想，而且为后文的展开作了很好的铺垫。

（2）善于运用修辞手法

我们学习各种修辞方法，学了就要用。比喻、拟人，可使表达形象生动；对偶、排比，可使语句容量加大，既显得有气势，又不乏整齐美；设问、反问，可引人思考、增强穿透力等等。如2004年重庆考生《独上高楼》中写李白的一节：

是黄沙漫天，北风吹雁中骑驴高歌的歌者么？是以霓为线，以虹为钩的海上钓鳌客么？是遍访青山绿水且歌且行的游者么？在那个烟花三月的时代，人们对你的期望是歌功颂德，取悦帝王换取高官厚禄；而你，偏偏要独上高楼，在朝要高力士脱靴磨墨，在野要放白鹿于青崖之间。

于是你注定要孤独，“举杯邀明月，对饮成三人”，然而你傲然，“钟鼓馔玉不足贵，但愿长醉不复醒”。

而当我们回望唐朝，站在盛唐中间的不是帝王，而是你啊！

酒入豪肠，七分酿成了月光，剩下的三分啸成剑气，绣口一吐就是半个盛唐。

一连串的排比、设问、对偶、引用，使得文章诗意浓郁，形象含蓄，自然畅达，文采斐然，令人拍案叫好！

（3）文句有意蕴

文句凝练含蓄，有丰富的内涵，有言外之意、弦外之音，可营造深邃的意境，可富含深刻的哲理，这就叫“有意蕴”。“人有悲欢离合，月有阴晴圆缺”，这是有意蕴的诗句；“夜正长，路也正长……”这是有意蕴的文句。

如2004年上海一考生在作文《忙》中的文句：在我们接受物质化生活的时候，请拒绝生活的物质化。忙的世界、忙的生活，给予我们的是一种人生观的检测与挑战，请记住李白“且放白鹿青崖间”的潇洒、陶潜“采菊东篱下，悠然见南山”的闲适、白朴“闲袖手，贫煞也风流”的恬意……忙中保持一份“闲”的心态吧，它能让你在生活中“见山是山，见水是水”，看您愿做智者还是仁者了。——多么美妙流畅的文字，多么富有唯物辩证精神的语言，在“物质化”的生活现实中，要永葆“潇洒、闲适、恬意”的“精神化”人生情趣，该考生的思辨论说让我们能更深刻正确地理解到“忙”的本质真义！

当然，要使自己笔下的文采飞扬起来，不是一天两天的事情，需要靠平时的广采博学，增加自己的语言积累。一是向生活学习。生活是提炼作文语言的源头活水。考生平时应该留心观察生活，思考生活，才能酿出丰富多彩的语言。二是向课本学习，课本是精心挑选的古今中外的名篇，潜心品味，默默记诵，然后才能灵活运用，为自己的作文语言增添亮色。三是留心记诵诗词歌赋。正如郭沫若所说：“胸藏万汇凭吞吐，笔有千钧任翕张。”临场作文，随手引用或化用优美的歌词和诗词名句，为我所用，铺设文采，我们的笔下就一定会亮起来。

[原载《招生考试通讯》2005年第5期“周老师教你写考场作文”专栏（3）]

2004年高考湖南卷散文阅读试题评析

2004年高考湖南卷散文阅读试题，在赋分、题型、选文、设题等方面，与2003年全国高考题保持了一致。选文用的是现代诗人、散文家徐志摩的散文《翡冷翠（今译佛罗伦萨）山居闲话》。

原题：阅读下面的文字，完成18—21题。

翡冷翠山居闲话

徐志摩

作客山中的妙处，尤在你永不须踌躇你的服色与体态；你不妨摇曳着一头的蓬草，不妨纵容你满腮的苔藓；你爱穿什么就穿什么；扮一个牧童，扮一个渔翁，装一个农夫，装一个走江湖的吉卜赛人，装一个猎户；你再不必担心整理你的领结，你尽可以不用领结，给你的颈根与胸膛一半日的自由，你可以拿一条这边艳色的长巾包在你的头上，学一个太平军的头目，或是拜伦那埃及装的姿态；但最要紧的是穿上你最旧的旧鞋，别管他模样不佳，他们是顶可爱的好友，他们承着你的体重却不叫你记起你还有一双脚在你的底下。

这样的玩顶好是不要约伴，因为有了伴多少总得叫你分心。平常我们从自己家里走到朋友的家里，或是我们执事的地方，那无非是在同一个大牢里从一间狱室移到另一间狱室去，拘束永远跟着我们，自由永远寻不到我们；但在这春夏间美秀的山中或乡间你要是有机会独身闲逛时，那才是你福星高照的时候，那才是你实际领受，亲口尝味，自由与自在的时候，那才是你肉体与灵魂行动一致的时候；朋友们，我们多长一岁年纪往往只是加重我们头上的枷，加紧我们脚胫上的链，我们见小孩子在草里在沙堆里在浅水里打滚作乐，或是看见小猫追他自己的尾巴，何尝没有羡慕的时候，但我们的枷，我们的链永远是制定我们行动的上司！所以只有你单身奔赴大自然的怀抱时，像一个裸体的小孩扑入他母亲的怀抱时，你才知道灵魂的愉快是怎样的，单是活着的快乐是怎样的，单就呼吸单就走道单就张眼看耸耳听的幸福是怎样的。因此你得严格的为己，极端的自私，只许你，体魄与性灵，与自然同在一个脉搏里跳动，同在一个音波里起伏，同在一个神奇的宇宙里自得。我们浑朴的天真是像含羞草似的娇柔，一经同伴的抵触，他就卷了起来，但在澄静的日光下，和风中，他的姿态是自然的，他的生活是无阻碍的。

你一个人漫游的时候，你就会在青草里坐地仰卧，甚至有时打滚，因为草的和暖的颜色自然的唤起你童稚的活泼；在静僻的道上你就会不自主的狂舞，看着你自己的身影幻出种种诡异的变相，因为道旁树木的阴影在他们纡徐的婆娑里暗示你舞蹈的快乐；你也会得信口的歌唱，偶尔记起断片的音调，与你自己随口的小曲，因为树林中的莺燕告诉你春光是应得赞美的；更不必说你的胸襟自然会跟着颀长的山径开拓，你的心地会看着澄蓝的天空静定，你的思想和着山壑间的水声，山罅里的泉响，有时一澄到底的清澈，有时激起成章的波动，流，流，流入凉爽的橄榄林中，流入妩媚的阿诺河去……

并且你不但不须约伴，每逢这样的游行，你也不必带书。书是理想的伴侣，但你应得带书，是在火车上，在你住处的客室里，不是在你独身漫步的时候。什么伟大的深沉的鼓舞的清明的优美的思想的根源不是可以在风籁中，云彩里，山势与地形的起伏里，花草的颜色与香息里寻得？自然是最伟大的一部书，歌德说，在他每一页的字句里我们读得最深奥的消息。并且这书上的文字是人人懂得的；阿尔卑斯与五老峰，雪西里与普陀山，莱茵河与扬子江，梨梦湖与西子湖，建兰与琼花，杭州西溪的芦雪与威尼斯夕照的红潮，百灵与夜莺，更不提一般黄的黄麦，一般紫的紫藤，一般青的青草同在大地上生长，同在和风中波动——他们应用的符号是永远一致的，他们的意义是永远明显的，只要你自己心灵上不长疮瘢，眼不盲，耳不塞，这无形迹的最高等教育便永远是你的名分，这不取费的最珍贵的补剂便永远供你的受用；只要你认识了这一部书，你在这世界上寂寞时便不寂寞，穷困时不穷困，苦恼时有安慰，挫折时有鼓励，软弱时有督责，迷失时有指南针。（节选自《巴黎的鳞爪》，略有改动）

18．填空。

作者认为，要领略作客山中的妙处，你_____、_____、不必带书。

19．按照要求，回答问题。

“扮一个牧童，扮一个渔翁，装一个农夫，装一个走江湖的吉卜赛人，装一个猎户”，世界上的人还有很多，作者为什么偏偏提到这几种人？为什么用“扮”“装”这两个字眼?

答:____

20．在畅叙如何领略作客山中的妙处之后，作者在最后一段做了怎样的拓展与深化?

答:____

21．下列对这篇散文的赏析，不正确的两项是

A．胡适曾经说过，徐志摩的人生只有“爱”“自由”“美”。对爱、对自由、对美的讴歌正是本文的感情基调。

B．一个“你”字频频出现在文章中，不仅拉近了作者与读者的心理距离，而且使人如临其境，得到美的享受。

C．作者以空间为序，写澄蓝的天空、山罅里的泉响……在对美好自然的描摹之中，含蓄地歌颂生命、礼赞青春。

D．文章第三段写山泉，一连用了几个“流”字，既写出了山泉的悠长，又写出了它恢宏的气势，营造了物我一体的意境。

E．这篇文章联想丰富、组合自由、气韵生动，尽管不无“西化”的色彩，但汉语的优美得到了淋漓尽致的展示。

答:（　）（　）

这是一篇田园牧歌似的散文，文学色彩明显浓于议论性散文《话说知音》（2002 年全国高考选文）。文章情调悠闲纡徐，从容自适。全文用与读者“你”交谈“闲话”的口吻展开，亲切自然，又带有些急于让“你”与之共享、与之“众乐乐”的迫不及待。作者始终扣住“自然是最伟大的一部书”的主题，从个体内心感受的角度，着意抒写独自作客于翡冷翠山中的妙处和快乐的心境。文本的内容及形式均切合考生的认知结构，对考生备考具有多方面的检测价值和良好的阅

读导向作用。

第1段写“作客山中”的妙处犹在你永不必矫饰，可以完全自由自在，无拘无束。因为山中的大自然是远离现代文明之嚣闹繁杂的一个幽僻之处。在那儿，你不用在乎人家怎样看你，“不须踌躇你的服色与体态”“再不必担心整理你的领结”……答案拟为“不须踌躇你的服色与体态”，似概括得不够完美。

第2、3段写独行山中的舒畅更无可比拟。徐志摩偏激地认为“顶好是不要约伴”，这对天性浪漫的诗人来说，不啻骇世奇言。“只有你单身奔赴大自然的怀抱时，像一个裸体的小孩扑入他母亲的怀抱时，你才知道灵魂的愉快是怎样的，单是活着的快乐是怎样的，单就呼吸单就走着单就张眼看耸耳听的幸福是怎样的。”“我们浑朴的天真是像含羞草似的娇柔，一经同伴的抵触，它就卷了起来，但在澄静的日光下，和风中，它的姿态是自然的，它的生活是无阻碍的。”两个比喻贴切极了。此时，人与自然已经互通融合、“天人合一”了。

接着，作者连用4个分句进一步描写独自畅游山中的美妙，抒发热爱自然、热爱生活的感情。这里，一以贯之着徐志摩批判文明、崇尚自然的自由理想。答案认为这两段是说“不要约伴”，差强人意。

第4段作者进一步提醒你“也不必带书。什么伟大的深沉的鼓舞的清明的优美的思想的根源不是可以在风籁中，云彩里，山势与地形的起伏里，花草的颜色与香息里寻得？”一个反问句，更加肯定地道出“自然是最伟大的一部书”，“只要你认识了这一部书，你在这世界上寂寞时便不寂寞，穷困时不穷困，苦恼时有安慰，挫折时有鼓励，软弱时有督责，迷失时有指南针”，从而进一步强调了“自然是最伟大的一部书”的主题。

第18题是考查考生对文章思路的把握，对内容要点的归纳。

第19题是理解文中重要句子的含意。牧童、渔翁、农夫、吉卜赛人、猎户这几种人，不仅在装束上最无拘无束，同时也是最接近大自然的人。作者之所以要用“扮”“装”这两个字眼，是因为许多人在现实生活中不像牧童等人那样洒脱，那样自由自在地去接近大自然。

第20题是筛选并整合文中的信息。“自然是最伟大的一部书”，然而，这部奇书，却并非那么好懂，作者提出的条件是：“心灵上不长疮瘢，眼不盲，耳不塞”，若再结合作者在文章中一再强调的“山居”“不要约伴”“不必带书”等要求和叮咛，我们可以约略窥得读懂大自然这部奇书的方法和途径：不但需暂时远离尘俗和现代文明的喧嚣，也需一个从容、空旷、能容万物的自由心境，更要在大自然的怀抱中去“倾听”。答案说“任何人随时随地都可以享受大自然；大自然可以慰藉我们的心灵，指示我们的人生方向（即最高等教育）”是符合作品原意的。

第21题是鉴赏作品的语言和表达技巧、评价文章的思想内容。本文的最大特色是笔调清新流畅，语言亲切、流畅而富于表现力。徐志摩散文的语言“在白话的基础上加入古文方言欧化种种成分”（陆耀东《徐志摩评传》），辞藻丰富，驱遣自如。文章善用排比，朗朗上口，富有气势和节奏感。如“在这春夏间美秀的山中或乡间你要是有机会独身闲逛时，那才是你福星高照的时候，那才是你实际领受，亲口尝味，自由与自在的时候，那才是你肉体与灵魂行动一致的时候”“只许你，体魄与性灵，与自然同在一个脉搏里跳动，同在一个音波里起伏，同在一个神气的宇宙里自得”，读来有一种畅流不息、行云流水之美。

文章巧用比喻，使描写生动形象，让人产生丰富的联想。“你不妨摇曳着一头的蓬草，不妨纵容你满腮的苔藓”，不说“头发”“胡须”，而说“蓬草”“苔藓”，更显情趣，更具诗性;“只有你单身奔赴大自然的怀抱时，像一个裸体的小孩扑入他母亲的怀抱时”，投身大自然就像小孩扑入母亲的怀抱，而且如裸体的婴儿般赤纯、天真，与大自然体悟相通，妙契同化。这是怎样的愉快和幸福！“我们浑朴的天真是像含羞草似的娇柔”，这又是多么美妙的联想！“只要你自己性灵上不长疮瘢，眼不盲，耳不塞，这无行迹的最高等教育便永远是你的名分，这不取费的最珍贵的补剂便永远供你的受用”，用“疮瘢”来比喻“低俗、污秽的东西”，把“大自然”比作“无行迹的最高等教育”和“不取费的最珍贵的补剂”，再贴切不过了！

由于句式的变换，长短句的结合，文章显得气韵生动，富于弹性和韵律:“书是理想的伴侣，但你应得带书，是在火车上，在你住处的客室里，不是在你独身漫步的时候。”状语“在火车上，在你住处的客室里，不是在你独身漫步的时候”后置，起到强调作用。若按一般的句式，则是“书是理想的伴侣，但你应得在火车，在你住处的客室里，不是在你独身漫步的时候带书”，就显得平淡多了；

“什么伟大的深沉的鼓舞的清明的优美的思想的根源不是可以在风籁中，云彩里，山势与地形的起伏里，花草的颜色与香息里寻得？”使用反问句式，肯定的意味更浓烈。若还原成一般陈述句，“伟大的深沉的鼓舞的清明的优美的思想的根源是可以在风籁中，云彩里，山势与地形的起伏里，花草的颜色与香息里寻得的”，效果则不够强烈，也太呆板。

此题C选择项中的“以空间为序”不对，“在对美好自然的描摹之中，含蓄地歌颂生命、礼赞青春”属无中生有。D选择项说“流”字“写出了它恢宏的气势”不当，“营造了物我一体的意境”的分析也是错误的。

【参考答案】

18. 不须踌躇你的服色与体态，不须约伴

19. 在作者眼中这几种人在装束上是最无拘无束的，也是最接近大自然的、最自由的。许多人在现实生活中不像牧童等人那样自由，那样接近大自然。

20. 自然是最伟大的一部书，既深奥又浅易；只要性灵上不长疮瘢，眼不盲，耳不塞，任何人随时随地都可以享受大自然；大自然可以慰藉我们的心灵，指示我们的人生方向。

21. C、D。

[原载《考试》2005年第2期]

现代文（科学类）阅读试题分析及展望

一、2004年小阅读试题分析

现代文阅读考查学生的综合能力。具体体现在试卷上，一道是客观选择题（俗称“小阅读”），一道是主观表述题（俗称“大阅读”）。小阅读的选材就是科学类文章。2001年以前，曾长期选用科技文。2001年起，《考试说明》规定为“一般社会科学类、自然科学类文章”。2001年选的《铜奔马正名》属于社科类文章，

2002年选的《沙尘暴》属于自科类文章，2003年选的《全球变暖——目前的和未来的灾难》也属于自科类文章。曾经有人猜测小阅读将会轮流选用社科文或自科文，事实上并非如此机械，但有一点我们不得不承认，从2001年起，连续三年的小阅读试题题目难度都不大。

今年11个省市自行组织命题后，小阅读题更是出现了百花齐放的局面。将其横向比较研究一番，对复习迎考不无裨益。下面直观展示的是2004年全国15套语文试题中的小阅读题的具体情况：

省　份	选　　材	体　裁	涉及内容	长　度	赋分	题型
全国卷A	人体干细胞	自科文	生物学、医学	924字	12	选择题
全国卷B	白鹤梁	社科文	考古学、物理学	1058字	12	选择题
全国卷C	化学制剂	自科文	化学、生态学	924字	12	选择题
全国卷D	茶马古道	社科文	文化史学、史学	902字	12	选择题
上海卷	中国报业情况调查	社科文	统计学	1430字	16	选择题、简答题
北京卷	朊毒体	自科文	生物学、医学	851字	12	选择题、简答题
天津卷	技术跨越发展	社科文	经济学	1035字	12	选择题
重庆卷	技术报复效应	社科文	生态学、物理学	1104字	12	选择题
辽宁卷	网格协议	自科文	物理学、信息学	1150字	12	选择题
江苏卷	气冰	自科文	化学、地质学	989字	12	选择题
浙江卷	超敏反应	自科文	医学、生物学	943字	12	选择题
湖北卷	太空行走	自科文	物理学、化学	1081字	12	选择题
湖南卷	中国传统医药学	社科文	医学、文化史学	1104字	12	选择题
广东卷	咖啡和茶	社科文	文化史学、医学	1081字	12	选择题
福建卷	磁共振现象	自科文	物理学、医学	874字	12	选择题

综观15套题中的小阅读题，它们有以下一些共性：

1. 阅读材料新颖

在高考试卷中，一般社会科学类或自然科学类文章的选材，往往是反映某一个领域最新动态的文章，也就是说文章所涉及的内容对考生来说是比较新的或是比较陌生的，所以有人把这样的文章内容称为“新知识”。新知识包含了自然科学、社会科学研究的动态和成果，是学习深入到一定阶段或在社会生活中必然要接触到的。这样选材是为了检测考生的阅读理解能力、筛选信息能力、综合分析和推断能力，即考查学习的潜在能力。今年的15套试卷中，小阅读题在语料方面都选得比较新，具有浓郁的时代气息，有的甚至还比较“前卫”，如《网格协议》《技术报复效应》《太空行走》等。

2. 阅读材料更加注重实用性

这种趋向在2001年以前的小阅读中就明显存在过，如1992年至1994年的阅读材料分别是《中微子通信设想》《塑料生物降解研究》《四角龙化石研究》，而2000年春季高考的阅读材料是《克隆研究》，2000年秋季高考是《减慢光速》，2001年春季高考则是《环保汽车》，再加上前面提到的2001年至2003年的几篇阅读材料，这种趋势就更容易看出来了。

语文学了干什么？学了就是为了运用。目前，大学对我们中学的语文教学很不满意，认为我们该教的没教，不该教的反倒都教了。而社会各界对大学文学院（系）的学生也很不满意，认为他们做不成任何事，甚至连一份像样的报告也写不出。我们如果反思一下，高考指挥棒还真的负有一定的责任。我们的高考现代文阅读题，难道就不能多选一些大众化的阅读材料来出题么？可喜的是，今年的15套题在这方面普遍做得好。如上海卷就选用了一份《中国报业情况的调查报告》作为阅读材料，天津卷的阅读材料《技术跨越发展》是一份经济形势走势分析，广东卷的《咖啡和茶》则是一篇文化小品。特别是上海卷的调查报告图表文字并茂，直观形象，可直接帮助读者理解文意。这样的文章，学生在平日的课外阅读中极有可能涉及。因此，我个人认为，注重阅读材料的实用性，将有利于指导中学语文教学与测试评价，有利于提高中学生的课外阅读兴趣，有利于考生克服解答现代文阅读试题时的畏难心理。

3. 阅读材料更趋浅白

这是与第二个特色密不可分的。科技文阅读最大的困难是科技文语言的陌生艰涩，学生一看就怕。学生怕现代文阅读，更怕科技文阅读，认为比阅读老祖宗的文言文还难。为什么会出现这么一种情况呢？我想，主要有以下几个原因。

第一，有些自科文很难说是科技说明文，而是地地道道的专业论文；有些自科文由于原作者的语言表达水平或其他原因（如发明创造才见端倪，文章不是出自于科技人员之手等），没有写好、没有说明白。

第二，自科文大多是由外文翻译过来的，因翻译的水平所限，且有的翻译也不一定是学理工的，因此翻译时很有可能走样。如 1996 年的自科文阅读材料：

加拿大某公司建造了一座示范厂，用酒精而不是用硫黄造纸浆。该公司董事长佩蒂说："这是未来之路。用酒精制造纸浆意味着出现一种清洁、无污染的技术。"

如果在小规模工厂里取得成功的这项技术也能在正式规模的工厂里生产出较便宜的纸浆，它将对纸价产生影响。这项技术还能消除造纸工业常有的臭鸡蛋味——硫化氢的气味。

……

从环境方面说，它比较清洁，而且小型厂这个概念将会使建造新纸浆厂变得容易。

……

毫无疑问，这几段译文是不成功的。我们如果将"示范厂"改译为"试验工厂"，"小规模工厂"改译为"小规模试验工厂"，"正式规模的工厂"改译为"正规厂"，"小型厂"改译为"小规模的正规厂"，读者读来将是何等的轻松！而命题人却以译者的译文为"圣旨"，叫全国数百万考生去玩文字游戏。怎不令考生们望而生畏，望而生厌？

第三，作为文科人才的命题人缺乏深厚的科学知识，命题时对这些科技前沿的发明创造本来就如同隔山，因此不一定全部弄得懂，再加上译文本已走样，这样便很有可能再度走样，甚至出现知识性错误。如 2001 年北京市某区的模拟题中，设置了一个自认为无误的选择项："A. 半导体纳米晶体是体积仅有几纳米大小，比目前微电路中使用的晶体管小得多的一种分子团。"但 A 是绝对错误的，纳米是长度单位。"体积仅有几纳米大小"应该表述为"体积仅有几立方纳米大小"。这完全是因为译文本身就有错，命题人这方面的修养也着实不够造成的。

让我们再回过头来看今年 15 套题的小阅读材料，文章大都流畅自然，语言浅白，没有什么考生难以理解的专业术语和生僻理论，非常适合检测考生的阅读水平和解题能力。除上海卷是一篇非常实用的调查报告外，另有好几篇文章很难界定它是自科文还是社科文，有的本身就来自科普杂志，如全国卷B中的《白鹤梁》选自《科学画报》，文章趣味性很浓，也不乏文学性，我们可以直接称它为科普文。类似的文章还有湖北卷的《太空行走》，湖南卷的《中国传统医药学》，重庆卷的《技术报复效应》等。正因为今年的阅读材料语言比较平实，接近学生平时的阅读实际，所以尽管这些小阅读材料的长度大多在千字左右，比早几年800字左右的文章明显要长，但阅读起来却反倒容易得多。上海卷的长度特殊，但有16分，比例合理。

4. 设题更为灵活

今年小阅读题的设计一般都平实好懂，很少有刁钻之题，而且设题更为灵活。北京卷在小阅读中设置了一道简答题；辽宁卷出现了两种新考法：一是抽出原文中的一句话让考生还原，实际上是考查语意的衔接；二是要求考生为文章选择一个合适的标题。这些命题方法都有继续存在的理由。我们知道，要选择一段适合命题的语言材料不是一件轻而易举的事，800字左右的阅读材料要命四道能够检测出考生阅读水平的题目（12个选择项）也相当不易。当我们实在拟制不出好的选择题时，完全可以像今年的北京卷、辽宁卷这样，来一点变通。这倒很符合作文发展等级中“有创新”的精神。

二、2005年小阅读试题展望

1. 考查要求不会变

高考对科技文阅读能力的考查要求，具体包括以下七项：①理解文中重要词语的含义；②理解文中重要句子的含意；③筛选并整合文中的信息；④分析文章结构，把握文章思路；⑤归纳内容要点，概括中心意思；⑥分析概括作者在文中的观点态度；⑦根据文章内容进行推断和想象。其中①②是对理解能力的考查，能力层级为B；③至⑦是对分析综合能力的考查，能力层级为C。总括起来，社科文的考查侧重于这样两点：一是理解与分辨，二是抽取与推断。

2. 自科文、社科文兼顾

小阅读的材料每年只考一种样式，要么社科文，要么自科文。实际情况表明，社科文阅读比自科文阅读要容易，得分率也要高一些。据国家考试中心有关专家所言，两者交替命题，但这个“交替”并不是绝对的你一年我一年，有时社科文会连考两年，科技文也会连续考。所以，每年的复习，社科文与科技文都要有所兼顾。这样做实际是进一步明确了考试阅读的方向：以获取信息为目的的阅读，将通过有关社会科学或自然科学类文章的阅读考查来实现，考查抽象思维能力，重点在理解和分析综合能力。这种新的变化是随着高考考试内容改革的需要而确定的，它在一定程度上代表着今后几年高考发展的方向。

3．阅读材料人文性、实用性会更强

今年不少自然科学方面的信息资料都带有很强的人文性，可读性很强，语文味更浓。再加上部分省市已经拓宽了测试领域，如上海市、广东省等，这对明年扩展命题资料来源十分有益。因此，明年的阅读材料应该会继续朝着人文性、实用性方向迈进。

[原载《当代教育论坛》2005年第3期]

题里题外说“体验”

先说题里。今年的湖南作文题有以下几个鲜明的特点。

一是符合课改理念。实行课程改革以来，不少学校普遍开设了实践型课程。如我校就让学生分期分批深入军营、农村、工厂、社区体验生活。学生们体验到的生活，将使他们在人生之路上“跑”得更加精彩。为配合课程改革，近年高考作文都在引导考生关注社会、关注人生，今年湖南题引导考生关注的是自身生活，则进一步贴近了考生的生活实际，有利于考生表达真情实感。

二是城乡学生都有话可说，都站在同一起跑线上。学校条件即使再简陋，也不至于缺乏跑步的场所。故所有考生对“跑”都会有切身的体验与理性的认识。考生可以从“身体上的”“体验”切入，写自己在“跑”的过程中所悟到的生活哲理：由把握“跑”的节奏写到如何把握生活的节奏；或者由在跑的过程中如何战胜生理的极限，挺过难关，进而写到人生就是一场长跑，也会遇到难关和挑战，只要“再坚持一下的努力”，就能挺过去。也可以从“心灵上的”“体验”切入，由人应该先学会走路，然后才能够跑步引发思考，想一夜吃成一个胖子是不可能的，强调必须先学会“走”，即要先打好基础练好基本功，才能将事情做好，否则是办不好事情的。具体写作时，考生既可以正面立意，也可以反面入手，如：人生路上，不要只是忙于“奔跑”，要好好地欣赏、享受美好人生……

三是开放有节，限制有度。题目要求考生“联系自己的生活实际”作文，表明应以自己的切身体验为写作重心，这对写出自己的个性体验和见解，防止宿构有着很好的导向作用。

四是有明确的文体要求。湖南题要求考生写一篇“记叙文或议论文”，这是对近几年“不限文体”，导致“四不像”作文大量出现的一种反拨。

再说题外。一道这么有鲜明特色的题目，湖南省却少有精彩的作文。这是为什么呢？我们认为是话题作文惹的祸。

首先，考生缺乏审题意识。这是由话题作文淡化审题造成的。《现代汉语词典》对“体验”的解释是：通过实践来认识周围的事物；亲身经历。笔者看了评卷点印发的9篇优秀作文，没有一篇是实实在在写自身体验的。大多写得很虚，好似空中楼阁，好看不中用，不能打动读者。其中一篇题为《勇敢奔跑，勇敢超越》的作文，中间两节均以“我”的口气写李白、文天祥在人生路上的奔跑。评卷组在《试题分析与评价》中指出:“还有很多学生从历史和古典文学中取材，很牵强地把屈原、司马迁、陶渊明和李白诸辈往‘奔跑’上靠。”话题作文泛滥“之祸之烈至此哉”！近几年的“高考优秀作文”几乎把古代的名人都写光了，有的名人甚至被一写再写，加上现代传媒的推波助澜，有几位考生还会想到要写自己呢？实际上，考生是有很多这方面的体验的，比如我们在学外语，搞文学创作时不都出现过“极限”现象吗?

其次，考生缺乏文体意识。这是因话题作文不限文体造成的。尽管题目要求考生写一篇“记叙文或议论文”，但鲜有中规中矩的“记叙文或议论文”，正如评卷组李作霖教授指出的:“很多学生已经搞不清各文体的区别，有些人甚至不知道自己在写童话或者小说。”这再次证明，高考指挥棒的作用不可低估。近年来，多数中学教师跟着话题作文跑，高中三年（有的地方甚至从小学就开始了）大练特练话题作文，往往是找上几个话题练一练，然后批改讲评，学生好像什么内容、什么文体都可以写，但实际上什么也写不好。学生惯性思维严重，其思想水平、作文水平根本没有得到实质性的提高。故尽管有明确的要求，考生仍然我行我素“四不像”。（与吴彩霞老师合写）

[原载《美文》（少年散文）2005 年第 8 期]

“阕”“阙”辨析

“阕”与“阙”形体相似，读音相同，经常有人将它们弄混，其实二者的意义大相径庭。

“阕”的本义是“止息”“终了”，引申为音乐结束。《礼记・郊特牲》：“乐三阕，然后出迎牲。”孔颖达疏：“阕，止也；奏乐三遍，止，乃迎牲入杀之。”《吕氏春秋・古乐》：“昔葛天氏之乐，三人操牛尾，投足以歌八阕。”“歌八阕”就是唱八首曲子。诗词与音乐分家后，一首词也叫一阕。分两段的词，前一段叫上阕，后一段叫下阕。

“阙”本是古代宫殿、祠庙或陵墓前的高台，通常左右各一，中间有通道，台上有楼观。因为两阙之间有空缺，所以称为阙或双阙。阙有时用石头雕砌而成，用来表官爵、记功绩、做装饰。后来，还出现了双音词“宫阙”“城阙”等。“宫阙”泛指帝王的住所，如苏轼《水调歌头》：“不知天上宫阙，今夕是何年？”张养浩《山坡羊・潼关怀古》：“伤心秦汉经行处，宫阙万间都做了土。”“城阙”有两个意思，一是指城楼，如《诗经・郑风・子衿》：“挑兮达兮，在城阙兮。”疏曰：“谓城之上别有高阙，非宫阙也。”二是指城市，如王勃《送杜少府之任蜀州》：“城阙辅三秦，风烟望五津。”

高中《语文》第一册《烛之武退秦师》:“若不阙秦，将焉取之？”教材注释说“阙”读 jué，这是不正确的。这里的“阙”应当读 què，是损害的意思。“阙”读 què 时是挖掘的意思，如《左传・隐公元年》:“若阙地及泉，遂而相见，其谁曰不然？”

[原载《语文知识》2005 年第 9 期]

“花蕊”还是“花瓣”？

李乐薇的《我的空中楼阁》是一篇几乎不可更易一字的散文名篇，但文中的两个“花蕊”却用得不恰当:“小屋在山的怀抱中，犹如在花蕊中一般，慢慢地花蕊绽开了一些，好像层山后退了一些。山是不动的，那是光线加强了，是早晨来到了山中。”

稍有生物学常识的人都知道,“花蕊”是被“花瓣”所包裹着的，处于花冠的中心，非叶状体。既能“绽开”又能“收拢”的，应该是叶状体“花瓣”，而不是“花蕊”。

作者在紧接着上面所引的两句话的后面写道:“当花瓣微微收拢，那就是夜晚来临了。小屋的光线既富于科学的时间性，也富于浪漫的文学性。”由此也可以看出，前面两个“花蕊”是作者的笔误，都应改为“花瓣”才恰当。

[原载《中学语文教学》2005 年 11 期]

别样风情现于动词

——孟浩然《宿建德江》赏析

宿建德江

孟浩然

移舟泊烟渚，日暮客愁新。

野旷天低树，江清月近人。

孟浩然是唐代山水诗派的代表。《宿建德江》这首诗写了江边夜景，表现了诗人的羁旅之愁。

此诗最主要的特色是动词的巧妙选择和安排。大凡一流的诗人没有不善于锤炼动词的。从某种角度来说，动词几乎是诗歌立起来的根基，尤其是绝句。有人怀疑《木兰辞》为南北朝时期的作品，认为它可能是唐人的摹作，理由之一便是“朔气传金柝，寒光照铁衣”中的“传”“照”二字太生动太成熟了，非唐人写不出。其实，真正在字句方面下功夫求新、求工者，是隋唐以后的事。所以建安才子有诗无句，唐朝墨客有诗有句，南宋以下则有句无诗。

此诗第一句点了题，介绍了诗人观赏景物的立足点。它看似平常，其实含义颇丰，“移舟”两字道出孟浩然所要表达的过去、现在和未来。显然，这水路旅程已经不止一日了，否则不能叫作“移舟”。因为本来是直航，如今偏个方向，所以“移”舟，而且可见宿过一宿，次日破晓，这航行是要继续下去的，决不会只泊于“烟渚”就了事。而在迷茫中行进的小船，又使作者联想到身世的飘忽不定，便增添了几分惆怅。由此可见“移”字的生动和丰富。

黄昏的气象已经构成了，紧接的是“日暮客愁新”，它既点明了时间，又披露了诗人欣赏景物时的心情。这一句是“暮”“新”两个动词用得妙。日落时分，行旅之人难免生出一番“愁”来。本来“日暮客愁”是平凡甚至庸俗的意象，幸得“新”字的解救，才显得生动。“客愁”而说“新”，自然还有旧愁，将“愁”深化了一步，这样就给读者留下了充分的想象空间。

前两句诗里，一“移”一“新”足见诗人炼字的功夫，但它仅仅是这首诗的序声，紧接下来的两句忽然一转，抛弃了眼前的情绪，不再斤斤计较愁的程度，而将自我的情绪纳入到大自然中:“野旷天低树，江清月近人。”站在船头，极目远眺，旷野中远处的天空比近处的树林还要低，使心情更觉压抑。江水清澈，倒映在江中的月影，似乎主动与人亲近，带来些许的安慰。这便非常鲜明地烘托出了诗人孤寂、愁闷的心情。诗人笔锋一转，将一首看似无甚新奇的绝句扩大到了一种意犹未尽的境界。

【思考题】

1．这首诗的前两句是触景生情，诗人的旅舟停泊在烟雾蒙蒙的沙洲边，眼见黄昏日落，一段无名之愁油然而生。请回答：后两句是怎样借景抒情的?

2．写出这首诗中的对偶句。

【参考答案】

1．后两句是这样借景抒情的：在诗人眼里，原野空旷辽阔，远方的天空好像低压在树木之上，让人心情压抑。唯有倒映在清清江水中的明月，似乎主动与人亲近，给诗人带来些许的安慰。

2．野旷天低树，江清月近人。

[原载《语文周报》(高二) 2005 年 11 月 15 日]

高考古诗鉴赏试题走向分析

古诗鉴赏考查模式业已变更四年，命题形式和考查内容正逐渐为广大考生所接受。近两年十几个省市自行组织命题后，古诗鉴赏题更是出现了百花齐放的局面。将其纵横比较研究一番，对复习迎考不无裨益。

其一，从命题材料来看，唐诗宋词居多，尤以唐诗为最。从体裁来说，以近体诗为主，尤以绝句为最。表示如下：

近年古诗鉴赏命题材料一览

<table>
<tr><th>招考年度
命题材料</th><th>2002 年</th><th>2003 年春招</th><th>2003 年</th><th>2004 年春招</th><th>2004 年</th><th>2005 年</th></tr>
<tr><td rowspan="3">唐代绝句</td><td>全国</td><td>北京</td><td rowspan="3">北京</td><td>北京</td><td>全国Ⅰ、湖南</td><td>全国Ⅰ、全国Ⅱ</td></tr>
<tr><td>北京</td><td>上海</td><td>上海</td><td>江苏</td><td>上海、重庆</td></tr>
<tr><td></td><td></td><td></td><td></td><td>浙江、湖南</td></tr>
<tr><td rowspan="2">唐代律诗</td><td rowspan="2"></td><td rowspan="2"></td><td rowspan="2">全国</td><td rowspan="2"></td><td>广东、天津</td><td rowspan="2">江苏、福建</td></tr>
<tr><td>湖北</td></tr>
<tr><td>唐五代词</td><td></td><td></td><td></td><td></td><td>全国Ⅳ、浙江</td><td></td></tr>
<tr><td rowspan="2">宋　　词</td><td rowspan="2">上海</td><td rowspan="2"></td><td rowspan="2"></td><td rowspan="2"></td><td>全国Ⅱ、全国Ⅲ</td><td rowspan="2">北京、天津</td></tr>
<tr><td>辽宁</td></tr>
<tr><td rowspan="2">宋代绝句</td><td rowspan="2"></td><td rowspan="2"></td><td rowspan="2"></td><td rowspan="2"></td><td rowspan="2">福建</td><td>全国Ⅲ、辽宁</td></tr>
<tr><td>浙江、江西、山东</td></tr>
<tr><td>宋代律诗</td><td></td><td></td><td>上海</td><td></td><td>重庆、北京</td><td>广东</td></tr>
<tr><td>元　　曲</td><td></td><td>安徽</td><td></td><td></td><td></td><td>湖北</td></tr>
<tr><td>明代律诗</td><td></td><td></td><td></td><td></td><td>上海</td><td></td></tr>
</table>

具体到 2005 年的 16 套试卷，古诗鉴赏题共涉及 20 首诗词曲，从体裁看，今体诗 18 首（其中七绝 15 首，五律 3 首），词、曲各 1 首，绝句占 50 %；从作者所处的朝代来看，唐人 10 首，宋人 9 首，元人 1 首，唐人占 50 %。

这其中涉及比较赏析的有 2002 年和 2003 年的北京卷，2004 年的上海春招及秋招卷（结合黄冈赤壁对联）；明确要求考生对两首绝句进行比较赏析的，有 2003 年的北京春招卷和上海春招卷，2005 年的上海、辽宁、浙江、湖南卷，整体呈上升趋势。

其二，从考查角度来看，主要是古诗的体裁、写法和内容，同时涉及意象（2002 年全国卷分析“柳”、2003 年北京春招卷分析“雁”）、诗眼（2003 年全国卷分析王维《过香积寺》诗颈联的诗眼）、通感（2004 年全国卷Ⅱ分析“红杏枝头春意闹”的“闹”字）**等常见艺术手法的赏析**。

具体到 2005 年的 16 套试卷，品味语言的有 7 套题：一是理解词语在诗中的意思，如北京卷第（1）小题考查考生对“漏声断”一句中“断”字意思的理解；二是分析关键词语在诗中的作用，如天津卷、湖南卷、江苏卷要求考生简析

“望”“微风”在诗中的作用，山东卷要求分析“最苦无山遮望眼”这一关键句在诗中的表现力；三是辨别用词的妙处，如福建卷告知考生“雁引愁心去”或作“雁别秋江去”，要求考生辨别指出哪一句更妙，辽宁卷要求比较两首诗的末句，一用“应有”，一用“犹有”，说出哪个更好。

分析意象、意境的有4套题：一是要考生在阅读诗歌的基础上大体把握诗歌所描绘的意象，如浙江卷要求考生答出两首诗歌都运用了什么表现手法来刻画“荷”的形象；二是体会画面，如广东卷问考生:“一船夫睡舟尾，横一孤笛”的画面能否表现“野水无人渡，孤舟尽日横”这两句诗的内容？三是揣摩情感，如湖南卷要求考生分析柳宗元诗表达的感情，辽宁卷要求考生回答“两诗借此营造的是一种什么氛围？表达的又是怎样的心绪”。

考查修辞的有6套题：一是给出一种修辞手法，然后要求考生在诗文中找出相关句子或词语，如广东卷要求写出诗中一组对仗的词语；二是让考生指明用了什么修辞手法，并加以简单的分析，如全国卷Ⅰ:“这首诗的三、四两句运用了哪种修辞方法？请具体说明。”三是不但要考生会指认，还要结合具体语境分析表达效果，如湖北卷:“这段曲词中运用了对仗、顶真的修辞手法，试简析它们各有怎样的艺术效果。”以上是明考，还有暗考的，如浙江卷考“拟人”，福建卷考“夸张”，重庆卷考“对比（对照）”等。

考查表现手法的有9套题：全国卷Ⅲ考“动静结合”，全国卷Ⅰ和重庆卷考“寓情于景”，江西卷考“细节描写”，江苏卷考“用典抒怀”等。

考查把握感情的有4套题：一是分析情感。要求考生根据诗歌所描写的景物及心理变化，直接分析作者的思想感情，如湖北卷中：这段曲词表现了汉元帝什么样的感情？广东卷中：从首句的“聊”到末句的“惊”，反映了诗人怎样的感情变化？二是比较异同。如北京卷中：词中“自许封侯在万里，有谁知？鬓虽残，心未死”与陆游《书愤》中“塞上长城空自许，镜中衰鬓已先斑”相比较，两处所表达的思想感情有何异同？天津卷则要求考生简析“大江东去水悠悠”与苏东坡“大江东去，浪淘尽，千古风流人物”表达的不同情感。

其三，从题型设计来看，以简答题为主，填空题和选择题为辅。

填空题主要出现在上海卷中，选择题则主要出现在北京卷中，两者均与简答题配合考查。这三种题型无所谓优劣，只要能兼顾字面意思的理解、思想内容的把握和语言、技巧的赏析，应该说就是好题。如2004年湖南的古诗鉴赏题就是一道出得相当不错的简答题。

其四，从赋分情况来看，分值有所提升。

2004年除北京卷赋分9分、上海卷赋分8分外，其他省市均赋分6分。而2005年除8省市保持原有的6分赋分外，有6省市将赋分提升到8分，上海卷则保持了原有的8分赋分，只有北京卷由去年的9分降至7分。

基于以上分析，我们对今后几年古诗鉴赏题的命题走向做出如下梳理。

第一，命题材料基本会圈定在唐诗宋词，而尤以唐诗最为看好，唐诗中又以绝句最受人青睐。这是因为唐代是我国诗歌的鼎盛时期，无论是诗歌的数量还是质量，无论是诗人的多少还是名气，都是其他朝代不可比肩的。

第二，赋分还有小幅提升的可能。未来各自主命题的省市一般都会向全国的三套试卷看齐，将赋分提高到8分。由于深化改革的需要，部分省市可能会上扬到10分。与之相应，古诗鉴赏题的小题题量会有所增加，今年已有上海、江苏、广东等三套试卷设置了3道小题。

第三，难度会有所增加。如2004年的全国卷Ⅰ、北京卷和辽宁卷结合诗评来设题，2005年比较赏析题的增多，就已经显露了这种趋势。

第四，选择题极有可能退出舞台，题型将会纯主观化。诗歌鉴赏能力是不宜用客观题的形式来进行考查的。最近两年残留在北京卷的客观题应该看成“强弩之末”，来年人们见到的可能会是清一色的主观测试题。

在了解了近年高考古诗鉴赏题的命题特点和未来古诗鉴赏题的命题走向后，最好每位同学手上配备一本古代诗歌选本。《唐诗三百首》应该是首选，其次才是《千家诗》《宋词选》等。然后好好地读，算是积累。“熟读唐诗三百首，不会作诗也会吟”，有了量的积累后，在老师的指导下再进行一番扎扎实实的训练，面对考题，考生就会胸有成竹、游刃有余了。

[原载《语文教学通讯》(高中版) 2005年第12期]

[原载《阅读与写作》2006年第1期]

高考现代文阅读试题走势分析

2005年高考语文试卷的结构和内容已经发生“静悄悄的革命”，而尤以现代文阅读试题的变化最大。下面分科学文（小阅读）、文学作品（大阅读）分述之。

先说小阅读。这一段现代文，在2001年以前，曾经长期选用科技文，材料艰涩。从2001年起，《考试大纲》规定为“一般社会科学、自然科学类文章”，选材范围开始扩大，材料逐年走向平实。2001年选的《铜奔马正名》属于社科类文章，2002年选的《沙尘暴》属于自科类文章，2003年选的《全球变暖——目前的和未来的灾难》也属于自科类文章。曾经有人猜测小阅读将会轮流选用社科文或自科文，事实上并非如此机械，但有一点我们不得不承认，从2001年起，连续三年的小阅读试题（含春招题）题目难度都不大，且赋分及考查形式与往年没有区别，材料长度850字左右，共4个题目，12分，采用客观选择题型，故小阅读全都作为第三大题放在第Ⅰ卷。

2004年11个省市自行组织命题后，小阅读题更是出现了百花齐放的局面。它们有以下一些共性：一是阅读材料新颖，具有浓郁的时代气息，有的甚至还比较“前卫”。如《网格协议》（辽宁）、《技术报复效应》（重庆）、《太空行走》（湖北）等；二是阅读材料更加注重实用性。如上海卷选用了一份《中国报业情况的调查报告》作为阅读材料，天津卷的阅读材料《技术跨越发展》是一份经济形势走势分析，广东卷的《咖啡和茶》则是一篇文化小品；三是阅读材料渐趋浅白，语言比较平实，接近学生平时的阅读实际，增加了试卷的“亲和力”。尽管这些小阅读材料的长度大多在千字左右，比早几年的文章明显要长，但阅读起来反倒容易得多。四是设题更为灵活，可看成小阅读渐变的突破口：北京卷开始向上海卷看齐，在小阅读中设置了一道简答题；辽宁卷也出现了两种新考法：一是抽出原文中的一句话让考生还原，实际上是考查语意的衔接；二是要求考生为文章选择一个合适的标题。

从总体上看，2005年的小阅读变化要稍微大一些，具体情况见下表。

卷　名	选　材	体裁	涉及内容	长度	赋分	题　型
全国卷Ⅰ	计算机思维	自科文	数学	924字	9	客观题
全国卷Ⅱ	植物睡眠之谜	自科文	生物学	861字	9	客观题
全国卷Ⅲ	中条山的地理意义	社科文	历史地理学	861字	9	客观题
上海卷	剪纸艺术的发展	社科文	民俗学	1430字	16	客观题+主观题
北京卷	戏剧与戏曲	社科文	文学	984字	12	客观题+主观题
天津卷	文化的含义层次	社科文	社会学	861字	9	客观题
	恐龙灭绝的原因	自科文	考古学、物理学	820字	9	客观题
重庆卷	智能机器人	自科文	生物（仿生）学	1189字	12	客观题
辽宁卷	科学探索之美	自科文	物理学、美学	1107字	12	客观题
江苏卷	“小春虫”化石	社科文	考古学、生物学	943字	12	客观题
浙江卷	神经细胞的作用	自科文	生物学	1198字	12	客观题
湖北卷	七音十二律渊源	社科文	考古学、史学	1435字	12	客观题
湖南卷	新生儿的大脑构建	自科文	医学、生物学	1394字	12	客观题
广东卷	解开嗅觉之谜	自科文	生物学、生理学	902字	9	客观题
福建卷	深海发现	自科文	生物学、物理学	1148字	12	客观题
江西卷	太阳风	自科文	物理学	1230字	12	客观题
山东卷	鲜花的心理效用	社科文	生物学、心理学	1066字	12	客观题

综观16套小阅读试题，最大的变化是有五套试题题量和分值相应减少（上海卷早已形成自己的风格，可视为特例）。三套全国卷的小阅读都由原来的4道小题缩减为3道小题，分值也由原来的12分调整为现在的9分。不谋而合的还有天津卷（自科文、社科文各一段，6小题，18分，亦可看成特例）、广东卷。与之相对应的是试卷长度一般在900字左右，缩短了读文答题的时间。这既为考生答好后面的主观题留下了充足的发挥余地，同时也符合命题的实际需要。因为要选择一段适合命题的语言材料不是一件轻而易举的事，800字左右的阅读材料要命4道能够检测出考生阅读水平的题目（12个选择项）也相当不易。

这实际是一个风向标，因为各省的试题都是以全国卷为模本命制的。由此我们可以推断，明年的小阅读试题一般都会向3个小题看齐。当然并不排除某些省份有其他的大动作。如湖南评卷点就在2005年的试题分析中明确指出:“我们认为最根本的问题是是否一定要考科普文，是否一定要以单选题的形式来考。近几年上海和北京卷都去掉了这一题型，尝试以主观题的形式考查对人文社科类文章的理解，效果似乎更好。”

再说大阅读。大阅读放在第Ⅱ卷第五大题，虽说是文学作品阅读，但因为科学命题的需要，一般都是选用散文作为测试的语料。如2002年林非的《话说知音》、2003年柯灵的《乡土情结》，北京春招题则分别选用了散文《让香格里拉发现自己》《你知西藏的天有多蓝》。唯一选用小说命题的只有一次，那就是2004北京春招题中的小说《雁阵》。大阅读赋分18分，采用3＋1的命题样式，其中3道是简答题，1道是选非或选正的多选题。与全国卷不同，从2002年开始，北京卷就将多选题放在简答题之前。这多少有点以人为本的味道。因为这道题往往有两到三项与原文不符，其错误也往往是细节问题。故通过解答此题，有助于把握全文的大致内容，再答其余的题目，就会有事半功倍之效。

2004年，由于是下放命题权的第一年，大阅读的变化不是很大。从文体上看仍以散文为主，共13篇，小说和杂文各1篇，分别为辽宁卷的《“认识自我”》和福建卷的《书》。从选材的范围来看有所扩大。以当代散文为主，兼及现代散文。如全国卷Ⅰ茅盾的《大地山河》、全国卷Ⅲ石评梅的《痛哭和珍》、福建卷朱湘的《书》、湖南卷徐志摩的《翡冷翠山居闲话》等。从题型设计来看，有11份试卷仍旧采用3＋1的命题样式，福建卷和辽宁卷全部用简答题的样式，湖南卷为1道填充题两道简答题加1道多选题，上海卷则采用了两道单选题型和4道简答题型，外加1道仿写题型和填空题型。其中最值得关注的是福建卷和辽宁卷，它们催生了2005年大阅读的大变化。

2005年的大阅读题变化相当大，具体情况也可以从下面的表格中看出来：

卷名	作品	体裁	作者	长度	赋分	题型	
						主观题	客观题
全国卷Ⅰ	一日的春光	散文	冰心	1722字	22	4	0
全国卷Ⅱ	春天的梦想	散文	苏叔阳	1558字	22	4	0
全国卷Ⅲ	张家界	散文	卞毓芳	1271字	22	4	0
上海卷	回望昨日的感伤	散文	李辉	1517字	22	3	1

北京卷	合欢树	散文	史铁生	1476 字	18	3	1
天津卷	看树	散文	高林瑜	1148 字	18	3	1
重庆卷	阳台上的遗憾	散文	韩少功	1394 字	20	5	0
辽宁卷	切梦刀	散文	李健吾	1845 字	18	4	0
江苏卷	波滋曼的诅咒	评论	周国平	1189 字	20	3	1
浙江卷	越来越接近精神的天空	散文	李汉荣	1148 字	18	3	1
湖北卷	土地	散文	韩少功	1148 字	18	3	1
湖南卷	贝多芬：一个巨人	散文	何为	2091 字	27	4	0
广东卷	壶口的黄河	散文	肖铁	1394 字	21	5	0
福建卷	日历	散文	冯骥才	1886 字	20	5	0
江西卷	给匆忙走路的人	散文	严文井	1558 字	18	3	1
山东卷	溯源	散文	海外作家	1517 字	18	3	1

格局保持不变的只有北京、天津、湖北、江西、山东、浙江、江苏七省区，其他八省区都有不同程度的变化，占试卷总数的 53 %。其变化体现在以下三方面：一是主观性试题增加。如辽宁、重庆、广东、福建、湖南和三套全国卷均去掉了最后的那道客观（多选）题，小题全部变为主观文字表述题，且每个小题涉及的答题角度也较多，加大了对文学作品的整体思想内容、写作方法的理解和把握的考查力度；二是提高了分值。福建、重庆、江苏卷赋分 20 分，广东卷赋分 21 分、三套全国卷均赋分 22 分，湖南卷赋分 27 分。反映了重视阅读理解、重视考生主观理解和发挥的命题思路，对考生表达能力要求明显加强；三是题量有变化，福建、重庆、广东卷均设有 5 道题目。

这其中改革最大胆的是湖南卷，第 4 小题要求考生读文后从三个题目中任选一个，写一篇 300 字左右的赏析短文（相当于早些年的小作文）。这是一道特色鲜明的试题，也是语文高考试卷的一次历史性突破。这种大变化旨在强调学生的表达能力，体现了新课改、新课标的理念，有利于引导学生的探究性学习，同时也弥合了长期存在的读写分离，为测试学生语文综合素养找到了一种符合实际的形式，给人带来一股清新之气。

由此可见，大阅读试题跟前几年的古诗鉴赏题一样，有逐步纯主观化的倾向，且赋分也有提高的趋势，难度也会逐步提高。教育部考试中心余闻认为："这样做，更能体现对文艺作品阅读能力考查的特点。”湖南评卷组则分析认为：从考生实际来看，第五大题（大阅读）“区分度也比较高。从长远来看，这一题型在篇幅和赋分上，还有较大的发展空间”。

其实，这种变化是语文测试走向科学化的必然。语文实在不宜用客观题型进行测试，它完全不同于数理学科。对语文来说，1＋1不一定等于2。这意味着我们在今后的阅读训练中，应加强对学生欣赏能力和表述能力的培养。考生不能只做评价对错的旁观者，而应该多读一些纯文学作品，努力提高自身的语文能力和文学素养，以便及时应对现代文阅读试题进一步开放的需要。

［原载《中学语文教学》2005年第12期］

从三个维度评说湖南作文题

今年的湖南卷高考作文题，给人的印象是比较成功的。我们不妨从以下三个不同的维度进行评说。

从命题探索的维度看——稳中求变。

湖南自主命题三年来，作文题年年小有变化。在命题方式上，前两年是“以引导语直接引出话题”，要求考生分别以“家庭教育”“跑的体验”为话题作文，今年则采用命题作文的形式，类似前年和去年的北京卷，先列出了“意气”一词的三个义项，然后要求考生以“谈意气”为题作文。在体裁限制上，2004年是“除诗歌外，其他文体不限”，2005年是“写一篇不少于800字的记叙文或议论文”，今年则是“写一篇不少于800字的议论文”。这是对近几年“不限文体”，导致“四不像”作文大量产生这一现状的反拨。限制了体裁后，考生就不容易跑题，更加强化了文体意识。这种变化是值得肯定的，也是考生们能够接受的。

可能有人会认为要求考生不写诗歌是一种倒退，而限制写议论文则更是一种反动。其实，即使高考作文可以写诗歌，每年真正将其写成诗歌的又有几人？能拿得出来的高分诗歌又有几首？作文题中是“文体不限”，学生写出来的作文却是“文体不明”。浏览报纸，翻阅书刊，种种文体各归其所，甚至连电视主持都有鲜明、独特的风格，高考作文为什么就不能限制文体？

不错，自1999年高考作文“文体不限”以后，出现了一些有创意的优秀作文，社会各界叫好声不断。但随着高考作文文体的进一步放开，一些披着“创新”外衣的“变异”文体纷纷粉墨登场，诸如病人诊断报告书、产品说明书、QQ聊天记录等开始出现并获得高分。而传统的理性文章诸如散文、议论文反而不如这些“另类”文章更容易得到高分。这就对传统作文观念构成了强烈的冲击，同时使学生形成一种误区，以为作文不要积累，只要形式“新”“奇”即可。这样的结果是令人沮丧的：很多学生不再读书，不再进行作文材料的积累，而只一味凭“新”“奇”的结构模式取胜，学生的思维表达能力渐趋弱化。

中学阶段正是学生开始形成独立思考品格的时期，今年的湖南高考作文题，引导学生对社会人生进行理性的思考，是一种进步而不是倒退，是一次革命而不是反动。

从选拔功能的维度看——效度明显。

今年的湖南作文题能有效检测考生的写作能力，拉开考生之间的距离。提示语中罗列了《现代汉语词典》上“意气”的三个义项，从义项的具体内容来看，既有准确定义，也有举例说明，帮助考生全面理解“意气”的内涵，减少审题障碍的命题要求得到了落实。但考生如何选择相关的解释作为写作的角度，却颇见审题、构思的功夫。文章既可以单独从某一义项展开，也可以将“意气风发”“意气用事”对照着写，当然，将三个义项合成一体综合写亦未尝不可。毫无疑问，作为一篇800字的应试作文，首选应该是围绕一个义项做足文章。如果综合多个义项写作，一定要能将它们有机地统一起来，绝对只能立一个意，而不要三个义项平分笔墨去写。那样写，一是显得呆板，二是可能三者都谈不透，文章缺乏应有的深度。高考结束后，湖南一些媒体邀请几位另类写手写了几篇作文，有两篇就是涉及三种义项的，给人的印象都不十分理想，难以视为好文章。

高考作文题应该充分发挥自己的选拔功能，既能有效地防止宿构，又有利于优秀考生脱颖而出。近几年，高考作文命题专家们为命制好作文题，可谓绞尽脑汁。他们要么用“出人意料和情理之中”这样的二元关系作限制，要么像“家庭教育”“跑的体验”一样，用一个定语来做限制，其效果并不理想。而今年的湖南题，在开放中限制，明处开放暗中限制，达到了有利于插标，有利于评价控制，有利于提高选拔的准确度的目的，这是很值得各命题组借鉴的。

从指导教学的维度看——导向明确。

首先，从题目的内容上来看，如果说“家庭教育”在于指导学生关注身边事物，“跑的体验”在于指导学生关注自身体验，那么，“谈意气”的重点便在于引导学生更加全面、严密、科学地去了解世界，分析世界。整个三年的命题连续起来看的话，湖南卷并不偏重于某一方面的题材，减少了高中语文教学投机的可能性。

“语文学习的外延和生活的外延相等”，语文教学应该引导学生关注现实、关注人生、关注自我。中学生要力求两耳多闻窗外事，避免一心只读圣贤书。语文老师一定得先教会学生做人，再教会学生作文，以做人促作文，才能实现做人与作文的双赢。应该说，今年湖南的高考作文题较好地发挥了这种“指挥棒”的作用。

其次，稳中求变的题型启示我们，作文教学应该高度重视作文基本功的扎实训练，以不变应万变，才能笑到最后，笑得最好。

最近几年，中学作文教学追求应试的功利性已愈演愈烈，各种教育网站和教育研究机构更是猜题、押题成风。这种现象的出现，其源头与我们沿袭已久的高中作文教学体制以及现行高考作文命题、阅卷模式不无关系。于是，作文教学逐渐远离“求实”“创新”,“范文至上”成了一些教师作文教学的“法宝”，有的教师甚至要求学生死记硬背几篇范文以供借鉴与模仿，这种做法是不足取的。因为适合学生年龄特点、生活阅历和思维能力的写作材料是取之不尽的，在平时教学中扎扎实实地训练学生正确运用书面语的能力，倒是作文教学的光明正途。

[原载《语文学习》2006年7—8期合刊]

2006年湖南高考语文试卷亮点分析

实行分省命题以来，湖南的高考语文试卷有如下鲜明的走向：第一年，平稳过渡，第二年，大胆创新，第三年，渐臻完美。这与湖南人“敢为天下先”的精神是相符的。综观今年的湖南高考语文试卷，除渗透了一些新课标的理念之外，还有如下一些亮点。

第一，大胆的创新性。

一是在去年的基础上进一步调整了试卷的结构。试卷由“语言知识及运用”“现代文（一般社会科学类、自然科学类文章）阅读”“文言文阅读”“文言文翻译、古诗词鉴赏和古诗文默写”“现代文（文学类文章）阅读”“文章赏析”和“作文”七大板块构成，主观题和客观点各归其所，将去年的“小作文”从“文学作品阅读”中剥离出来，独立为“文章赏析”，更为科学合理。由于命题组的务实，整套试卷给人以“清爽”“典雅”“完美”的感觉。

二是注重考查动态的语言现象。第一大题的语音题和字形题，以往都是简单地提供静态材料让考生去判别。去年江苏卷的字形题首开提供具体语境的先河，而今年的湖南卷为这两道题都提供了具体的语境。“教学生如何读书”“按期给付工资”“不断参与”“为他人着想”这当中几个加点的字，是人们在生活中使用频率相当高又容易读错的。这一题型上的细小变化，对我们中学语文教学的指导意义是不可低估的。一个汉字往往有几个不同的读音，但在具体的语言环境中，它的读音却是唯一的。我们如果只是静态地去识记某一个汉字有几个读音的话，那同孔乙己只知道“回”字有四种写法就没有什么区别了。人们常常将高考命题比喻成“指挥棒”，其实它们更应该是一种互动关系，命题影响教学，教学促进命题。

三是古诗词鉴赏材料另辟蹊径。关注高考命题的人不难发现，古诗词鉴赏题开始设题以来，不管以主观题的形式还是以客观题的形式出现，其命制素材大多选自20世纪80年代末上海辞书出版社出版的《唐诗鉴赏辞典》《唐宋词鉴赏辞典》《元曲鉴赏辞典》等工具书。最近两年，命题权进一步放开后，这些工具书中比较好的命题材料基本都被前人使用过了。在“山重水复疑无路”之际，湖南卷大胆选用曹雪芹《红楼梦》中的两首《咏白海棠》诗，颇能给人带来“柳暗花明又一村”的快感。这一创新举措是值得肯定的。它开阔了命题人的视野，探索出了一条命题新路径。其实，唐、宋、元固然代有名篇，而明、清、近则未必无佳作；全篇固然可以赏析，对某句进行评析也未必不可。只要我们平时的语文教学工作是扎扎实实的，就能以不变应万变。

第二，浓郁的文学性。

一是体现在“文章赏析”大题的独立上。“文章赏析”的独立，凸出了这一道题在整套试卷中的地位。湖南2006年的《补充说明》中明确指出:“‘文章赏析’不是简答，也不同于小作文，它是对考生阅读与表达能力的综合考查，重点应落在赏析上。”文学赏析是综合考查考生语文素养的一种极佳形式，能有效检测考生的阅读、鉴赏、评价、写作等多种文学技能。湖南卷正是因为有了这样一道大题，而有了浓郁的文学性。

二是体现在题量和赋分上。今年的湖南卷继续压缩了客观题的分量，增加了主观题的分量。“语言知识及运用”只留4个小题，赋12分,“现代文（文学类文章）阅读”则增设1小题，赋17分。“文章赏析”在去年赋15分的基础上，今年再增赋1分。这样一来,“现代文（文学类文章）阅读”和“文章赏析”累积赋分高达33分，从而突出了对文学作品阅读的考查。毫无疑问，这是一种非常大胆的尝试。

三是体现在文言文的选文上。曾国藩的《〈湖南文征〉序》是一篇书序，节选的部分说文法，论文风，谈湖南文化源流，亦增加了试卷的文学性。

第三，鲜明的地域性。

今年的湖南高考语文试卷选材很有讲究，文言文选用的是曾国藩的《〈湖南文征〉序》（节选），现代文（文学类文章）选的是桐城派后裔方令孺的游记《在山阴道上》，古诗选的是《红楼梦》中的两首《咏白海棠》诗，因而具有浓郁的文化气息。此外，今年的湖南卷与去年的湖南卷相比，还烙上了更鲜明的地域色彩。具体体现在如下几点。

一是曾国藩的《〈湖南文征〉序》涉及了湖湘文化的传承。曾国藩曾就读于岳麓书院，是清代中兴重臣，中国传统文化的集大成者，近代湖湘文化的典型代表人物，也是中国近代化的发轫者。1986 年，岳麓书社曾出版《曾国藩全集》30 巨册，被美国的《北美日报》评论为“中国爆炸了一颗精神原子弹”。1990 年至 1992 年，湖湘学人唐浩明的长篇小说《曾国藩》（黑雨、血祭、野焚，共三册）陆续推出后，风行全国，享誉海内外，2004 年《唐浩明评点曾国藩家书》《唐浩明评点曾国藩奏折》也受到读者的热情追捧。可以说，谈及湖湘文化，就不能不谈及曾国藩。今年的湖南卷选用曾国藩的《〈湖南文征〉序》（节选），是颇具慧眼的。

二是作文题带有湖南人“敢为天下先”的精髓。从心头默念着“举世皆混而我独清，众人皆醉而我独醒”的屈子，到“书生意气，挥斥方遒”的毛泽东，湖湘文化史上有着太多太多意气风发的人物，写下了太多太多的华彩乐章。晚清到近代的王船山、魏源、左宗棠、曾国藩、郭嵩焘，现代的杨昌济、蔡和森、刘少奇、彭德怀、贺龙等革命前辈，他们在近代思想启蒙运动或漫天阴霾之下是何等的意气风发！考生若能联想起这些人物和他们的事迹，定能很好地展开论述。

[原载《考试报》（高考语文湖南专版）2006 年 8 月 18 日第 7 期]

2007年湖南高考语文试卷亮点分析

今年是湖南参与分省命题的第四年，其语文试卷基本沿袭了前三年的思路。体现了“务实创新，典雅厚重”的特点。具体来说，有如下一些亮点。

第一，葆有鲜明特色。

经过三年的打磨，湖南卷业已形成自己的独特模式。今年，湖南卷在结构上略有小的调整，取消了I、II卷的分割，将文言文的翻译和简答题归属第三大题，同时又将第四大题的默写题分设为“古诗默写”和“古文默写”两个小题，试卷由“语言知识及运用”“现代文（一般社会科学类、自然科学类文章）阅读”“文言文阅读”“古诗词鉴赏和古诗文默写”“现代文（文学类文章）阅读”“文章赏析”和“作文”七大题构成，从形式上看，主观题和客观题都各归其所。与去年比较，显得更为科学合理。从内容上看，文言文选用了陈奇猷的《韩非子校注》中的五段文字，文化品位比较高；古诗选用了王安石的律诗《示长安君》，能有效提高考查效度。因为最近几年唐诗考得比较滥，宋词则以艳词居多，元曲则显得太俗，故选宋诗不失为一种高明之举；散文则选用了鲁迅的《忆刘半农君》，属于一流作家的一流作品，特色鲜明。由于命题组的务实，整套试卷仍给人以“清爽”“典雅”“厚重”“完美”的感觉。

第二，彰显创新色彩。

一是鲁迅作品的入选。鲁迅是伟大的思想家、革命家，中国新文化运动的主将。鲁迅先生不少有代表性的作品入选中学语文课本，但人们对高考考鲁迅作品却心存较大疑虑，一是鲁迅是大师级的人物，大家生怕解读有误，以致犯大不敬；二是广大中学生并不太喜欢读鲁迅的作品，觉得他的作品语言与我们有一定的距离，缺乏必要的亲和力。再从命题实际来看，近年来各地的选文形成了一个潜规则，往往是选一流作家的二流作品，或选二流作家的一流作品出题。今年的湖南卷选用鲁迅的散文命题，这既是一个大胆的举动，又是一种创新突破。

二是稳中求变的理念。稳中求变是高考命题的一大常规。今年的湖南卷不仅在结构上略有变化，而且在分值的分配上也作了相应的调整。第一大题去年是4个小题，今年增加了1个小题，考的是连贯。这是基于湖南卷与全国其他省区的试卷相比，“语言的运用”所占分值偏少而增设的。导向积极，值得肯定。而第1小题回归传统，不再提供语境，这既是稳中求变的一种具体体现，同时也是对各中学名校猜题的一种有效逃逸。第三大题将以前的文言文信息筛选题改为简答题，要求考生在读懂原文的基础上做答，提高了文言文的整体阅读要求，增加了答题的难度，对中学加强和改进文言文教学具有建设性的指导作用。第四大题将古诗词鉴赏的赋分由6分降低到5分，是因为下面的原因而做出的调整：一是后边有一道“文章赏析”大题，赏析权重过多；二是由于第一大题增设了一道选择题，需要赋分。第六大题文章赏析去年赋分16分，显得不够理性，今年将其缩减为14分，算是一种理性的回归。第七大题作文，去年要求“写一篇议论文”，今年要求“写一篇议论文或记叙文”，这对中学作文教学可以起到纠偏的作用。提示我们：千万不能高考考什么，我就教什么。应该各种文体全都训练到位，只有以不变应万变，才有可能笑到最后。

第三，渗透人文关怀。

一是体现在作品的注解上。今年湖南卷的文言文阅读、古诗鉴赏和现代文阅读几个大题在文字上都有难点。为了帮助考生迅速从整体上把握文本，命题者对这些难点都做了适当的注解。

二是体现在题目的设置上。文言文利用保留的“对文章的阐述”题作了点阅读提示，能帮助考生理解原文。去年湖南默写题的省平均分是1.88分，与命题缺乏选择性不无关系。故今年湖南卷在沿袭去年加强名篇默写的基础上，将古文默写改为2小题任选1小题作答的形式，可有效提高考生的答题准确率。今年的湖南作文题继续限制文体，但却由去年只限作议论文放宽到既可写议论文也可写记叙文。作文题文体的放宽，从某种程度来说也是一种人文关怀，因为有些偏重感性的同学天生就写不好议论文。

三是作文的善意提示上。今年的湖南作文题为“诗意地生活”，与名词性的定中结构“诗意的生活”不同，这是一个动词性的状中结构，应该将其理解为一种动态的行为过程或心理体验，写正在进行中的生活状态。要“诗意地生活”就应该对“诗意的生活”有所界定。毫无疑问，不少考生会在某些段落偏向于对“诗意的生活”的描述或评价，甚至出现只写“诗意的生活”的文章。所以命题人特意在作文题的“注意”事项中提醒考生“注意题目中的‘地’字”，以利于考生审清题目。这一善意的提示，明显体现出了一种人文关怀。

总之，今年的湖南卷还是有亮点的，有的还比较显眼。我们希望来年的湖南卷能给我们带来更大的惊喜。

[原载《考试报》(高考语文湖南专版) 2007 年 8 月 17 日第 7 期]

日记写作技巧巡视

日记是每日的生活纪录，也是一个人生活的反映。古今中外的文学家，几乎人人都写日记。

写日记的主要作用应该是励志，同时也可以培养作文能力，可以养成有恒心和有毅力的习惯，可以了解自己，可以宣泄自己的感情，也可以作为备忘录。日记的内容可从下列几方面去取材：一天中最有趣或最要紧的事；旅行、远足、郊游、运动会的情形，各种集会的经过和感情，个人的健康，行为的反省与检讨，梦、想象或各种感想，听到的最有意义的事或故事或笑话，重要的偶发事件，重要的时事，读书心得或摘要等。

下面这篇日记，写的就是发生在周末的一件事。这是一件偶发事件，但它非常有意义，所以小作者把它记录了下来。下面这篇日记就有当天独特的内容，下雪了，本来想去玩雪，但听说省府大院那片树林里有好多棵柏树都被压断了，“我”便放弃玩雪，和同学一起去打树上的积雪，保护柏树。读完全文，我们可以得出这样的结论：它可以作为作者成长过程中的一个备忘录。这样的日记写多了，就是一部少年成长史。从文学的角度来看，这篇日记也有很多值得圈点的地方。一是顺序清楚，叙事简练，详略得当，结尾留有余味。二是语言流畅，活泼有趣。如“我一骨碌翻身起床，把脸贴在玻璃窗上一看，呀，好美的世界！”句中“一骨碌”“贴”等词就用得非常准确，为文章增色不少。三是妙用修辞，生动形象。如“雪，还在一口气也不歇地下着”“她听了这句话，脸红得比前天吃年夜饭时的虾还要红”就分别运用了拟人、夸张的修辞手法，读来耐人寻味，意趣盎然。

【例文】

金　花

1月8日　阴

清晨，我睁开双眼，房间里真明亮。下雪了！我一骨碌翻身起床，把脸贴在玻璃窗上一看，呀，好美的世界!

外面白茫茫的一片，远山、房顶、道路、树木都被大雪盖住了。雪，还在一口气也不歇地下着。

“玩雪去！”我高兴地喊了一声，拉开门就想往外跑，姐姐一把拉住我，说:“别去，今天，我们去省府大院照雪景去……”这是我求之不得的事，我便连连催姐姐赶快准备。正在这时，传来一阵急促的敲门声，开门一看，原来是我的同学刘巧芸和王荟荟，她们喘着气告诉我说，省府大院那片树林里有好多棵柏树都被压断了，她们来约我去打树上的积雪，保护柏树。我一听，二话没说，也不管姐姐的阻拦，抓起棉衣就跟着她们跑了。

我们来到那一片树林里，真令人痛心，到处是东一棵西一棵被压断的柏树，有的倒在地上，有的靠在别的柏树身上。没有被压断的也被厚厚的积雪压弯了腰，一晃一晃的，随时都有被压断的危险。突然,“咔嚓”一声，在我们身旁一棵碗口粗细的柏树被压断了，这响声警告我们不能再耽搁片刻。我们飞快地跑过去，各人抱起一棵树干，使劲地摇起来，再用带来的竹竿打，积雪纷纷地落下来，落在我们的头上、身上，有的趁机钻进脖子里，冰凉冰凉的，怪难受的。

我们正打得热火，从林子旁边走来几个年轻姑娘，我一看，第一个正是姐姐，她胸前挂着照相机，打扮得很漂亮，她见了我很不高兴地责备道:“小妹，你多管闲事，你们把雪都打了，还能照什么雪景……”

我气得说不出话来，想不到我的姐姐会说出这样的话来，我憋了半天，红着脸说道:“我们打雪是为了保护树，树都被压断了，你能照啥雪景！”我这句话真管用，平时姐姐和我抬杠从不会让我，这会儿，她听了这句话，脸红得比前天吃年夜饭时的虾还要红，低着头和她的朋友走了。

一个上午过去了，我们累得浑身是汗，里面的衣服湿透了；外面，昨天大年初一才穿的新衣也弄脏了，但看着那一片重新伸直腰肢的柏树，心里充满了快乐。我们约定，吃了午饭，约上更多的同学再来……

第二篇日记以邻居刘婆家要搬来一个卖鸭人引来的诸多不便为始，尤其是中年男人因为妻子的病情而对新来的邻居感到不满意，但是众人背后的议论终究没有上了台面。“时间一天天过去了，谁也没去找刘婆，跟她谈房子的事”，中年男人也只是在午夜时分破口大骂卖鸭的人，终于黄婆婆说话了，但还是用的“平和”的语气，最终，结尾是圆满的，毕竟远亲不如近邻，邻里之间的和谐是众人所期盼的。小作者采用对比手法和抑扬手法，文章既有波澜，又给人以鲜明而深刻的印象。

【例文】

新来的邻居

7 月 15 日　晴

被太阳炙烤了一天的小镇终于迎来了夜幕的降临。

这个小镇有个习惯，在夏天的夜晚，住在一起的左邻右舍会聚集在一个地方乘凉，说白话。

“我听说刘婆要卖屋，你们千万不要答应啊。”一个中年男子首先打破了寂静。

“好像是卖给一个卖鸭子的人。”黄婆婆说话了。

那个中年男子很是不满。他家有一个后门，每到夏天就打开，享受从树林吹来的凉风；冬天就关得严严实实，还用一台陈旧的斗风车挡着，以防哪怕是一丁点儿风从门外吹进来，他就会很不舒服。因为他妻子是最怕冷的。据说是生孩子时流了很多血，衣服、床单、被子全被血侵蚀了，而且是夏季最炎热的一天。左邻右舍的人都知道，很是同情。

“卖鸭子的人如果搬进来，我把后门一打开，就会有一股鸭尿、粪便等气味，闻了让人不舒服，而且晚上鸭子嘎嘎声让人整晚都睡不着。你们说这样的人搬进来有什么好处啊！”他像一个律师作最后总结，把被告人的所有缺点全揭出来，以求陪审团的支持。

围坐在一起的人纷纷议论。夜色越来越黑，月亮升到人们头顶上，南风通过巷子然后分散到每一处。

“这风啊，吹得真舒服。”一个姓郑的老女人开口了。

风吹散了劳动了一天的人们身上的疲惫。

“是啊，不能卖房子，不能卖房子！”姓郑的老女人又说话了，“那卖鸭子的人搬来后，我们以后还能吹到这么舒服的风吗？”

大家都赞成地点点头。

时间一天天过去了，谁也没去找刘婆，跟她谈卖房子的事。太阳每天东升西落，月亮每天都出来照耀他们在田间劳动后疲惫的脸孔……

几天后，卖鸭的一家顺利地搬进刘婆家。和预期的一样，晚上的鸭叫声一直包围着那个中年男子的家，使他们一家都难以入睡。午夜时分，中年男子听到叫个不停地鸭声，总会朝着窗外破口大骂卖鸭的人家，像在和别人吵架。

日子一天天地过着，邻里之间，人们对晚上的鸭叫声十分不满。

“你能管好你的鸭子吗？白天没什么，可一到晚上就……”黄婆婆出来说话了，语气还是很平和。

“真对不起，我也不想，可是我也没办法，总不能捂住它们的嘴吧。”卖鸭的人说。

没过几天，这几户人家的周围就被鸭声、鸭臭所包围。三五成群的人坐在一起，仍旧议论着，只是谁都没有自己亲自行动。

每次卖鸭的妇人从街上回来都带着东西，总是给这家一点，那家一点，开始都不接受，后来，日子久了，也习惯了妇人给他们送东西来。大家日渐熟了起来。只是私下里，各家关着门，对着妻子（丈夫）、孩子谈论着，抱怨妇人这个、那个的。

“这是给你的。”妇人把一只弄得干净的鸭递给中年男子。

“这怎么好意思呢。”一边说一边接过了鸭，“您请坐，请坐。”

两个人开始谈起来，屋里发出了两人的笑声，周围的树也不禁颤动起来，是一阵令人舒服的南风。

日记是一种最普通的练笔形式。你可以用日记记下你多姿多彩的生活，记下你生活中各种各样的事件和感受：今天你主要在做什么事情，或者有什么小插曲；今天你到哪里去了，或者谁到你们家来了。日记不在于长短，关键是有这天独特的内容。

[原载《青少年日记》2007 年第 8 期]

湖南高考科技文阅读大盘点

一、命题特点

近年湖南卷科技文的选文，都是自然科学领域方面的文章。2005 年是早期教育方面的文章，2006 年是基因组图谱，2007 年是嗜盐菌实验。这样的选文既强调了科学类文章内容新、语言专、行文简的特点，又兼顾了考生的知识面和对新信息接受的可能性，具有人文性。

在命题形式上，2005—2007 年的湖南卷都是 4 道选择题，考查点的设计，都圈定在“理解文中重要词语的含义”“筛选并整合文中的信息”“根据文章内容进行推断”等能力上。

在科技文的命题意图和能力要求上，湖南卷注重对段落和篇章的阅读理解，强调阅读深度。

二、答题误区

科学类文章阅读选项的设置一般不会照抄原文的语句，而是另外改换一种说法，也正是在这“改换”当中，有意设置一些不符合原文的干扰项，来故意迷惑考生，这就是所谓的“误区”，即考生的“丢分点”。近三年湖南卷科学类文章阅读的常见误区主要有以下一些：

1．偷换概念

这种选项乍看与原文的说法一样，但仔细推敲就会发现实际上二者并非一回事。混淆所指的对象，颠倒陈述的主体与修饰语，省略一些关键的修饰语，均可导致表述不当。如 2005 年湖南卷第 10 题 A 选项："通过对人幼年生长期时间程序产生规律的研究，我们可以得知，新生儿的睡眠与清醒昼夜周期是不可能改变的"，原文提到的研究主要是针对婴儿阶段，本选项将它改成"幼年生长期"，偷换了概念，造成前提无据。

2．不合逻辑

主要指命题者在设置根据原文内容进行合理推断和想象题的选项时，从逻辑角度设置陷阱。如 2005 年湖南卷第 10 题 B 选项："实验清楚地表明，新生儿生命的寿命早在出生之前就已经开始了，因此我国现行对人寿命长短计算的方式是错误的"，"新生儿生命的寿命早在出生之前就已经开始了"是原文中的句子，前提是成立的。但是，由此而得出"我国现行对人寿命长短计算的方式是错误的"推论是不合理的，因为一个是站在生命科学的角度上说的，一个是站在传统的约定俗成的角度上说的，而且后一个角度并不会对人类与科学造成危害，说它"错误"就不免失之武断了。

3．曲解原意

指对词句的理解与原文发生了偏离，曲解了作者所要阐述的观点或所表达的意思。如 2006 年湖南卷第 6 题 A 选项："科学家们在逆境条件下成功地在果蝇中选出了寿命长的品系。"原文第一段说，科学家们"通过系统地选择晚生育的个体，成功地获得了寿命长的品系"，并没说是在"逆境条件下成功地在果蝇中选出了寿命长的品系"，故 A 项曲解了原意。

4．颠倒因果

命题人在设置干扰时，故意把原材料的"因"变成"果"，或将"果"变成"因"。如：2006 年湖南卷第 6 题 B 选项："人或其他生物体的活动缓慢、活力降低必然导致其基因的改变。"熟读原文，提取相关信息，便可知道，题项中把两者的顺序说反了，原文第四段说"有些基因改变后将导致代谢活动缓慢，活力降低"，根本不是"人或其他生物体的活动缓慢、活力降低必然导致其基因的改变"。

正确理解文意，辨明因果很关键。

5．以偏概全

把其中一方面或一部分所具有的某些特点说成是所有同类事物所具有的特点。所供选项有意把原文中对某类事物的一部分所做的判断扩大到某类事物的全体，擅自扩大判断对象的范围。如2006年湖南卷第6题C选项:“线虫的与寿命有关的基因的突变都可使其寿命延长6倍或更多倍。”原文第二段说“一些基因突变后可使寿命延长6倍或更多倍”，而C选项却表达为“基因的突变都可使其寿命延长6倍或更多倍”。

6．无中生有

原文中本无此意，却凭空捏造出某种说法，即所供选项的信息既不能从原文中找到，也不能由原文推断出来。如2007年湖南卷第6题A选项:“观察嗜盐菌在高盐浓度环境中是否具有承受强辐射的能力。”根据文中信息，嗜盐菌在高盐浓度环境中具有承受强辐射的能力是确定的，无须实验观察。

7．张冠李戴

这种干扰项常常把甲的特点说成是乙的特点，或者把丙的发明说成是丁的发明。如2007年湖南卷第8题A项的表述:“迪鲁吉罗研究小组与西雅图系统生物技术研究所的科学家通过观察嗜盐菌细胞DNA受损的全过程，发现它有好几套独特的DNA修复‘工具’。”从原文可知，发现“它有好几套独特的DNA修复‘工具’”的发现者只是迪鲁吉罗研究小组，而不是“迪鲁吉罗研究小组与西雅图系统生物技术研究所的科学家”。

三、答题要领

高考科学类文章选材范围很广，涉及社会和自然各个领域的知识，这就需要我们进行广泛阅读。但如果我们能借助语文的学习方法和规律，应能快速地完成阅读理解的任务。

※理解文中重要词语的含义，要把握两点：

一是“文中”主要指具体的语言环境，包括对文章全局的整体把握和对具体词语上下文的领悟。

二是“重要的词语”，科学类文章阅读考查的词语往往都具有重要作用，这些词语要么是关键信息点，要么是某一重要说明对象或理论对象的简洁概括（如指代性词语、概念性词语等），要么就是或承前或启后省略了相关阐释内容。这些词语往往已突破了其原来的意义范畴，与具体语境结合而产生了新的内涵。

做这一类型的题目应该注意以下几点：

1．了解科学类文章的一般思路。社会科学类文章一般是先提出论题或论点，然后选用各种材料，运用各种方法分层次分角度阐述文章的这一论题或论点，做到观点与材料的统一，最后总结全文。自然科学类文章一般首先简要说明一种关于自然科学某一方面的新工艺、新技术、新成果等，即提出话题，再介绍科技理论或技术产品是怎么来的，理论根据是什么，形态构造怎样，有怎样的工作原理，对生产生活有什么重要意义，发展前途怎样等等。

明确这两类文章的写法和思路，有利于我们从整体上把握文章。

2．明确解答相关题目的基本思路和方法。①通读原文，吃透主旨；②研读题干，明确考点；③比较选项，排除干扰；④找准根据，选择答案。

※ 理解文中重要句子的含意，要领如下：

理解文中重要的句子，在大多数情况下，就是把原句的意思改换成另外的说法，简言之，是句意的转换；如果是选择题，只要判断命题者的转换是否符合原意即可。从多年社会科学类文章阅读测试题来看，要理解其意思的句子往往运用了比喻等修辞手法，要通过理解喻体的意思来理解本体的意思，进而理解全句的意思。另外，社会科学类文章常常有一些引用的句子，阅读时也要正确认识引用的句子的意思和作用。这些句子也常是命题的材料。

对于自然科学类文章阅读来说，要求理解的重要句子，一般有结构复杂的长句、信息容量大且专业性强的句子，以及对理解文章内容起关键作用的句子。自然科学类文章，有时为了精确而周密地表达意思，往往在中心语前加上限制语、修饰语，有时把几个相关联的事物放在一起，进行比较、分析，以说清事理，或得出结论。这样，句子的结构往往因意思缠结而复杂起来。高考命题者常选择这样的长句来设计题目。解答这类问题，需要把语法分析和语义理解二者结合起来。语法分析有助于认清句子的结构，更利于正确理解句意。

理解文中重要的句子的两个原则：

1．由词而句。既要注意句中关键词的词义，又要注意词和词之间的关系，根据用词了解句意。

2．由篇章而语句，由语句而篇章。由篇章而语句，是说应该联系上下文，根据文章的文体、内容去把握理解重要的语句；由语句而篇章，是说可以根据文中重要语句的位置、内容来归纳概括文章的中心，这样既利于准确把握文章的中心，又可以加深对重要语句在文中作用的理解。

※ 根据文章内容进行推断和想象，要领如下：

根据文章内容进行推断和想象是一个有一定难度的考查要点，它需要把具体内容阅读、相关知识联系、推断的基本方法等结合起来。

1．对文章整体内容全面理解，对基本信息准确提炼。根据文章内容进行推断和想象不是简单的信息筛选，它是一种推理，在原文中一般是没有直接、现成的表述的，因此首先应在整体阅读的前提下，把握全文的基本思想倾向、观点态度，筛选出文中的有关重要信息，注意不同观点之间的区别及作者对它们的评论或看法。

2．抓住文章中的隐含信息。文中作者对某方面的问题没有明确的说法，或者是对问题的发展做了一定的暗示，有时作者对某一问题变换了一个角度，在文章的分析总结中临时借用了某方面的材料、观点，或者是时间、地点等因素的变换，等等。

3．注意一些关键语言环节。语言形式的提示作用也是很重要的，抓住了某些关键词语，也就找到了打开思路的钥匙。如表时间、趋向、主次、判断、因果、类比、总结概括的语句。

4．掌握必要的推断方法。这主要指一般的逻辑推理方法，如分析综合、归纳、演绎等。

※ 筛选并整合文中的信息，要领如下：

“筛选并整合文中的信息”，就是对文章进行有一定阅读目的地分析，按考题要求从文中寻找出符合要求的信息，即把符合考题要求的字、词、句等语言材料选出来，并加以概括、重组、融合。

社会科学类文章为了论证某一个观点，往往要摆出一系列证据，不少证据往往是新发现、新情况、新知识，即新信息。筛选整理的根据是看信息与观点的关系，是正面证明，还是反面证明；是直接支撑，还是间接扶持。要对文中信息进行分类，区分重要、次要的信息。

自然科学类文章，不仅提出一些科学前沿的新概念，而且还在文章中对这些相关概念和研究结果进行解说、分析和阐释，有时还会对不同的学术研究方式和结论进行比较分析，对有关材料进行辨别和评价，在文章中往往表现出阐述的多角度、全方位的复杂性。因此，在阅读中一定要把握关键，具体辨别，认真筛选，抓住主要信息，把握本质特征。

解答筛选并整合文中信息的试题要注意如下几点：

1. 从试题出发，以文本为依据，着眼整体，明确目的，确定筛选整合的范围，有的可能只涉及几句话，也有的可能涉及一段甚或几段乃至全篇。

2. 归纳、综合筛选范围的内容材料，发掘其隐含信息。有些信息，直接在筛选范围中摘录即可获取，但有的信息需对该范围的内容进行归纳、综合后方能获得。进而发掘其隐含信息。

3. 根据阅读试题的要求，对筛选整合的信息一一辨别，辨别时要找准对应点，从语义重点，修饰限制语的范围、程度以及正反方向等角度去认真辨析。

4. 紧紧把握语境，做到词不离句，句不离段，段不离篇。

5. 综合运用联想、想象、判断、推理等思维方式，使所获取的信息更有价值。

四、备考方略

由于题材陌生、信息量大，科技文的错误选项与正确选项的差别细微而隐蔽，许多同学做科技文阅读题的准确率都较低。其实，只要掌握一定的方法，辅以科学的训练，短期内是可以收到明显效果的。有效的备考方略是：

1. 读。通读全文，争取完全读懂。这是阅读理解的先决条件。在读的过程中，如有个别语句不能够读懂，用笔划出来，继续阅读后面的内容，然后结合上下文，再揣摩画线部分的意思。

2. 筛。筛选信息。找出文中的关键词句，以备解题之需。关键词主要包括：文中重点阐述的名词术语，表示事物之间逻辑关系的关联词语，对说明新知识、新发现、新理论的形成、发展及作用有重要意义的修饰语和限制语（主要是表示程度、数量、范围、特征、功能的副词（如“目前”“将”“部分”“全部”“大概”“也许”“可能”“除……之外”等），有指代意义的词（如“其”“这”“如此”“与此相反”等）。关键句则主要包括表示文章或文段主要意思的中心句、要点句，表明结构层次的句子以及表示双重否定、疑问语气的句子。

3．代。代入原文。在认真阅读题干和选项的基础上，将题干和选项所涉信息代入原文，找出原文中与之相对应的语句。有时对应句可能不止一处，但一般只有一处是符合要求的，因此要仔细辨别，筛选出需要的内容。如果确实不止一处，则要进行整合，使之互相补充。同时还要弄清对应句与上下句、全段乃至全文的关系及其所处地位。

4．比。比较鉴别。一定要注意题干和选项所涉信息与原文之间的异同点。如果选项在原文基础上出现了修饰、限制、成分的增减，那么就要特别小心是否出现了范围的扩大或缩小，程度的加深或减轻，数量的增加或减少，是否改变了原有的因果关系、先后顺序、主次关系，是否将或然性、可能性变为了必然性，将预见性变为了现实性，把进行时、将来时变为了完成时等等。

5．除。排除干扰。确定和选择一个选项的过程，就是排除其他三个选项的过程。每道题目中设置的干扰项，都可以从原文中找出依据来排除。

6．验。验证答案。检验是最后一道关口，一定要注意“回头望”，要从意图、体裁、题材、内容、特色等方面加以全面权衡、检验、审核，最后确定。

[原载《语文报》(高考版) 2007年11月、12月第47、48、49期]

例谈古代诗歌鉴赏技巧

对古代诗歌阅读的“鉴赏评价”，高考语文考试大纲提出了两点要求：①鉴赏文学作品的形象，语言，表达技巧；②评价文学作品的思想内容和作者的观点态度。由此可知，高考是通过以下两条思路来进行考查的：

语言→形象→思想内容→观点态度

语言→表达技巧

据此，我们介绍鉴赏诗歌的四大技巧。

技巧一：品味语言、推敲词句

1．体会语言的风格特色

古代诗歌语言的风格特色是多种多样的。有的清新，有的古朴。人称李白的诗“清水出芙蓉，天然去雕饰”，这便是一种清新美。有的诗绚丽多彩，有的诗却质朴无华。有的诗语言明朗，直露平实，有的却含蓄蕴藉，言此意彼。有的诗平易近人，有的却险怪奇特。还有幽默、典雅等等。体会其风格特色，就是要体会语言的美，体会其内蕴。

【经典试题】作者是怎样写“思家”的？语言上又有什么特点？（2005 年全国卷Ⅱ）

邯郸冬至[①]夜思家

白居易

邯郸驿里逢冬至，抱膝灯前影伴身。

想得家中夜深坐，还应说着远行人。

[注]①冬至：二十四节气之一，唐朝时是一个重要节日。

【解题思路】白居易被称为“大众诗人”。白诗语言风格，考生在高中语文教材中了解得比较多。高中语文第五册（人教版，2001 年 12 月第 2 版）第 149 页比较杜甫和白居易诗歌风格异同中有“白诗明快浅显，立意巧妙”的内容；第 152 页《唐诗简介》中有“在艺术表现上，白居易主张要写得通俗易懂”的话。

【参考答案】①作者主要通过一幅想象的画面，即冬至夜深时分，家人还围坐在灯前，谈论着自己这个远行之人，以此来表现“思家”的。②诗的语言朴实无华。

2．分析积极修辞手法

古代诗歌常用的修辞手法有比喻、拟人、夸张、对比、借代、设问、反问、反语、双关、反复等。如刘禹锡《竹枝词》“东边日出西边雨，道是无晴却有晴”，

“晴”暗指感情的“情”，用的就是双关；李煜《虞美人》最后两句写道:“问君能有几多愁？恰似一江春水向东流。”这里先用设问，后用比喻，两种修辞手法综合运用，形象地写出了作者绵长久远的愁思。分析修辞手法，就是分析其表情达意的作用。

【经典试题】苏轼《海棠》诗的后两句抒写情感时使用了什么手法？（2007年重庆卷）

海棠

苏轼

东风袅袅泛崇光，香雾空濛月转廊。

只恐夜深花睡去，故烧高烛照红妆。

【解题思路】诗人月下观赏海棠，犹嫌不足，更持烛赏花。可静夜中只怕花也要睡着了，让“我”点起高大的红烛，照着美丽的海棠醒来吧。一个“睡”字，将海棠拟人化。

【参考答案】后两句用了拟人手法，以花喻人。

3．评析诗人炼字炼句的作用

古人作诗写词讲究炼字炼句，以使其传神动人。阅读古代诗歌，评析诗人炼字炼句技巧和作用，有助于深入体会诗歌丰富的内蕴。

【经典试题】请结合全诗，评析第三联中“穿”“数”二字的艺术效果。（2007年广东卷）

溪亭

林景熙

清秋有馀思，日暮尚溪亭。

高树月初白，微风酒半醒。

独行穿落叶，闲坐数流萤。

何处渔歌起？孤灯隔远汀。

【解题思路】诗眼、词眼在句中的作用不一而足。或者用以翻出新意，或者借以增添情趣，或者靠它增强形象性，或者关乎诗意的精确。本诗“穿”“坐”二字主要起到了生动、形象的作用。

【参考答案】诗人于清秋日暮在溪亭散心。月上高树，酒已半醒，周围一片冷清幽寂，诗人独立在落叶飘零的树林中穿行。“穿”字形象地表达出诗人孤独、徘徊的心绪。诗人又坐在林中百无聊赖地“数”起了流萤。“数”字传神地描绘出诗人苦闷无聊的心境。

技巧二：注意意象，把握形象

1．什么是作品的形象

一般说来，诗歌作品的形象包括人物形象和客观物象（如山川草木等）两个方面。人物形象又包括作为描写客体的人物和抒情主人公。如白居易《琵琶行》中描写的琵琶女，她是作为描写客体的人物形象，而其中的“江州司马”则是抒情主人公。作品中描写的自然景物不再是客观的景物，而是浸染了作者感情的东西，也就是作者主观之意（思想感情）和客观之象（人和物的形象）融为一体的艺术形象，称之为意象。

意象比之自然界中的客观景物更容易激发读者的共鸣。这种能诱发读者想象和思考的艺术境界，称为意境。如《琵琶行》开头所描写的浔阳江景物“枫叶荻花秋瑟瑟”“别时茫茫江浸月”等，就构成了凄凉、压抑，令人心地茫然的意境，显示出全诗的感情基调。所以作品的形象应该包括人物、景物、意象、意境。

意象构成意境主要有两种情况：其一，由一个意象构成一个意境。如王冕的《墨梅》：“我家洗砚池边树，朵朵花开淡墨痕。不要人夸颜色好，只留清气满乾坤。”诗中只有一个意象——墨梅。但此梅已非自然界之梅，而是作者心中之梅，一树带着墨色的有个性的梅。细细品味，我们能感受到诗中有一种狂放不羁、特立独行、安然自适的艺术境界，这种境界是通过这树梅形成的，这就是本诗的独特意境。一般咏物诗大都如此。其二，意象组合形成意境。即由多个意象构成一幅生活图景，形成一个整体意境。如李白《送孟浩然之广陵》：“故人西辞黄鹤楼，烟花三月下扬州。孤帆远影碧空尽，唯见长江天际流。”这首诗由黄鹤楼、烟花、孤帆、长江等一系列单个意象组合起来，形成一幅藏情于景的逼真画面，虽不言情，但情藏景中，更显情深意浓。诗中没有直抒对友人依依不舍的眷恋，而是通过孤帆消失、江水悠悠和久伫江边若有所失的诗人形象，表达得情深意挚。表面上这首诗句句写景，实际上却句句都在抒情，引发读者无尽的审美想象，形成了诗歌隽永的意境。从某种程度上说，如果掌握了意象分析，高考古诗鉴赏题就成功了一半。

【经典试题】“折柳”二字是全诗的关键，“折柳”寓意是什么？你是否同意“关键”之说，为什么？（2002年全国卷）

春夜洛城闻笛

李白

谁家玉笛暗飞声，散入春风满洛城。

此夜曲中闻折柳，何人不起故园情?

【解题思路】鉴赏这首诗，首先要了解“折柳”的意象，知道它是一种乐府曲调，也叫“折杨柳”，多写伤怀离别之情。如“杨柳岸晓风残月”（柳永《雨霖铃》）、“羌笛何须怨杨柳，春风不度玉门关”（王之焕《凉州词》）中的“柳”皆有此意。

【参考答案】“折柳”的寓意是“惜别怀远”，而诗歌的主旨正是思乡之情。这种思乡之情是从听到“折柳”曲的笛声引起的。可见“折柳”是全诗的关键。

2．鉴赏诗歌形象，主要应注意两点

一是了解传统的审美习惯。古人善于借助景物表达主观感情，所以我们应了解下面一些传统的审美习惯：望月怀远。如李白的《静夜思》（床前明月光）、苏轼的《水调歌头》（明月几时有？把酒问青天）；伤春悲秋，如李煜的《浪淘沙》（流水落花春去也，天上人间）、杜甫的《登高》（万里悲秋常作客，百年多病独登台）；或因见秋而思乡，见流水则思年华易逝，如柳宗元的《与浩初上人同看山寄京华亲故》（海畔尖山似剑芒，秋来处处割愁肠。若为化得身千亿，散向峰头望故乡），苏轼的《念奴娇》（人生如梦，一樽还酹江月）；折柳送别，如柳永的《雨霖铃》（今宵酒醒何处？杨柳岸晓风残月）；闻雁思归，如王湾《次北固山下》（乡书何由达，归雁洛阳边）；听梧桐而心悲凉，如李清照的《声声慢》（梧桐更兼细雨，到黄昏，点点滴滴）。还有“竹菊梅兰”赞誉高洁品性的君子，“燕子分飞”寓意夫妻分手，“杜鹃啼血”渲染环境凄凉，“蝉鸣”表明品性高洁等。

二是从分析景、情入手。诗人写诗，常用“寓情于景”“即景生情”之法，读者读诗，也应从景、情两方面去探寻体味。即透过诗人笔下具体可感的事物，探知诗人的内心和情绪。

【经典试题】《暮春浐水送别》是怎样融情于景的？请做简要分析。（2006年湖北卷）

暮春浐水送别

韩琮

绿暗红稀出凤城，暮云楼阁古今情。

行人莫听宫前水，流尽年光是此声。

【解题思路】这是一首通过写景来抒发感情的送别诗。作者选用“绿暗”“红稀”这两个词，意在以暗淡色彩隐衬远行客失意出京，气氛沉郁。而“暮云”中的“楼阁”又映衬着帝京的繁华，自然引起“冠盖满京华，斯人独憔悴”的惆怅。

【参考答案】这首诗将友情、世情等浓缩为“古今情”，融入由“绿暗”“红稀”“暮云”“宫前水”等意象组成的一幅感伤画面之中，形成了融情于景的艺术特色。

技巧三：发现作者观点，触摸诗人灵魂

评价古代诗歌的思想内容和作者的观点态度主要表现为：①理解诗歌语句的意思，根据作品的主要内容，分析作品抒发了作者怎样的思想感情，总结作品的主旨；②作品所反映的社会现实；③评价诗歌思想内容的积极意义或局限性。从近几年的高考命题实际来看，一般涉及①②两个方面的内容，基本不涉及第③方面的内容。

古诗常见的思想感情有：忧愁、惆怅、寂寞、伤感、孤独、烦闷、恬淡、闲适、欢乐、激愤，坚守节操、忧国忧民等。分析、评价的切入点有：

1. 从诗题入手

诗歌的题目往往会标明诗歌的基本内容和主题。解题时可以根据诗题所提供的信息，较为准确地理解诗歌。

【经典试题】诗题为“征人怨”，通篇虽无“怨”字，但句句有“怨情”，请作简要赏析。（2004年江苏卷）

征人怨

柳中庸

岁岁金河复玉关，朝朝马策与刀环。

三春白雪归青冢，万里黄河绕黑山。

【解题思路】如果不看诗题，会以为此诗是写将士们勤苦训练，驰骋疆场的雄心壮志。但结合诗歌的题目看，全诗四句，一句一景，表面上似乎不相连属，实际上却统一于“征人”的形象，都围绕着一个“怨”字铺开，收到了“不着一字，尽得风流”的艺术效果。

【参考答案】①怨年年岁岁频繁调动，②怨时时刻刻练兵备战，③怨气候酷寒，④怨景色单调。

2．从了解诗歌创作的特定背景入手

诗是现实生活的写照，一首诗的形成总是与作者对特定历史事实的感悟有关（不同的是其表现方式的差异），诗中表现了作者对社会、对生活的某人、某事或某种现象的或褒或贬，或肯定或否定。分析诗歌的思想内容和作者的观点态度，应尽可能多地联系诗歌创作的特定历史背景，结合诗的内容作细致、全面的分析。古诗鉴赏题中的注解有时交代了创作的背景，我们要学会关注。

3．从把握诗歌的情感入手

诗包含着作者的情，或愉悦欢快，或沉痛哀伤，或赞美仰慕，或豪迈闲适，但不管是哪一种情感都隐含着作者对生活、对社会、对人生的态度与观点。因此，读诗要把握诗情，把握了诗情，才能走进诗作者的心灵，才能正确地领悟诗歌的思想内容和作者的态度观点。

【经典试题】这首诗体现了诗人什么样的思想感情？（2007 年福建卷）

武夷山中

（宋）谢枋得①

十年②无梦得还家，独立青峰野水涯。

天地寂寥山雨歇，几生修得到梅花?

[注]①谢枋得：宋末信州（今属江西）人，曾力抗元军，兵败后隐居福建。后被胁迫至燕京，绝食而死。

②十年：宋德祐元年（1275），诗人抗元失败，弃家入山。次年妻儿被俘，家破人亡，至作此诗时将近十年。

【解题思路】结合两个注解阅读本诗，可知该诗抒发了作为绝世孤臣的诗人的亡国破家之痛（从首句“十年无梦得还家”可见出诗人内心的幻灭感，从第三句“天地寂寥山雨歇”可玩味出其隐喻意义：东南各地抗元武装斗争相继告败，复国理想已告破灭）。前两句主要写出了自己抗元失败，弃家入山，次年妻儿被捕而独自隐居深山的孤独，后两句主要表达了自己不与世俗同流合污的高洁情操。诗人善于借景托物以抒怀言志，从“独立青峰野水涯”与“几生修得到梅花”等句可见出诗人以“青峰”“梅花”自喻，显露了自己卓拔不群、坚贞高洁的人格。

【参考答案】表达了破国亡家的痛苦之情，(并借梅花的意象）表现了诗人孤傲不群、坚贞自励的情怀。

4．从辨析用典入手

用典，既可使诗歌语言精练，又可增强内容的丰富性和表达的生动性、含蓄性，增强作品的表现力和感染力，因此，诗人往往借用典故来表达自己的思想感情。辨析所用典故有助于把握诗作所表达的观点与态度。古典诗词的用典是多样的，有引用点化前人语句的，有引用神话传说的，有引用历史故事的，等等。如辛弃疾《永遇乐·京口北固亭怀古》词中就提取孙权、刘裕、刘义隆、廉颇等历史人物及他们的故事，借以曲折地表明了自己对时事的看法，表达了自己的理想抱负和壮志难酬的感叹。

5．从涵咏诗歌的意境入手

意境是作者的思想情感和描绘的形象画面融合而成的一种艺术境界。诗歌的主旨通常是借助意境来表达的。因此，体味涵咏诗歌的意境，有助于把握诗歌的思想内容和作者的观点态度。

【经典试题】此诗无一“情”字，而无处不含“情”。请从三、四句中找出最能体现诗人感情的一个字，并在对全诗整体感悟的基础上，简要分析诗人在这两句诗中是如何营造意境的。（2004 年福建卷）

秋夜

朱淑真

夜久无眠秋气清，烛花频剪欲三更。

铺床凉满梧桐月，月在梧桐缺处明。

【解题思路】题目设置在三、四句，但一定要从全诗中把握作者的感情。在清秋的夜里，“无眠”直到“欲三更”，为什么会“夜久无眠”呢？“无眠”时只有蜡烛相陪，“烛花”剪了一遍又一遍，前两句中已透出“孤寂”的意思。第三句写铺满床的月光着一“凉”字，在写天凉的同时，更渲染了作者此时的孤凉心境。此时抬眼望月，看到的月光却是从“缺处”看到的，明亮、清冷，从缺处漏过来的月光反而更增添了心境的孤寂。把握作者感情之后，需找出使用的修辞，看看通过哪些意象来营造什么样的意境。

【参考答案】“凉”。“凉”字既写天凉，又写心境的孤寂（或心凉）。由床上之月写到天上之月，过渡（顶针）巧妙；愁情、凉床、月影和梧桐，共同营造出孤寂（离愁别怨）的意境。（答“缺”字，言之成理亦可。）

技巧四：使用专用术语，鉴赏表达技巧

古代诗歌的表达技巧多种多样，难以穷尽。概括起来说，大致可以分为以下几类。

1．运用表达方式的技巧

在现代作品中，基本的表达方式有叙述、描写、说明、议论、抒情等。在古代诗歌中主要有描写、抒情两类。

描写，有正面描写和侧面描写之别。在李白《梦游天姥吟留别》中，“天姥连天向天横，势拔五岳掩赤城”这两句主要是正面描写，表现其高峻奇伟之势；“天台一万八千丈，对此欲倒东南倾”，则是用侧面描写烘托天姥山的高峻奇伟。换个角度，有实写虚写之说，点面结合之说，动静结合之说。如“明月松间照，清泉石上流”，“明月照”是静景，“清泉流”是动景，两句动静结合，描画出一幅恬静优美的月夜图。另外还有细描、白描、细节描写等。

抒情有直接抒情（直抒胸臆）和间接抒情（借景抒情）两种。李白“安能摧

眉折腰事权贵，使我不得开心颜”，是直接抒情；杜甫“安得广厦千万间，大庇天下寒士俱欢颜”，也是直接抒情；李清照“一种相思，两处闲愁。此情无计可消除，才下眉头，却上心头”，也是直接抒情。而姜夔《扬州慢》“二十四桥仍在，波心荡，冷月无声”，却是间接抒情，它同柳永的“寒蝉凄切，对长亭晚，骤雨初歇”“今宵酒醒何处？杨柳岸晓风残月”一样，都是借景抒情。

【经典试题】本诗运用衬托对比和虚实相生的艺术手法，请简要分析。（2006年天津卷）

凉州词（其一）

张籍

边城暮雨雁飞低，芦笋初生渐欲齐。

无数铃声遥过碛，应驮白练到安西。

[注] 碛（qì）：沙漠。练：白绢，丝织品的一种。

【解题思路】全诗意象的对比有：远近对比（“暮雨边城”与眼前“芦笋”）、高低对比（“飞雁”与“暮雨”）、动静对比（“边城景色”与“大漠景色”及“铃声”与“大漠”）、抑扬对比（“暮雨边城”与“芦笋初生”）。全诗的虚实对比有：前两句实写，后两句虚写；铃声实写，驼队虚写；铃声驼队是虚，往昔商队是实。

【参考答案】远与近、高与低、动与静、抑与扬的对比。前两句实写，后两句以虚为主，虚中有实。

2．运用表现手法的技巧

古代诗歌的表现手法，主要有比兴手法，如《孔雀东南飞》的“孔雀东南飞，五里一徘徊”；象征手法，如李白《行路难》的“长风破浪会有时，直挂云帆济沧海”；托物言志（一般是咏物诗），如后面文所举《小斋即事》诗，借琴的“直”、棋的“方”，来表现作者的“直”“方”之志；托物寓理，如朱熹《观书有感》“半亩方塘一鉴开，天光云影共徘徊。问渠那得清如许，为有源头活水来”；有对比、烘托（映衬）、反衬、抑扬、想象、联想、照应、铺垫、借古讽今、情景交融等，不一而足。其作用有：深化主旨、意境深远、意境优美、意味深长、耐人寻味、言近旨远等。

【经典试题】《诗经》使用赋、比、兴手法，本诗使用的手法是____________。（2007 年北京卷）

芣苢[①]

采采芣苢，薄言[②]采之。

采采芣苢，薄言有[③]之。

采采芣苢，薄言掇[④]之。

采采芣苢，薄言捋[⑤]之。

采采芣苢，薄言袺[⑥]之。

采采芣苢，薄言襭[⑦]之。

[注]①选自《诗经·周南》，这是妇女们采集野菜时唱的民歌。芣苢（fúyǐ）：车前（草名），可食。②薄、言：都是语助词，无实意。③有：得到。④掇（duō）：摘取、拾取。⑤捋（luō）：成把地握取。⑥袺（jié）：手持衣角盛物。⑦襭（xié）：把衣襟掖在腰带间装物。

【解题思路】赋，即铺写叙述客观事物以抒发主观思想感情的创作手法。其表现方式是多种多样的，或叙事，或写景，或抒情，或对话，或议论，或兼而有之。比，是借助某些客观事物的形象做比喻，以比附主观思想感情的创作手法。兴，是一种借助其他事物开头，通过联想，触景生情，再转到本题的创作手法。此诗直叙其事，通过妇女们的动作写出了采集野菜的过程，描绘了一幅其乐融融的劳动画面。

【参考答案】赋（以赋为主，兼及起兴）。

3．谋篇布局的技巧

古代诗歌，尤其是近体的律诗绝句，篇幅虽然短小，但十分讲究谋篇布局。懂得古代诗歌谋篇布局的技巧，也是诗歌鉴赏必备的条件。

【经典试题】诗的第二联对第一联的句意起了什么作用？请简要分析。（2007 年海南、宁夏卷）

小斋即事

刘一止[①]

怜琴为弦直，爱棋因局[②]方。

未用较得失，那能记官商？

我老世愈疏，一拙万事妨。

虽此二物随，不系有兴亡。

[注]①刘一止：宋徽宗宣和三年（1121）进士。曾任监察御史等职，有记载说他曾因“忤秦桧”而被罢官。②局：指棋盘。

【解题思路】答此题，关键是理解诗意，看清诗句间的意义和结构关系。

【参考答案】第二联是对第一联句意的补充。“未用”是承“爱棋”句而说，“爱棋”是爱棋盘的方，故没有想到要用棋来较量胜负；“那能”句是承“怜琴”句而说，“怜琴”是爱琴弦的直，所以怎么能用它来记官商角徵羽五音呢？第二联突出强调了第一联中“为弦直”“因局方”的句意。

[原载《广东教育·高中》2007年第12期]

2008年高考湖南作文命题预测及应对策略

纵观自主命题以来湖南卷作文题，我们可以看到这样两道轨迹：命题形式，2004年材料+引导语的话题作文，2005年引导语直接引出话题的话题作文，2006年对命题中心词列出义项的命题（标题）作文，2007年附加前提要求的命题（标题）作文；文体形式，2004年“除诗歌外不限文体”，2005年限制为“记叙文或议论文”，2006年限制为议论文，2007年限制为“议论文或记叙文”。湖南卷命题形式由“话题”到“命题”（标题），文体形式由“不限”到限制，是针对话题作文容易宿构套作，“不限文体”让考生丧失文体意识和表现能力而来的，这里表达了湖南命题组的反拨意识和导向意识。

从命题内容看，“家庭教育”“跑的体验”“谈意气”“诗意地生活”，始终贴近学生的生活实际命题，强调写学生“自己的生活体验与感受”，引导学生关注现实生活与成长经历，相对其他省市的一些作文题，不仅显得实在而大气，更是一种人文关怀，一种写作教学导向。

根据以上的回顾和思考，我们对2008年的湖南作文题做出如下预测：

命题形式以标题作文最为可能。话题作文，考生老是拿古人说事，应该说会远离考生。如写“跑的体验”，我们看到了苏轼在跑，辛弃疾在跑……就是没看到考生自己在跑。材料作文吧，又言多必失，如2004年的材料说“现代教育意识向家庭的渗透”，何谓“现代教育意识”，考生能说出个子丑寅卯来吗？故近两年湖南卷的作文命题文字越来越简洁，力求不在审题上为难考生。但尽管这样，2007年的“注意题目中的‘地’字”，仍使不少考生想多了，理解为大地的地。所以，湖南卷以标题作文的可能性最大，且没有什么拖泥带水的文字。关键词应该是与平常生活密切相关的具有多义性和思辨性的词语，如“高度”“分量”“魅力”“眼光”“钥匙”“阶梯”等，题目不会带有过于明显的倾向性，而是具有较大的开放性，可以较好地区分不同思维层次的学生的审题立意能力。假设性命题（如“假如生活欺骗了你”）、条件性命题（如“当别人把你看作小溪的时候”）和填空式命题（如“分量与××”“走近××”）等标题设置形式值得关注。

其次应该是目前比较流行的新材料作文。2007年全国卷II（互助）、全国卷III（创造需要机遇，更需要执着的追求；创造并不像我们想象的那么困难）、湖北卷（母语学习）、北京卷（读“细雨湿衣看不见，闲花落地听无声”的体会）均采用这种题型。2007年全国卷I看图作文“出事了吧”是材料作文的一种特殊形式，湖南考生也要适当做些准备。

第三种可能是问题式作文，如:“你最渴望什么？”或“怎样才能成为一个受人尊重的人?”等等。

文体形式还会是“请联系自己的生活与感受，写一篇不少于800字的议论文或记叙文”。因为2006年限制为议论文后，社会反响强烈，认为对擅长写记叙文的考生不公平，且目前学生写议论文的水平确实不高，限制为议论文，满分高分作文将会很少。

应对策略：

在作文备考中，应坚持的原则是：全面复习，不搞猜题、押题。所谓全面复习，就是要确立高考作文复习的一个总体构想：以写作能力训练为纵线，以文体训练为横线，交织起来构成一个既有助于发展思维能力又能完善表达能力的“网”，投向生活的“海洋”。

贯穿整个复习过程，应坚持不懈做好的工作是：强化四种储备，丰厚写作底蕴。只有“厚积”，才能“薄发”。缺少丰厚积淀的考生，是无法写出文质兼美、大气磅礴的华章的。就考试作文而言，如下四个方面的积淀尤为重要。

1．**素材积淀。**“语文学习的外延和生活的外延相等”，考生应该多关注现实、关注人生、关注自我。力求两耳多闻窗外事，避免一心只读圣贤书。有大视野才不会被“话题”难倒，才能左右逢源。考生应关注和留意以下八个方面的鲜活素材：①铺叙美好的亲情和友谊；②描摹美丽的景物和感人的场面；③关注现实生活的热点；④热爱有品位的文化艺术；⑤省察价值取向、道德情操；⑥历练人生观念、思想方法；⑦了解前沿科学技术的发展；⑧展望美好未来。其实，阅读面广还有利于解答语言知识和语言表达题，最近两年的高考语文试题涉及了2008北京奥运会、红色旅游、神五神六飞天、青藏铁路通车、电视剧《亮剑》等与现实生活息息相关的内容。考生不妨任选一种文摘周报，将每年1至4月份的有关内容浏览一下。

2．**情感积淀。**人间真情最具穿透力和震撼力，考生应蕴蓄和勃发以下“五情”与“五心”:“五情”就是亲情、友情、师生情、乡土情、爱国情;“五心”就是把忠心献给祖国、把关心捧给别人、把爱心洒向社会、把孝心带回家中、把信心留给自己。

3．**文化积淀。**文化底蕴最能提升文章的思想品位，考生应抢占以下八个文化制高点：①课本名篇；②读本精华；③名人传记；④感人故事；⑤文化散文；⑥鲜活时文；⑦名言名句；⑧睿智心语。

4．**理论积淀。**理性阐发可以使作文染上浓烈的思辨色彩，考生至少应有如下10个方面的“理论武器”(即基本观点)：①实践论；②矛盾论；③方法论；④联系的观点；⑤发展的观点；⑥一分为二的观点；⑦存在与意识的关系；⑧外因与内因的关系；⑨量变与质变的关系；⑩主流与支流的关系。

与此同时，我们应该高度重视作文基本功的扎实训练，千万不能高考考什么，我就练什么。应该各种文体全都训练到位，只有以不变应万变，才有可能笑到最后，笑得最好。基本功训练包括：

1．训练审题。（1）审命题形式。分清是命题作文，材料作文，还是话题作文或新材料（题意）作文；所供题目是完整题、半拟题，还是自选题、自拟题；所供材料是文字、图像，还是文图兼有；是单则材料，还是两则材料、三则材料；是一题一作，还是一题两作。（2）审写作方式。分清命题是要求写完整作文、片断作文、续写作文，还是要求改写、缩写、扩写。因为写作方式不同，写法也就不同，不审写作方式，也就写不出符合要求特点的文章。（3）审文章体裁。（4）审文题命意。弄明白文题深层的含义，找到命题者的意图，要求作者写什么，从什么角度写。这是审题的核心。不能只满足于明白字面上的意思，而要挖掘它的内涵。材料作文要细心体会文字材料的含意或图像材料的寓意，把握其中心主旨，挖掘出其中深含的道理，找到命意的角度。

2．训练写提纲。现在的学生考场作文不打草稿是普遍现象，常常是“写写停停，停停写写”，有时甚至在中途“搁浅”或发现偏离话题，另起炉灶来不及，只得勉强完卷。究其原因，主要是写作思路不清所致。在动笔前，必须根据表达中心的需要，精心“剪裁”准备的素材，梳理写作思路，对先写什么，后写什么，怎样过渡照应等作通盘考虑。我们不强求打草稿，但必须打腹稿，做到胸有成竹。而训练写提纲就是帮助自己强化打腹稿意识，养成良好的习惯。

3．训练拟标题。俗话说：“题好一半文。”标题是文章的眼睛，是文章内容和读者情感、心理之间的第一个接触点，也是传递作品主题、展示作者才情的艺术形式。加之考场作文只容极短时间的检阅，因此首先“出示”一个简明醒目的标题显得尤为重要，它能快速攫住阅卷者的目光，为自己的作文赢得良好的“第一印象”。拟题原则是“小”“准”“新”，有文化底蕴。可灵活运用比喻、夸张、对比、呼告、设问、反问、对仗等常用修辞手法，也可巧妙引用名言警句，还可借助标点或公式。例如2002年高考佳作《选择牢笼》，标题具体且运用比喻，新奇别致，足以令阅卷教师“一见钟情”。只要平时多读书，多积累，拟题时多推敲，多润色，定会让作文题目首先成为一个亮点。最好不用话题做题目，如以“对自己负责”为话题作文，稍加变化，可以拟为“为‘对自己负责’喝彩”。

[原载《考试报》（高考语文湖南专版）2008年5月23日]

2008 年高考湖南语文命题亮点与特色试题分析

今年是湖南参与分省命题的第五年，其语文试卷基本沿袭了前四年的思路。体现了“务实创新，典雅厚重”的特点。具体来说，有如下一些亮点。

第一，葆有鲜明特色

经过四年的打磨，湖南卷业已形成自己的独特模式。今年，湖南卷在结构上与去年比没作任何调整，仍然取消了 I、II 卷的分割，将文言文的翻译和简答题归属第三大题，将第四大题的默写题分设为“古诗默写”和“古文默写”两个小题，试卷由“语言知识及运用”“现代文（一般社会科学类、自然科学类文章）阅读”“文言文阅读”“古诗词鉴赏和古诗文默写”“现代文（文学类文章）阅读”“文章赏析”和“写作”七大题构成，从形式上看，主观题和客观题都各归其所。与其他省市比较，显得更为科学合理。整套试卷仍给人以“清爽”“典雅”“厚重”“完美”的感觉。

第二，彰显创新色彩

一是选材有变化。今年湖南卷科技文阅读材料选自《科技导报》，虽然是一篇自然科学类文章，但颇具人文性，且语言平实，趣味盎然，文理科考生应该都喜欢读。这“趣味”二字不可小视，在科学文选文中最为难得。文章有了趣味性，考生将读得愉快，答得轻松。希望明年还有这样的选文出现。文学类文章选自朱光潜《给青年的十二封信》，系其中的第三封。从命题实际来看，近年来各地的选文形成了一个潜规则，往往是选一流作家的二流作品，或选二流作家的一流作品出题。湖南卷在去年选用鲁迅散文命题后，今年又选用我国著名的美学家朱光潜的文章作为语料，再度彰显出了试卷的创新色彩。这篇写于 20 世纪二十年代题为《谈静》的夹叙夹议文章，从人们切身的生活感受切入，深入浅出地谈了静趣的领略和给人们的裨益，给读者以美的启迪。

二是理念上稳中求变。稳中求变是高考命题的一大常规，今年的湖南卷也是如此。如果说今年的作文题继续限制文体，就是“稳”的高度体现。那么，第三大题文言文阅读则充分体现了求变的特点。湖南自2004年参与分省命题以来，文言文连续四年都是选的文学散文，且在湖南的带动下，不少省市也开始选用文学散文，2006年出现了史传文与文学散文基本对开的局面。湖南今年还是选的散文大家的作品，但已不是散文，而是一篇传记。这能有效防止猜题押题的现象，因为《古文观止》和各种《古文鉴赏辞典》中选录的优秀散文，最近几年差不多都在各地的模拟试卷中被采用过了。

第三，渗透人文关怀

一是体现在文言文阅读和古诗鉴赏选材的浅易上。今年湖南卷的文言文阅读材料选自《欧阳修全集》。欧阳修是唐宋古文运动的领袖，他的这篇传记是十足的“浅易文言文”，除作了注解的少数几个难以理解的词语外，文中鲜有阅读障碍，不少词语如“皇考”等，中学语文教材中都曾出现过，考生整体把握文意比较容易。今年古诗选的是两首唐人绝句，唐绝句平易浅近，绝少用典，这样的选材，符合考生对古诗的认知要求，符合目前诗歌鉴赏的命题规律，有良好的导向作用。

二是体现在题目的设置上。文言文利用保留的“对原文有关内容的分析和概括”题作了点阅读提示，能帮助考生理解原文。古诗文默写沿袭去年突出名篇默写的做法，继续将古文默写设置为两小题任选一小题作答的形式，可有效提高考生的答题准确率。只是师生的反响并不好，原因是今年要求默写的诗句和语句都缺乏意蕴。看来师生们还是比较欢迎默写“名句”，明年应该会调整一下，努力朝名篇中的“名句”方向靠。

三是作文的善意提示上。今年的湖南作文题是要求考生根据自己阅读韩愈诗句“天街小雨润如酥，草色遥看近却无”所体会到的意境与哲理，联系现实生活，写一篇不少于800字的议论文或记叙文。为了让考生更好地把握诗句，命题人特意在作文题引中对诗句的意蕴进行了较为具体的解说，以利于考生审清题目。这一善意的提示，明显体现出了一种人文关怀。

总之，今年的湖南语文试题在命题思路上保持了与前几年的连贯性，试题难度适中，风格依旧平和、朴实、厚重。

下面对今年湖南卷中的特色题进行一番评析。

第 2 小题字形题已连续四年提供语境，连续三年要求考生挑选出“有错别字的一句”，这种设题方式值得肯定。湖南卷这样设题能有效避免迷糊考生的头脑，形成一种良好的导向。这就告诫下届考生在复习时，不应该在汉字书写上花过多的工夫，不要因为今年的考纲中开始有了“作文每一个错别字扣 1 分”的要求而做过多的题，而应该多读书报，才能将汉字识记得更多更牢，才能更有效地避免写错别字。

第 3 小题只考实词而不涉及成语，是因为最近几年个别成语已经在一些高考试题和模拟试题中频繁出现。这样设题，更能体现出一种公平公正性，同时可以提醒考生平时多读书多积累，题中“培育着两岸的乡村和城市”是“养（哺）育着两岸的乡村和城市”之误。

第 14 小题考查对文言文文意的理解，从去年就已开始设置。今年的难度有所增加，表现在答案要点的增多，考生必须真正读懂第二段文字才能完美作答。此题虽然是从历年上海高考试题中借鉴过来的，却代表了湖南卷文言文命题的发展方向，明年应该会继续保持。

第 15 小题“古诗鉴赏”特色鲜明：一是选用了两首关涉湖湘的唐诗，分别是李白闻说王昌龄被贬龙标尉后和王昌龄在贬谪地龙标野宴时作的绝句；二是所选诗歌意境优美，通俗易懂，李白的诗作考生在初中课文里还学过；三是要求考生对两首诗中的“愁”的不同含义和作用进行比较赏析。此题的区分度比较好，由于考生在古诗里曾读过很多写愁的诗，如:“剪不断，理还乱，是离愁”“试问闲愁都几许，一川烟草，满城风絮，梅子黄时雨”等，再加上诗歌本身达成的意境，基础好的考生是可以轻松作答的。

第 21 小题“文章赏析”是典型的湖南特色题，该题继续保持了去年 14 分的理性赋分，要求考生从主题思想或说理技巧的角度赏析《谈静》。这道题仍有一定的回旋余地，估计明年会继续设置。其实,《语文》教材后的不少练习就是典型的文章赏析题。不论命题人从哪个方面去设题，只要考生平时抓好了重点课文的学习，解答这道题是很顺手的。可谓“汝想得高分，工夫在课堂”。

第 22 小题是关涉美学的材料限体作文。我们应该根据要求把题目审准，而后才下笔构思。

首先领会诗句中的意境。首句描写初春小雨，以“润如酥”形容其细滑润泽的特点，与杜甫“好雨知时节，当春乃发生。随风潜入夜，润物细无声”的意境相似。二句承上，写小草沾雨后的景色，以远看似青、近看却无来描摹初春小草雨后的朦胧景象，与苏轼的《题西林壁》“横看成岭侧成峰，远近高低各不同。不识庐山真面目，只缘身在此山中”的意境有异曲同工之妙。鉴于此，我们可以以“朦胧美”和“平淡美”等为话题，写一篇议论文，同时，也可以记叙自己经历过的一段平淡、朦胧的美好的经历，写一篇记叙文，情感一定要质朴、真切。

其次琢磨诗中蕴含的哲理。“其实，生活中的许多事物和现象，都含有这两句诗的意境与哲理，关键在于你的观察与体会”，文题中的这一结句启导考生，除命题者提示的三种感悟外，还可从诗歌意象中涉及的远与近、浓与淡、似有与似无等现象，感悟出其他的哲理，如“现象与本质”“美在距离”“朦胧产生美”等等。可以任选一个哲理立意，自设一个切合题意的论点，写一篇具有思辨性议论文！

［原载《语文报》（高考版湖南专版）2008 年 9 月 3 日第 36 期］

2009 年湖南高考语文补充说明解读

湖南省教育考试院《2009 年普通高等学校招生全国统一考试大纲》补充说明明确表示：2009 年普通高等学校招生全国统一考试语文命题，湖南将根据《考试大纲》与中学语文教学实际，沿袭 2008 年高考语文卷（湖南）的命题思路，在 2008 年语文卷（湖南）的基础上对试卷结构、赋分作适当调整：第二大题现代文（一般社会科学类、自然科学类文章）阅读，由 4 道小题调整为 3 道小题，赋分由 12 分调整为 9 分；第三大题文言文阅读，其中简答题赋分由 3 分调整为 4 分；第四大题古诗词鉴赏和古诗文默写，其中鉴赏题赋分由 5 分调整为 7 分。

识记中外重要作家及其时代、国别和代表作以及识记文学体裁常识，不列入今年考试范围。写作仍将限制文体。默写的范围为教育部2002年颁发的《全日制普通高级中学语文教学大纲》所规定的古诗文背诵篇目。

此次命题调整可以从以下三个方面解读：

首先，体现求变的精神。稳中求变是各科高考试卷的一大特点，2008年高考语文试卷，湖南省沿袭了2007年的补充说明，没有任何变化。如果再细致一点进行一番纵横比较，湖南卷的第二大题从2004年到2008年无论是取材还是命题是铁板一块，没有任何变化，都是自然科学类文章，4道小题，赋12分。而自从2005年的全国3套语文试卷将此大题调整为3道小题，赋9分后，自主命题省市纷纷效仿，在选材、设题、赋分上多有变化。到2008年，18套试卷中固守4道小题赋12分的只有湖南卷、湖北卷、浙江卷。像湖南这样缺乏创造性的试题，多少有点令人生厌，故求变在即。

其次，符合实际的需要。在整套试卷中，科学类文章的阅读是最乏语文味的一道题目。一方面有些科学类文章由于原作者的语言表达水平或其他原因，是没有写好、没有说明白的。另一方面有些科学类文章是由外文翻译过来的，翻译时很有可能走样。而作为文科人才的命题人对这些科技前沿的发明创造本来就如同隔山，不一定彻底地弄懂，反倒很有可能再度走样，甚至出现知识性的错误理解。再加上命题者挖空心思设置陷阱，想尽办法偷换概念，未然说成已然，可能说成必然，这道大题对检测考生的语文能力实在没有什么实用价值。在实际教学中，老师们从来不会采用这种方法来检测学生说明文的阅读能力。说实在的，这种形式也检测不出考生的说明文阅读能力，相反大有碰运气之嫌。因此，消减这道题的权重非常符合实际的需要。

第三，回应课改的诉求。2007年，湖南正式加入了高中课改的行列。首届课改年级将参加2010的高考，2009年的高考语文试题应该回应课改诉求，做出适当的调整，为明年的大变脸作准备。课改提倡自主学习、合作学习和探究学习，湖南卷去掉第二大题的一个选择题，将3分的分值分配到文言文简答题和古诗鉴赏题，强化自主、探究性学习的导向是非常明确的。

面对2009年湖南语文试卷在结构和赋分上的这一小调整，我们不妨做出如下对策。

一是进行设题猜想。文言文简答题由3分调整到4分，设2道小题的可能性在增大，其中的1道小题还可能采用填充题的形式让考生简答。最好的办法是仔细研究一下近五六年上海卷中的文言文试题，他们在这一命题形式上积累了很多经验。让考生了解设题方法，领悟答题技巧。古诗鉴赏肯定会设2道小题，从古代诗歌的形象、语言、表达技巧、思想内容和作者的观点态度中选择2个考点命题。科学文阅读的3个小题，极有可能涉及概念的理解、信息的筛选和推断。

二是调整专题训练。适当减少第二大题的专题训练，增加文言文简答和古诗鉴赏专题训练。文言文简答训练，教师不妨于课外书籍中多搜集一些情节曲折、文笔生动、理趣盎然的文言短章或片断，让考生概括其主题思想、说理技巧、观点态度。古诗鼓励学生多读多背，"熟读唐诗三百首，不会作诗也会吟"，每天抽时间背上一首短诗，能有效提高自己的悟性。

三是灵活拟制试题。由于前两年湖南卷古诗鉴赏都是赋5分，只有一个问题，本年度长沙市四大名校的六次月考题中古诗鉴赏题大多没作变通，只设有一问，且切口非常大，有的甚至可以说没有切口，等于给一个没有切开的西瓜要考生咬，给考生答题和老师阅卷带来了一定的困难。如湖南师大附中第四次月考试题中的古诗鉴赏题：

阅读下面的宋词，按照要求完成赏析。(6分)

浣溪沙

苏轼

风压轻云贴水飞，乍晴池馆燕争泥。沈郎①多病不胜衣。

沙上不闻鸿雁信，竹间时听鹧鸪啼，此情惟有落花知。

[注]①沈郎：沈约，南朝名相、诗人，多病。这里是词人自比。

阅读全词，简要赏析"沈郎"形象。

题中的6分，完全是一种猜测。新的补充说明出台，明确赋7分之后，我们的命题应该灵活一点，切口尽量开小一点，才能有效应对今年的高考。(与黄翔老师合写)

[原载《考试指南报》(高考语文湖南专版)2009年5月6日第41期]

课文指瑕

近日下班听课，发现人教版《语文》七年级下册课文《福楼拜的星期天》中有一句话:“(福楼拜）思想一下子飞跃过纵观几个世纪”。

“飞跃”是一个动词，后边带有动态助词“过”，那么，另一个动词“纵观”就多余了，应该删去。

《汉语大词典》收有“纵观”词条，有两个意思，一是“恣意观看”，二是“纵览，博览”。另外几种常用工具书没收录“纵观”这个词。《辞海》缩印本（1980年8月第1版）收有“纵目”词条，解释为“放眼远望。”且引有杜甫《登兖州城楼》诗句:“东郡趋庭日，南楼纵目初。”《现代汉语词典》收有“纵览”词条，解释为:“放开眼任意观看。”“纵观”“纵目”“纵览”应该是同（近）义词，“纵观”“几个世纪”属搭配不当，而“思想”“纵观几个世纪”则在逻辑上说不过去。

这一错误可能是在翻译时造成的。但编者、执教者不察，则是不应该的。

[原载《语文学习》2009年第6期]

2010年高考第一轮复习策略

高三语文第一轮复习是整个高三复习的重头戏。在这一阶段中，同学们首先要努力做到“三有”：心中“有考纲、有考题、有文本”。有考纲，就是对高考语文科目有哪些考点要了然于胸，不留空白点；有考题，就是对近几年全国各地特别是本地区的高考语文试卷有所了解，并通过适当的训练，提高自己的解题能力；有文本，就是对高中课文比较熟悉。“三有”的“纲”一举，下面的“目”就可以顺势张开了。

一、基础知识要各个突破

字音辨析题要落实形近字、多音字和容易误读字的读音。从近两年的高考试卷分析来看，该考点往往不考生僻字，因此复习时要密切关注学过的字词的读音，可安排时间把六册课本的书下注释及教材附录《审音表》识记一遍。

字形辨析题不仅在前面的选择题中占分，作文和名篇名句默中写的错别字也会被扣分，所以，平时应注意规范用字。应以同音字、形近字、义近字为复习重点。不要过多地做题，以免负干扰：今天选对的，明天选错的，最终辨不清正误，迷失了自我。一般来说，高考试卷上出现的生僻字往往不是错误项，而是设的陷阱。

正确使用词语（含熟语）的复习，要翻阅词典将平时练习中出现过的词语和成语意义记住。实词、虚词的考试通常是辨别几组近义词，要琢磨不同语素之间的细微差别，如果确实拿不准，可以把所给的词语代入到句子（语境）当中，根据通顺的程度和语感来进行判断。成语一要把握其固定用法，如:“出奇制胜”不能带宾语;“望其项背”只用于否定句。二要了解有关成语的出处或典故，不要望文生义，如“文不加点”不是“写作时不打标点”。三应把握成语的情感色彩，即褒贬义，如“洗心革面”不用于杂志改版。四要注意其特定的适用对象，如“天伦之乐”只能用于亲人之间;“龙马精神”只能用于对老年人的祝福;“汗牛充栋”只用于形容书多。

病句的复习要按照《考纲》上规定的搭配不当、语序不当、成分残缺或赘余，结构混乱，表意不明，不合逻辑六种类型来进行。对六种病句类型要有一个全面的清楚的认识，最好各记一两个例句。

二、古代诗文要紧扣教材

（一）文言文的复习

第一轮复习要把所学课本中的文言文再通读一遍，重点篇目甚至可以逐字逐句翻译，这样既熟悉了课本内容，又训练了翻译能力。

在分知识点复习时，要背熟《大纲》规定的古文及古诗词，保证拿到较高的默写分。对《大纲》中列出的120个实词和18个虚词，一定要逐一归纳，强化记忆。

文言文翻译涉及的词类活用、一词多义、省略句、被动句、倒装句等语法现象，最好做一个归纳整理，防止望文生义，以今释古。

（二）古代诗歌鉴赏的复习

一是量的积累。"熟读唐诗三百首，不会作诗也会吟"，读背一定数量的唐宋诗词很有必要。二是要掌握古诗中常见的意象和古诗鉴赏术语。三是要全面了解高考试题的命制类型和出题设问的角度等，做到心中有数。

（三）现代文复习要分类训练

现代文阅读分为两类，一类是自然科学与社会科学文章，一类是文学作品。阅读时都可采用三步阅读法，即第一步粗读原文，粗读考题，明了大概；第二步精读原文，精读考题，心中有底；第三步对照原文，回答问题，力求无误。

阅读科学类文章要掌握四个步骤：1. 精读选项：仔细、认真、全面地审题；2. 找准区间：确定某选项跟原文哪一段哪一句密切联系；3. 仔细鉴别：对照原文分析选项的正误。4. 对比判断：选项之间互相对比，找出细微差别，判断答案项。

文学作品阅读要审清表述题题目，看清楚有几问，必须问什么答什么，不要任意发挥。筛选时要通读相关段落，仔细阅读找出答题区间。然后选用原文中的话，进行恰当的组合，简明、准确地表述。有一些题目无法简单地重组文章语言来回答，那就需要把自己的理解用自己的语言组织起来进行表述。要树立得分意识，学会布点，如果该小题占4分，可能要答出两个要点；占6分，则可能有三个要点，尽量不要漏点，更不能只围着一个点去回答。

四、语言运用要专题训练

扩展语句，压缩语段，选用、仿用、变换句式，语言表达简明、连贯、准确、得体，这些都是近几年来受到高度重视并具有鲜明特色的题目。针对这些表达方面的考点，在第一轮复习时，我们必须以高考题为线索，组织小专题训练，逐个进行复习。

五、作文备考要“材料为王”

写作首先要树立信心。从小学到高中，我们读了数不清的文章，之所以觉得没东西可写，是因为没有将存盘的材料及时调出来。因此，考生应该在老师的帮助下，训练自己的联想、想象能力，拿到一个作文题之后，看自己能联想到多少与之有关的材料，越多越好。然后选材构思成文。

常言道“巧妇难为无米之炊”，因此，考生要多看书报，关注身外事。有大视野才不会被“话题”难倒，才能左右逢源。要在脑子里“储备”30至50个事例，既可以充实自己的思想，促进自己的思维与想象，也有助于考场写作时调用。既可以从大家喜欢的《读者》《意林》《格言》等报刊觅取素材，还可以从电视节目中觅到写作材料。其实，阅读面广还有利于解答语言知识和语言表达题，最近两年的高考语文试题涉及了2008北京奥运会、红色旅游、神五神六飞天、青藏铁路通车、NBA赛事、CPI指数、防治手足口病、“5.12”汶川大地震等与现实生活息息相关的内容。

在掌握材料的基础上，要进行审题、文体、语言、思辨等专项训练。近年的高考作文题已逐渐加强了文体限制，故文体训练要强化，力争做到写什么像什么。要注意的是，虽说写作时要放开胆量和手脚，但我们必须保住“基础等级”分，基础等级上去了,“发展等级”分就自然有了。所以，我们要重点抓住发展等级，千万不能为了求“发展等级”分而满盘皆输。（与黄翔老师合写）

[原载《现代教育报》（新课程周刊高考语文）2009年8月2日第3—4期]

2009年湖南高考语文特色试题评析

湖南省2009年高考语文试题仍然保持了典雅、厚重的整体风格，题型稳中求变，体现了与新课标高考的衔接与过渡趋势。具体来说，在保持题型、知识板块总体稳定的基础上，对试卷结构、赋分做出了适当的调整：第二大题现代文

（一般社会科学类、自然科学类文章）阅读，由4道小题调整为3道小题，赋分由12分调整为9分；第三大题文言文阅读，其中简答题赋分由3分调整为4分；第四大题古诗词鉴赏和古诗文默写，其中鉴赏题赋分由5分调整为7分。为什么要做出这样的调整呢？

首先，体现求变的精神。2008年高考语文试卷，湖南省沿袭了2007年的补充说明，没有任何变化。如果再细致一点进行一番纵横比较，湖南卷的第二大题从2004年到2008年无论是取材还是命题，没有任何变化，都是自然科学类文章，4道小题，赋12分。而自从2005年的全国三套语文试卷将此大题调整为3道小题，赋9分后，自主命题省市纷纷效仿，在选材、设题、赋分上多有变化。到2008年，18套试卷中固守4道小题赋12分的只有湖南卷、湖北卷、浙江卷。像湖南这样缺乏创造性的试题，多少有点令人生厌，故求变在即。

其次，符合实际的需要。在整套试卷中，科学类文章的阅读是最乏语文味的一道题目。一方面有些科学类文章由于原作者的语言表达水平或其他原因（如发明创造才见端倪，文章出自于科技人员之手等），是没有写好、没有说明白的。另一方面有些科学类文章是由外文翻译过来的，很有可能走样。而作为文科人才的命题人对这些科技前沿的发明创造本来就如同隔山，因此不一定完全彻底地弄懂。再加上命题时挖空心思设置陷阱，想尽办法偷换概念，未然说成已然，可能说成必然，这道大题对检测考生的语文能力实在没有什么实用价值。在实际教学中，老师们从来不会采用这种方法来检测学生说明文的阅读能力。说实在的，这种形式也检测不出考生对说明文的阅读能力，相反大有碰运气之嫌，考生就是得了满分也未见得其语文水平就是一流。因此，消减这道题的权重非常符合实际的需要。

第三，回应课改的诉求。2007年，湖南正式加入了高中课改的行列。首届课改年级将参加2010的高考，2009年的高考语文试题应该回应课改诉求，做出适当的调整，为明年的大变脸作准备。课改提倡自主学习、合作学习和探究学习，湖南卷去掉第二大题的一个选择题，将3分的分值分配到文言文简答题和古诗鉴赏题，强化自主、探究性学习的导向是非常明确的。

今年的湖南卷有以下一些特色试题。

一、语言运用题关注生活

第 1 题字音题辨别字音正误，其中 A、B 两组属于湘方言形声字误读，提醒考生应该关注生活，因为“语文学习的外延与生活的外延相等”。

再看第 5 题：为上联“心平浪静，秋月芙蓉湘水碧”选择下联，最合适的一项是（　　）

A．志远天高，春风杨柳麓山青　　B．情深海阔，夏日荷花潇江红

C．气壮山威，鲲鹏展翼楚云飞　　D．身正才卓，冬雪松竹衡岳高

【参考答案】A。

前两年湖南卷的第 5 题都是从连贯与得体方面，以连贯题的形式来辨析。今年增加了难度，还涉及了准确等方面的考查。对联是中国独有的一种文化现象，但年轻一代对其研究得并不多。湖南卷这一小题的命制，可以看成是对传统文化救赎的一种呼吁。A 项，“志远天高”与“心平浪静”平仄相对，意境相合，“秋月”对“春风”，时令对，“碧”对“青”，色彩对，都很工稳。B 项，上联中的“芙蓉”和下联中的“荷花”指的是同一种植物，不符合对联用字避复的原则。且先说“秋月”，再说“夏日”，也有悖于常理。“阔”字与上联所对的“静”字同属仄声，犯了对联忌讳。C 项，“心平浪静”是并列（联合）结构，“鲲鹏展翼”是动宾（偏正）结构，“碧”是形容词，“飞”却是动词，均对不上。D 项，虽说“碧”和“高”是形容词相对，但不属同一范畴，没有“碧”和“青”对得工稳，且“心平浪静”与“身正才卓”在意境上也难以对接。

二、文言文简答题注重理解和归纳

【原题】简要说明文章后半部分是如何阐述“迁之为贵”的道理的。

【参考答案】引用重耳流亡、子胥出奔的故实，说明遭遇困境、忧患等迁变，能使人弥补不足，增进能力，学到更为丰富的东西。

“迁”是放逐、流放的意思。原文的关键句是“方其羁穷忧患之时，阴益其所短而进其所不能者”，“其”指代重耳、伍子胥两人。“益”是增加、弥补，“短”是不足的意思。此题赋分增加到 4 分，目的在于引导文言文学习不应只停留在“文言”语言形式上，还要注重“文”，即文章内容的理解和归纳。平时的教学中，文意的理解，主旨的把握都有待加强。

三、古诗词鉴赏题突出比较赏析

【原题】词多富情趣，而宋词多理趣。请从作品中作者对春逝态度的角度，分析秦诗之理趣、元词之情趣是如何表现的。

【参考答案】秦诗之理趣：作者阐发了季节更替、风物变化乃自然之理，认为春天固然美好，“留春”的痴心儿女对春逝无须遗憾，夏天深幽的树荫也足以怡人。元词之情趣：作者用“绿窗犹唱”“花落”“莺无语”“烟中树”“暮”“疏雨”“梦”等词语刻意营造春逝之氛围，用“留春”“问春”“寻春”等传达出他对春逝的怅惘意绪。

本题着重对古诗词思想内容的鉴赏，要求考生对同类题材的诗篇进行比较赏析，分析其理趣和情趣。宋诗的理趣考生应该从平时所学的“不识庐山真面目，只缘身在此山中”“问渠哪得清如许，为有源头活水来”“不畏浮云遮望眼，自缘身在最高层”等诗句中有所体会。所以能力的形成，应该在课堂内外。“词”是湖南自主命题以来第一次引入，说明诗词鉴赏材料的选择还有较大自由度。

【原题】《点绛唇》一词起句与结句颇有艺术特点。起句“醉里春归”深婉有致，“醉里”可见作者沉迷于春景，但“春归”却明确点出“春去也”之无奈，奠定了全词的基调。结句“梦里寻春去”____________________________

【参考答案】语淡情浓，表明作者不忍春逝，着意到梦中寻觅春天的踪迹，正可见（现实世界中）春逝之无可挽回，起结回环，结句更凸显此词蕴藉之特点。

这道小题继续采用湖南卷过去的做法，但又有所变化，用引导语引导考生鉴赏，相当于给考生搭了一个台阶，并没有像以前一样限制考生的答题自由。

四、文学文作品阅读遴选了湖南本土文学大师的作品

湖南（含湖南籍）本土有很多知名作家，如韩少功、黄永玉、琼瑶、龙应台等，在海内外影响很大。2007 年，韩少功三篇散文分别被不同省市选为高考语文试卷的命题材料，从一个角度说明了其作品在当代文学中受欢迎的程度。湖南自主命题以来，文学文选文这块一直回避本土作家，大概是有意防止高三老师猜题和押题，其实大可不必。今年选本土作家的作品是一种理性的突破，对中学阅读教学也是一种良好的引导。

《云南看云》这篇散文由看摄影引发联想和感慨，以至一发不可收拾。首先

花费大量笔墨描写各地的云，文字极尽夸张之能事，却猛然话锋陡转，近乎粗暴地将话题引入讽喻和劝告，从瑰丽神秘的世界跌入抗战期间杂芜琐碎的市民生活，在一种不适意的反差中，见到整个社会的弊病，发起疗救的呐喊。由于时代原因，作品主旨比较隐晦，增加了试题的难度。

【原题】在第2自然段中，作者写“云有云的地方性”的用意是什么？运用了哪些艺术手法?

【参考答案】①将“云”与“人事”勾连起来，为写云南的“云”给人的深刻的教育意义铺垫张本。②运用了对举、铺陈、比拟、夸张等艺术手法。

本题的答题区间在二、三两段，作者将各地的云的特点铺排出来进行了一番比较，主要用了拟人等艺术手法来写云，将其与人事，特别是当时云南的人事勾连了起来，从而批评了社会的弊病——人们整天只知为“法币”而奔忙。答案说“为写云南的‘云’给人的深刻的教育意义铺垫张本”有点贴标签的味道，没有让考生“踮起脚尖”摘桃子。解答这类评价思想内容和鉴赏表达技巧的题目，一定要有文本意识，要能比较准确地把握文章的主旨。

【原题】请简析文中云南的“云”的主要特点及象征意义。

【参考答案】主要特点：朴素、单纯。象征意义：始终坚守一个庄严伟大的理想——把个人的发展统一到与国家、民族发展的同一目标上，抗战必胜（抗战到底）。

回答本题，要求考生必须把文章读懂。云南的“云”的主要特点集中在第三段，可以从中提取出“朴素”“单纯”来；其象征意义可在第四段末尾揭示主旨的议论文字当中提取出来。象征意义的概括，要求考生有敏锐的语言感受能力和准确的概括能力，早年的现代文学作品因为时代背景的关系，主旨往往比较含蓄、隐晦，象征手法也用得比较多。

五、作文题用语简捷，形象蕴藉

【原题】“请以‘踮起脚尖’为题目，写一篇不少于800字的议论文或记叙文。”

短短两句话，二十几个字，便规定了作文的内容、标题、字数和文体，简捷而明确。自主命题以来，除2007年“诗意地生活”外，湖南的作文题均有较具体的“引导语”或“阐释语”。这些围绕文题而设置的提示性内容，在一定程度上有助于考生理解题旨，体现了命题者的人文关怀，但它也会束缚考生的思维。

最典型的当属2008年，阐释语的表述显得有些含混和晦涩，其负面影响是显而易见的。今年湖南卷作文表述风格的转变，应是命题组在比较辨析基础上自我反思、主动反拨的必然结果。

“踮起脚尖”为命题作文题，仍然限制写议论文或记叙文，照顾到了两类考生的要求。文题以“踮起”为标志性词语和思维核心，可以换句话说，就是站得高看得远，围绕个体的人的“提升”“发展”这一中心，至少蕴含“励志”“认知”和“践行”三个层面的寓意。主观上，可引申提炼“不满现状，争取更高”“努力进取，追求卓越”“提升自我，超越自我”等观点；客观上，可引申提炼“升高而致远”“更高才能更阔”“挖掘潜力得发展”“目标要有可行性”等观点。意象鲜活，含义丰富，可引发思想、文化、学习、实践等方面的多极联想和思考，从不同角度提炼中心和观点。

[原载《语文报》(高考版湖南专版) 2009年9月2日、9日第35、36期]

依义辨形　依音辨形

——琐谈“识记现代汉字的字形”

“识记现代汉字的字形”这一考点包括区分形近字、同音字，不写错别字等，考查的是语言运用的基本功。该考点重点考查人们日常生活中使用频率较高而又容易写错的字。考题中涉及的字，基本上在2500个常用字和1000个次常用字的范围内。命题时一般以最新版商务印书馆《现代汉语词典》为标准。由于受排版的制约，设题时只考别字，不考错字。考查重点为熟语（含成语）、有些文采的词语、新鲜的词语、日常生活中常见的词语中的形近字、同音字、音近字、近义字。纵观历年高考题，不难发现考题中所选词语重复现象较多。

【考点分析】

2009年高考共有18套试卷，对“识记现代汉字的字形”这一考点单独设题考查的有湖南卷、浙江卷、安徽卷、天津卷、湖北卷、重庆卷、四川卷，其中提供语境的有湖南卷、浙江卷和安徽卷。北京卷则把字音字形结合在一起考查。三套全国卷和上海卷、福建卷、辽宁卷、江苏卷、江西卷、山东卷、广东卷则没有单独设题。但这并不意味着明年不考，而是可能和标点符号等考点轮换着考，或者命题者认为名句名篇默写和作文已经体现出对字形的考查。在默写题中，写错一字，全句没分，即使背诵得非常完美，这样的判分标准各省区高度一致。早在2008年全国高考考试大纲规定语文作文“每错一个定扣一分，重复不计”。作文里边每出现一个错别字扣1分，尽管目前还没有哪个省区实行，但考生的书写错误，会大大影响阅卷老师对考生作文的认可度。

总的来看，无论新高考怎么改，“识记现代汉字的字形”这一考点是存在的，而且也是相当重要的，因为汉字是音、形、义高度结合的实体，字形的正确书写对理解字义很有帮助，也直接影响对词语、句子和篇章的学习。

造成别字的原因有以下几点。

一、因字形相似而误用。这类词语以形声字居多。如:“针灸”的“灸”误为“炙”、“草菅人命”的“菅”误为“管”、“联袂”的“袂”误为“抉”等。

二、因音同或音近而误用。如:“松弛”的“弛”误为“驰”、“出奇制胜”的“制”误为“致”、“掉以轻心”的“掉”误为“调”等。

三、因字义相近而误用。如:“天花乱坠”的“坠”误为“堕”、“膨胀”的“胀”误为“涨”、“销声匿迹”的“销”误为“消”等。

四、因拼音输入选字按键不准而致误。

【学法指津】

要提高字形题的得分概率，必须重视积累，掌握与高考要求的数量大致相当的汉字。由于考生平常已经认识一定数量的汉字，高三复习时，如果加强对常考汉字字形的记忆，仍然可以迅速扩大自己的字库，对付考查。汉字音、形、义三者结合，识记和辨别字形不能离开字音和字义。据此可以找到识记和辨别字形的一般方法。

1. 依义辨形法

汉字象形字、会意字、形声字多。形表义，反之，可以依义推知形。如:“叠”与“迭”。

“叠”侧重于空间上的重复。有三个义项：(1) 一层加上一层，如“叠罗汉”“层峦叠嶂”等；(2) 重复，如“叠床架屋”（比喻重复累赘）、“叠韵”等；(3) 折叠，如“叠被子”“叠衣服”等。

“迭”侧重于时间上的重复。有三个义项：(1) 轮流，替换，如“更迭”；(2) 屡次，如“花样迭出”“比赛高潮迭起”；(3) 及，如“忙不迭”等。

又如“撩”“僚”“嘹”“潦”“缭”“燎”“瞭”“镣”声旁相同，形旁不同，意义不同。

“撩”与手有关，属动作义。有两个义项：(1) 读作 liāo，把东西垂下的部分掀起来，如“撩起帘子”；(2) 读作 liáo，撩拨，如“撩逗”“撩动”等。

“僚”读作 liáo，与人有关，属名物义。有两个义项：(1) 官吏，如“官僚”；(2) 同一官署的官吏，如“同僚”。

“嘹”读作 liáo，与口有关，属特征义。声音清晰响亮的意思，如“歌声嘹亮”。

“潦”与水有关，属特征义。有两个义项：(1) 读作 lǎo，雨水大；积水。如“潦水尽而寒潭清”。(2) 读作 liáo，潦草的意思，如“字迹潦草”；潦倒的意思，如“穷困潦倒”。

“缭”读作 liáo，与丝有关，属特征义。缠绕的意思，如“缭乱”“缭绕”。

“燎”读作 liáo，与火有关，属动作义。延烧，烧的意思，如“星火燎原”。

“瞭”读作 liào，与眼睛有关，属动作义。瞭望的意思。

“镣”读作 liào，与金有关，属名物义。脚镣的意思。

2. 依音辨形法

有些形体相近的字读音有明显的差异，如果把音记准，自然不会出现混淆的现象。如“坼”（chè，裂开）、“柝”（tuò，打更用的梆子）、“拆”（chāi，打开，拆毁），“栗”（lì，栗树）与“粟”（sù，粟米）。

3. 求本溯源法

对于有些成语，可以从其来源入手，记住字形。如“再接再厉”，语出韩愈《斗鸡联句》中所引孟郊诗句：“一喷一醒然，再接再砺乃。”“接”指交战、交锋；“砺”是磨刀石，也指磨的意思，引申为奋勉。“再接再砺”指公鸡相斗时，每次交锋都要把嘴磨锋利。后来就用它比喻一次又一次地努力，一点也不放松。“厉”是“砺”的本字，于是就把“再接再砺”写成“再接再厉”。又如“世外桃源”，语出陶渊明《桃花源记》，源为水之源。

4．语境辨形法

根据词语的组合情况确定用字，或依据语句的意思确定用字。

如“化装”有两个义项:（1）假扮;（2）演员为了适合所扮演的角色的形象而修饰容貌。“化妆”意为用脂粉等使容貌美丽。“他俩为了迷惑敌人，化装成夫妻”，就不能用“化妆”。

5．语法辨别法

词语的组合，有一定语法关系，辨别字形、用字时应当注意，如“仗义执言”与“直言相劝”,“仗义”是动宾结构,“执言”与之相配合，结构相同。“直言”是偏正关系，与“仗义”结构不同，不能搭配。

最后要提醒一下广大考生，我们从识字起就是与正字打交道，只是到了高三，才见到了一些专为考试设置的别字。正是这些“怪异”别字的出现，我们的头脑有时会变得乱糟糟。所以，笔者建议，高三学生备考时不要过多地做字形题，以免形成干扰，迷失了自我。应对本考点的诀窍是十个字：少做题，多读书，信心十足，细心甄别。

［原载《教育测量与评价》2010 年第 2 期］

2010 年高考新题——文言断句技巧点拨

韩愈曾在《师说》中说“彼童子之师，授之书而习其句读者”,“习其句读”就是教学生如何断句。标点在中国是近代才引进的“进口货”，古书里面，是没有标点符号的。那个时代，读书人打开一本新书，阅读的时候就用笔把它一句句点断（大抵都是用一个圆圈），或者用毛笔的笔套，蘸上朱砂印泥，逐句盖上。

在一句话的末了用“。”断开，叫“句”；在一句之内语气停顿的地方用“、”断开，叫“读”（dòu）。要读书，首先就要识字，断句。古人之所以重视断句，是因为断句正确与否，直接影响对文意的理解，断句失误，必然误解古文原意。

断句是考查文言文的传统方式，是学习文言文的基本功。明辨句读，要综合运用古汉语字词句及古代历史文化等方面的常识，因而断句能力高低，成了阅读文言文能力高低的一个重要标志。近年有语文老师提出了文言文教学让学生先断句再疏通文义的改革方法，是有科学道理的。

文言文断句作为检查学生阅读文言文能力的一个重要手段，近几年高考呈上升态势。2004 年高考，仅北京卷考查了断句题；从 2005 年至 2009 年高考，辽宁、福建、广东、浙江、江苏、重庆等多个省市的高考卷考查了文言断句。

根据湖南教育考试院提供的样题，2010 年湖南卷将在这个点上设题，以客观（选择）题的形式对考生进行考查。这一变化体现了新课标的文言诵读要求，强调熟读成诵，心口相应。这对培养我们的文言语感有积极的导向作用。

从考查文言断句的省市的试卷的得分情况可以看出，考生文言断句的能力较差，这实质上是缺乏文言文的语感。缺乏语感的原因无疑是平时阅读、诵读文言太少，没有必要的积累、感悟和熏陶。

那么，我们除了在考前多读、多背一点文言文外，还要掌握哪些应试技巧呢？湖南卷的断句题不会另选文本，故最关键的是要通读全文，弄懂大意。为此，首先要正确判断所要断句的文体。如果是有故事情节的传记文，就必须掌握它的大致情节、中心事件和人物间的关系；如果是议论说理文，如 2006 年湖南卷的《湖南文征序》，就要明确这篇文章的论述中心，再根据中心进一步明确前后的逻辑关系。总之，断句前，必须把所给文段通读几遍，尽可能把握篇章大意。然后，我们有必要掌握下列一些文言断句技巧。

一、对话标志断句法

文言文中，有一些明显的对话、引文标志，如“曰”“言”“云”等。根据这些标志，很容易找到一些断句的地方。不过，要注意两点：一是对话中又有对话的情况，二是文中省略说话人和“曰”字的情况。

例 1：上常从容与信言诸将能不 / 各有差 / 上问曰 / 如我能将几何 / 信曰 / 陛

下不过能将十万/上曰/于君何如/曰/臣多多而益善耳/笑曰/多多益善/何为为我禽/信曰/陛下不能将兵而善将将/此乃信之所以为陛下禽也。(《史记·淮阴侯列传》)

例中加点字表示根据文意在“曰”后断句。

二、重要名词断句法

阅读中，要随时标出文段中的重要名词，特别是专有名词，如人名、地名、事名、物名、官名、族名、国名、器物名、动物名、植物名、朝代名、官职名等。这些名词常在句中作主语或宾语，在它们的前后往往要进行断句。

例2：刻削之道/鼻莫如大/目莫如小/鼻大可小/小不可大也/目小可大/大不可小也/举事亦然。(《韩非子·说林下》)

找出例句中的几个重要名词，如加点的“鼻”“目”，句子基本就断开了。

三、重点虚词断句法

1. 句首虚词：夫、盖、凡、初、唯、斯、今、盍、至若、若夫、且夫、嗟夫等常用于一句话的开头，它们的前面一般要断开。

2. 句尾虚词：者、也、矣、焉、耳等经常用于陈述句末尾；与（欤）、邪（耶）、乎等经常用于疑问句末尾；哉、夫、而已等经常用于感叹句末尾。它们的后面一般要断开。

3. 句中虚词：以、于、为、则、而，往往用于句中，这些词前后一般不断句。

有人编了一个虚词断句口诀，我们不妨记一记。

“曰”后冒（：），“哉”后叹（！）。“夫”“盖”大多在句首，“于”“而”一般句中间。“耶”“乎”经常表疑问（？），“矣”“耳”后面加圆圈（。）。“也”“者”常常表停顿，或句（。）或逗（，）酌情看。

例3：(2006年北京卷）用斜线（/）给下面文言文断句。

（赵围于秦）齐人、楚人救赵。赵人乏食，请粟于齐，齐王弗许。周子曰：夫赵之于齐楚/扞蔽也/犹齿之有唇也/唇亡则齿寒/今日亡赵/明日患及齐楚矣/且救赵/高义也/却秦师/显名也/不务为此而爱粟/为国计者/过矣。(取材于《资治通鉴·周纪五》)

利用加点的重点虚词可方便快捷地为上段文字断句。

四、特殊句式断句法

文言文中有很多特殊句式：……者……也，是典型的判断句式；不亦……乎、何……为、安……哉（也）、孰与……乎、岂……哉等，是典型的反问句式；为……所……、受……于……等，是典型的被动句式；还有一些固定句式：如……何，奈……何，若……何，得无……乎，无乃……乎，况……乎，何以……为，与其……孰若……，熟悉这些固定句式，对文言断句很有帮助。

例 4：学而时习之 / 不亦说乎 / 有朋自远方来 / 不亦乐乎 / 人不知而不愠 / 不亦君子乎？（《论语・学而》）

例 5：呜呼 / 其信然邪 / 其梦邪 / 其传之非其真邪？（韩愈《祭十二郎文》）

例 4 利用固定句式"不亦……乎"，例 5 利用固定句式"其……邪"，可轻松断句。

五、修辞方式断句法

古人写文章很讲究语句的整齐对称，行文中上下句经常用相同的字数和结构，并常常运用对偶、排比、顶真等修辞方法。利用这个特点我们可以方便快捷地进行文言断句。

例 6：（2006 年北京春招卷）将下面文言文中画线的部分用斜线（/）断句。

藏之之难 / 不若守之之难 / 守之之难 / 不若读之之难 /（清・汪琬《传是楼记》）

例 7：秦孝公据崤函之固 / 拥雍州之地 / 君臣固守以窥周室 / 有席卷天下 / 包举宇内 / 囊括四海之意 / 并吞八荒之心。（贾谊《过秦论》）

例 8：子又生孙 / 孙又生子 / 子又有子 / 子又有孙。（《列子・愚公移山》）

例 6 借助对偶（整句）修辞格，例 7 借助对偶、排比修辞格，例 8 借助顶真修辞格，可快捷断句。

[原载《语文报》（高考版湖南专版）2010 年 3 月 17 日第 11 期]

2011年湖南卷文言文错例剖析

阅读下面的文言文，完成5～9题。

严祺先文集序　归庄

韩文公之文，起八代之衰，其诗亦怪怪奇奇，独辟门户，而考亭先生尝病其俗，曰《上宰相书》《读书城南诗》是也。岂非以其汲汲于求知干进，志在利禄乎？故吾尝谓文章之事，未论其他，必先去其俗而后可。今天下多文人矣，身在草莽，而通姓名于大人先生，且朝作一文，暮镌于梓，往往成巨帙，干谒贵人及结纳知名之士，则挟以为贽，如此，文虽佳，俗矣。吾读严子祺先之文，深叹其能矫然拔俗也。无锡自顾端文、高忠宪两先生讲道东林，远绍绝学，流风未远。严子生于其乡，诵遗书，沐馀教，被服儒者，邃于经学。平日重名节，慎行藏，视世之名位利禄，若将浼[①]焉。感愤郁塞触事而发故其文立言之旨多今人之笑为迂者。韩子尝言："人笑之，则心以为喜。"夫人之笑韩子者，特以其文辞为流俗所笑，犹杰然为一代儒宗；若立言之旨为流俗所笑，不又加于古人一等乎！虽然，使韩子而居今之世，其立言之旨，当亦如严子之迂，必不至有上宰相之书、城南之诗，取讥于大儒矣。严子之文，余所见止数十篇，论理论事，明快严峭，恂恂儒者而笔能杀人，文辞之工如此！然吾以为文辞之工，今世文人之不免于俗者，亦或能之；其所以矫然拔俗，乃在立言之旨，世所共笑为迂者也。夫世共笑为迂，余独不以为迂，而欣赏叹诧，则余亦迂甚矣哉！

（选自《归庄集》，上海古籍出版社1984年新1版）

[注]①浼（měi）：玷污。

5．对下列句子中加点的词的解释，不正确的一项是（　　）

A．而考亭先生尝病其俗　　　病：批评

B．深叹其能矫然拔俗也　　　拔：拔除

C．远绍绝学，流风未远　　　　绍：继承

D．不又加于古人一等乎　　　　加：超过

【错误答案】①C；②D。

【错因解析】文言实词是构成文言文的主体，也是学好文言文的关键。本考点中值得考生注意的地方有两点：一是考“常见文言实词”，二是考“在文中的含义”。所谓“在文中的含义”，实际上就是指在具体语境中的含义。由于文言实词绝大部分都具有多义性，因而确定某个实词在特定的语境中选择哪一个义项，是阅读文言文的一项基本能力。误选C的同学不理解“绍”有“继承”的意思，其实在语言运用部分“词语”考点，一般都会出现“克绍箕裘”（克：能够；绍：继承；箕：扬米去糠的竹器，或者畚箕之类的东西；裘：冶铁用来鼓气的风裘。比喻能继承父、祖的事业）这个成语，如果复习时认真到位的话，是不会选C答案的。误选D的同学，可能记住了《语文》必修1《寡人之于国也》里“邻国之民不加少，寡人之民不加多”中的“加”的意思——更，更加。B项“拔”解释为“拔除”明显不通。联系成语“出类拔萃”，此处“拔”应是“超出”之义。

【参考答案】B。

6．下列各句中加点的“其”字，与“其诗亦怪怪奇奇”的“其”字意义和用法相同的一项是（　　）

A．则或咎其欲出者

B．秦王恐其破璧，乃辞谢，固请

C．吾令人望其气，皆为龙虎，成五采

D．尔其无忘乃父之志

【错误答案】B。

【错因解析】今年湖南卷对文言虚词的考查，没有像往年一样分成四组同时考查四个虚词，而是一题四句，着重考查一个虚词的意义和用法。与文言实词相比，文言虚词的用法要灵活得多。“其”是考纲要求必考的18个文言虚词之一，考的频率也比较高。相比而言，今年这个小题比较容易，故答错的很少。题干上的“其”是代词，可代人、代事物，放在名词之前，作领属性定语，可译为“他的”。只有C句符合条件；B项的“其”是人称代词，用在动词或形容词之前，做主谓短语中的小主语，应译为“他”，不能加“的”；选B的同学没弄清两者的细小区别。A项的“其”是指示代词，那些；D项的“其”是语气副词，可译为“千万”“一定”。

【参考答案】C。

7. 下列用“/”给文中画波浪线部分的断句，正确的一项是（　　）

感愤郁塞触事而发故其文立言之旨多今人之笑为迂者

A. 感愤郁塞/触事而发/故其文立言之旨/多今人之笑为迂者

B. 感愤郁塞/触事而发故/其文立言之旨多/今人之笑为迂者

C. 感愤郁塞/触事而发/故其文立言之旨多/今人之笑为迂者

D. 感愤郁塞/触事而发故/其文立言之旨/多今人之笑为迂者

【错误答案】①C；②D。

【错因解析】误选C的考生，没有弄清实词“多”的归属。“多”如果连在上句，则意味着严祺先的文章有多个主旨，与序言称道严文相悖，故宜连在下句。“多今人之笑为迂者”暗含两种倒装句式的考查：主谓倒置和定语后置。误选D的考生，则没有弄清虚词“故”的归属。“故”是表原因的连词，一般放在某句话的开头；把握到这一点，再运用对称法，才能选准正确项。

【参考答案】A。

8. 结合文意，请你谈谈作者对严祺先的文章“欣赏叹诧”的原因。（4分）

答：____

【错误答案】①未作答；②他的诗奇奇怪怪，独辟门户，论理论事，明快严峭；③论理论事，文辞不俗；④他的文笔极佳，矫然脱俗；文辞之工很好，“笔能杀人”；思想符合作者。

【错因解析】今年湖南将文言文“文意理解”由选择题改为简答题，要求考生能在整体理解的基础上，准确把握文中相关内容，赋分由去年的3分调整为4分，加大了对文言文考查的难度。未作答的考生，说明根本没有读懂文章。答题时要注意文章包含内容和形式两个要点，不能遗漏。此题最好用原文回答。而错误答案一般都是答案不完整，有的只答了严文内容方面的优点，有的只答了严文形式方面的优点。有的将韩愈与严祺先混淆了的，如误答②“他的诗奇奇怪怪，独辟门户”。也有堆砌或无中生有、答非所问、不知所云的，如“思想符合作者”

等。此题是能拉开分数距离的一道好题。要答好此题，必要提高自己综合阅读能力，积累足够的实词、虚词、文言句式知识，真正读得懂浅易的文言文。建议考生平时熟读教材中的文言文，最好多背诵几篇，增加语感，以不变应万变。

【参考答案】因为严祺先的文章：①命意立论，卓尔不群，不被世间平庸的人所理解而受到讥笑；②说理叙事，明白晓畅，严峻犀利。（只答“恂恂儒者而笔能杀人”或“文辞之工如此”也可）

9．把文言文阅读材料中画横线的句子翻译成现代汉语。（10 分）

（1）韩文公之文，起八代之衰。（3 分）

译文：____

（2）故吾尝谓文章之事，未论其他，必先去其俗而后可。（5 分）

译文：____

（3）则余亦迂甚矣哉！（2 分）

译文：____

【错误答案】（1）①韩文公的文章，是家族八代文章衰弱的开端；②韩文公的文章，是八代衰弱的开端；③韩文公的文章，开启了八个朝代的衰亡；④韩文公的文章，起承了衰落八代的文学之风；⑤韩文公的文章，兴起于衰亡的文化中；⑥韩文公的文章，崛起于八代衰落后；⑦韩文公的文章，在八代衰落的时候兴盛。

（2）①所以我曾经认为写文章，不管其他方面，一定要先做到不俗再往后写；②因此我曾讨论文章的事情，没有讨论其他的，必需去除之中的毛病之后才行；③所以我曾经讨论做文章方面的事，没有讨论其他的事，而是先去除它的庸俗然后才可以；④所以我曾评论文章的依据，先不说其他，一定先看文章是否脱俗才肯定他。

（3）①我这样也是迂腐呀！②那么我岂不是更为迂腐了；③那么你也十分迂腐啊！④那么我不是更愚蠢啊！⑤这就足够了！⑥所以我认为他更加迂腐。

【错因解析】第（1）句大多是后半句译错，主要原因一是不知道“起”是振起的意思，有译成“开端”的，有译成“开启”“起承”“兴起”的，还有译成“崛起”“兴盛”的，真可谓五花八门。二是将“衰”字误译为“衰弱”“衰亡”，这里是形容词用如名词，“衰颓”的意思。其实，在课堂内、书本上，考生大都听到或见到过“文起八代之衰”，如果老师平时讲课时稍作解释，或是问学生是否明白其意思，考生在这里是绝对不会丢分的。第（2）句的失分点一是“文章之事”翻译不到位，误译成“讨论文章的事情”“讨论做文章方面的事”“评论文章的依据”。二是虽然明了“其他”是古今同义，但翻译不到位，译成了“没有讨论其他的”“没有讨论其他的事”。三是“俗”很少准确翻译为“俗气”，而是误译为“庸俗”或未予译出。第（3）句错译的原因一是漏译连词“则”，谓语“甚矣”，语气助词“哉”。二是添译语气副词“岂”，改变了句子的语气，添译代词“这”，将整个句子译为“这就足够了”。三是将“迂”误译为“迂腐”“愚蠢”。此题也是能有效拉开分数距离的题目，因此平时要多积累文言知识，多花点时间用直译的方法进行专题训练，扎实提高自己的文言文翻译能力才是硬道理，任何投机取巧都是不切实际的。

【参考答案】（1）韩文公的文章，振起了八个朝代以来的衰颓（文风）。（2）所以我曾经说，写文章的事情，不说别的，必须首先去除它的俗气才行。（3）那么我也迂腐得厉害啦！

[原载《考试指南报》（高考语文湖南专版）2011年9月7日第9期]

2011年高考湖南卷作文试题评析及佳作展评

【考题回放】

阅读下面的文字，根据要求作文。（60分）

某位知名歌唱演员在接受中央电视台采访时谈到自己的变化：过去她出场面对观众说的第一句话是“大家好，我来了！”而现在她说的是“谢谢大家，你们来了！”

也许类似的变化曾经发生在你的身上或身边，也许你对此有自己的感受和思考。请自拟题目，写一篇不少于800字的记叙文或议论文。

【试题评析】

这道材料作文题材料精要明了：某知名歌唱演员接受采访时谈到了自己的变

化，其实不只是措辞的变化，而且是一种观念的变化。它暗示着人生视角的转换、人生姿态的改变、人生境界的提升。

是兴奋而张狂地报告“我来了”，还是虔敬与谦卑地致谢“你们来了”，这远远不只是话语方式的选择问题，也不是话语讨好的世俗与精明，这个不易为人觉察的变化，凝聚着太多的人生历练、生活顿悟与生命感慨。

“我”与“你们”，可以将其理解为两种主体，两个视角，两个出发点，两条路径，两种维度，两种人生姿态，两种人生境界。“我”的价值从何而来？“你们”的价值在哪里？我与你们，自我与他人，个体与群体，甚至我与我们，种种思索都可以从此开始。同样，种种叙事也可由此启程。

题目引导语指向明确，启发到位:“也许类似的变化曾经发生在你的身上或身边，也许你对此有自己的感受和思考”。这意味着考生有类似的亲身经历最好，可以写成量身定做似的记叙文，没有的话，可以就材料中的本事展开论述，写成内容深刻思辨色彩浓郁的议论文。需要注意的是，不管写记叙文还是议论文，都应该写出自己的真实情感或真切思考，也就是说，应该体现自己的情感、态度和价值观，这也正是新课程标准所要求的。所谓“作文就是做人”也当然要在高考作文中得到诠释。

这道作文题具有比较强的反猜题性。湖南 2009 年的“踮起脚尖”和 2010 年的“早”都是命题作文，今年采用了材料作文的形式，做了一次华丽的“蝶变”，有效地规避了猜题押题，能增加作文评卷的区分度。但题中的材料很难让考生产生写作冲动，可写的范围狭窄局促了些；在文题中预设价值观，思维弹性稍欠，学生自由发挥的空间相对较小；相比其他省份而言材料稍显单调，内涵的丰厚性还可适当加强。

【写作指导】

本题可从以下角度进行构思。

1．我们需要处理好自我与他人的关系，要了解自我、认清自我、知晓他人对自我的生存、发展、成功的重要性。

2．放低自己，放弃自我中心，感激他人，尊重他人，为大众服务，让自己融入公众之中，从而实现自己人生与事业的华丽转身。

3．我很重要，并不意味着我最重要。为自己考虑的同时是否想到也为别人考虑一下呢？考虑别人，打破以我为中心的自私与狭隘，为你我他之间注入温情，拉近彼此心灵的距离。

4．针对90后的独生子女以我为中心，只顾自己不顾别人的感受这一现象来写，指出过分以自我为中心会导致社会的灾难，分析其成因，指出根除的方法。

5．事物的发展总是辩证的，相互矛盾的，相互联系的。从“为人”与“为己”的角度立意，谈“为人”与“为己”的对立性、统一性，我们应该如何对待，提出“注重自己，更要注重他人”的观点。

6．可以联系当今的教改侃侃而谈，谈教师要实行角色改变，从注重自我变为胸中有教材、眼中有学生。

7．跳出常规思维，运用联想，将材料中的两句话的转变由个人引申到社会，写“阳光拆迁”由政府干预变为市场运作等。

【佳作展评】略

［原载《作文指导报》2011年9月27日第39期］

素质立意　探索调整

——2011年高考湖南卷试题亮点解读

2011年是湖南实施“统一考试，分省命题”以来的第八次高考，也是湖南实施新课标高考方案后的第二次高考。湖南高考自主命题以来的语文卷以“典雅厚重、求实创新”为基点，选取文化内涵与人文精神“厚重”的作品，注重语言和词汇材料的“典雅”。2011年的湖南卷以素质立意，在考点的选择和题型的设计上进行了新的探索和调整。

“语言文字运用”题考虑到“古诗文默写”“有增字、漏字及有错别字不给分”

和作文题“每 1 个错别字扣 1 分”的明确规定，考点由拼音、字形、词语、语病、语用 5 个调整为拼音、词语、语病、语用 4 个。字形题退出湖南卷高考试题。“语言文字运用”题有意识地追求语言材料来源的广泛、语言表达韵律的优美和语句文化内涵的厚重。如第 4 题考察语言使用的具体氛围，进一步突出了语文作为一门学科与现实生活的关系。该题主要考察敬语的使用，“拨冗”“光临”都属于使用对象错误，不能用于自称。“奉告”则不属于敬语，“特此通知”是公务用语，“事务繁忙”是托词，“列席”使用场合不对，“谨此奉告”不得体。

“现代文（论述类文本）阅读”的材料《今夜星光灿烂》的内容来自当下人们身边的现实生活，非常贴近青年的心灵和情趣。“现代文（文学类文本）阅读”材料选用了现代诗人徐志摩的《想飞》。文章创作于 1926 年，是作者旅居英国时所写的一篇抒情散文。实际上它是作者在思想上的“自我解剖”，抒发了作者向往自由，追求光明的热切愿望。作者所追求的“自由”正像他在文中表示的那种“做人的趣味，做人的权威，做人的交代”，实际上同春秋时期庄周提倡的逍遥自在的虚无主义是一脉相承的，也是作者一生中孜孜追求的“爱、自由和美”的生动的体现，非常适合考生阅读思考。

“文言文阅读”中的第 8 小题，将“文意理解”由选择题改为简答题，要求考生能在整体理解的基础上，准确把握文中相关内容，赋分由去年的 3 分调整为 4 分，加大了对文言文考查的难度。加上后面的文言选做题，明显可以看出湖南卷对古文的考查有加大加难的趋势。由于“文意理解”题这一变化和前面语言文字运用题题量的减少，湖南的文言文断句来年将沿袭今年的做法，使用选择题，以保证主客观题题量的比例适当。

“古代诗歌鉴赏”题由原来提供两个鉴赏角度并设置两问，改为由考生“任选一个角度赏析”。这道题体现了湖南试题的开放性，摒弃了传统的命题形式，让考生任选一个角度赏析诗歌，给了考生更自由地表达自己阅读体验的机会。《春暮西园》是一首山水田园诗，诗人描写了田园生活的美好，尾联“知是人家花落尽，菜畦今日蝶来多”不因春光逝去而感伤，而是描写“蝶来多”，写出春已尽，但仍充满生机和盎然情趣。我们可以从语言的角度，抓住“满”“过”“知”等关键字分析其对情感表达的妙处；我们还可以从形象的角度，联系诗中意象做具体分析；我们可以从白描、渲染、衬托等艺术手法入手分析其表达技巧，也可以从作者对待“春暮”的态度分析整首诗的内蕴。

2011年湖南卷作文题，最大限度地贴近考生的生活经验和成长感悟；鼓励个性表达，既能让不同层级的考生均有话可写，又能让优秀考生充分施展写作才华。

这道作文题具有比较强的反猜题性。湖南2009年的“踮起脚尖”和2010年的“早”都是命题作文，今年采用了材料作文的形式，做了一次华丽的“蝶变”，有效地规避了猜题押题，能增加作文评卷的区分度。但题中的材料很难让考生产生写作冲动，可写的范围狭窄局促了些；在文题中预设价值观，思维弹性稍欠，学生自由发挥的空间相对较小；相比其他省份而言材料稍显单调，内涵的丰厚性还可适当加强。考生读材料时，要捕捉材料的重点。今年的材料题，考生至少要把握三个要点:（1）“我”“你们”（2）“谢谢”（3）前后两句话的对比变化：在“大家”面前，自“我”消失。有了对材料重点的把握，考生立意时要力求往深度上拓展。仔细探究起来，这则材料题意味深长。文体上，议论文是最稳中求胜的选择；如果是记叙文，则需要对选材和行文有很好的驾驭能力，守住立意，否则容易剑走偏锋。

［原载《语文报》（高考版湖南专版）2011年第36期］

一字一句总关情

——例谈古代诗歌语言鉴赏

2012年高考诗歌鉴赏题通常由语言入手，形成语言—意象—意境—情感这样一个过程，即“因文识象，由象悟道”。语言是作者表情达意的载体，也是读者理解诗歌意境、体会作者情感的基础。

高考古代诗歌鉴赏对语言层面的考查，通常着眼于对关键字、句的理解和对语言风格的把握。在2012年高考诗歌鉴赏题中，主要涉及如下两方面。

一是炼字。一般问某联或某句中最生动传神的是哪个字，为什么；或问某字历来为人称道，你认为它好在哪里。

如四川卷就曹伯启《子规》的第二联“贪夫倦听空低首，远客初闻已断肠”提问:“空”字极富韵味，请结合诗句简要赏析；安徽卷要求考生赏析杨万里《最爱东山晴后雪》“软红光里涌银山”中“软”“涌”二字的妙处；湖北卷就贾岛的《送邹明府游灵武》设题：贾岛注重用字推敲，请对第三联中的“藏”“透”二字作简要赏析。

炼字题的解题要领是，解释该字在句中的含义，展开联想把该字放入原句中进行情景描绘，点出该字烘托了怎样的意境，或表达了怎样的感情。

二是炼句。如辽宁卷要求考生阅读张耒的《初见嵩山》“年来鞍马困尘埃，赖有青山豁我怀。日暮北风吹雨去，数峰清瘦出云来”，回答“数峰清瘦出云来”一句妙在何处。

“数峰清瘦出云来”一句中的“清瘦”和“出”尤为生动传神。“清瘦”一词，多用以形容人的面庞，此处用以描绘山峰，是将其拟人化，赋予人的情感，足见诗人对嵩山的喜爱之情。“清瘦”含有细长、高挑的意味，形容山峰则表现了山峰的高峻挺拔。“出”字赋予山峰以灵性和动感，以动写静，表现了山峰带给诗人的惊喜。

炼句，往往与修辞相关，同时也关涉语法，如词类活用、互文见义、倒装、省略等。把一个句子炼好了，全诗为之生色不少。当然炼句同时也是炼字，二者是密不可分的。那么，在解答古诗鉴赏中的炼字题时，该怎样入手作具体分析，阐述其妙处呢?

一、从词类活用的角度

古诗词中，有些字词临时改变其自身的词性，充作另一类性词使用，这种改变了性质的词语，往往更能传情达意，收到很好的艺术效果。如王安石《泊船瓜州》中的名句“春风又绿江南岸”，其中“绿”字草稿上最初是“到”字，王注“不好”，圈去改为“过”，又圈去改为“入”“满”,“凡如是十字许，始定为‘绿’”。因为唯有形容词活用为动词的“绿”字才能把春风送暖的形象鲜明地表现出来。杜甫《春望》三四两句“感时花溅泪，恨别鸟惊心”,“溅”和“惊”都作使动词讲：花使泪流，鸟使心惊。春来了，鸟语花香，本来应该欢笑愉快，但由于国家遭逢丧乱，一家流离分散，花香鸟语只能使诗人溅泪惊心罢了。

二、从动和静的角度

动与静是既对立又统一的矛盾体，在古诗中，为了更形象、更巧妙地描绘景物，诗人往往把动静结合起来，采用以动写静，动静相合的方式渲染氛围，从而收到更加突出的艺术效果。

如刘攽的《雨后池上》绝句："一雨池塘水面平，淡磨明镜照檐楹。东风忽起垂杨舞，更作荷心万点声。"诗人使用了反衬的手法。一二两句以"水面平""明镜""照檐楹"等写出了荷花池塘雨后幽美迷人的静态。三四两句用"忽起""垂杨舞"及垂杨叶上的雨滴被风吹到荷叶上发出的"万点"声响等，表现了雨后池上的一种动态之美。诗既写出了静态，又写出了动态，以静显动，又以动衬静，动静结合，组成了一幅雨后池塘春景图。李白《望庐山瀑布》开头两句"日照香炉生紫烟，遥望瀑布挂前川"，其中"挂"字很妙，它化动为静，惟妙惟肖地表现出倾泻的瀑布在"遥望"中的形象，谁能将如此巨物"挂"起来呢，只有大自然造化之力。所以，这"挂"字也包含着诗人对大自然神奇伟力的赞颂。

三、从通感的角度

"通感"是把视觉、听觉、嗅觉、味觉、触觉沟通起来的一种修辞手法。它可以增加文章的形象性、生动性。最典型的例子是宋祁《玉楼春·东城渐觉风光好》中的名句"绿杨烟外晓寒轻，红杏枝头春意闹"，清代著名诗评家王国维在《人间词话》里盛赞其"著一'闹'字而境界全出"，把视觉上杏花盛开的姿态描绘成了听觉上的音响感受，充分表现出了春天的意境。又如杜甫《船下夔州郭宿，雨湿不得上岸，别王十二判官》中"晨钟云外湿"一句，说的是由于天气阴雨，传到云表的钟声瓮声瓮气，不仅听起来不那么清脆、响亮，而且有些潮湿（视觉）或湿润（触觉）的感觉。钟声本是诉诸听觉的，因杜甫在阴雨天气的环境中，钟声就从听觉通向视觉甚至触觉，这就写出了对于钟声的独特感受，避免了一般化。

四、从修辞的角度

诗歌是一种语言的艺术，为了表达的生动、形象、新颖、贴切，常常需要借助修辞手法使诗歌增色，甚至起到画龙点睛的作用。

杨万里的《三江小渡》“溪水将桥不复回，小舟犹倚短篙开。交情得似山溪渡，不管风波去又来”，围绕“交情”展开描写，诗人采用对比、比喻以及象征等手法，用“溪水将桥不复回”与“不管风波去又来”进行对比，以“溪渡”比喻“交情”，赋予“山溪渡”“风波”象征意义，从而表达了友情恒久不变，能经得风浪考验的主旨。王之涣的《凉州词》“羌笛何须怨杨柳，春风不度玉门关”，其中“怨”字用得生动，这“怨”字使用了拟人的修辞手法，具体形象，“怨”既是曲中之情，又是吹笛之心。

五、从无形与有形角度

诗贵形象，形象是情感的载体，没有了具体可感的形象，诗人的情感就无从表达。高明的诗人总是善于把无形抽象的东西化为有形具体的形象，李煜的“问君能有几多愁，恰似一江春水向东流”，就是把心中无尽的哀愁比作为可感的滔滔江水，流传千古。又如周密的“梦魂欲度苍茫去，怕梦轻还被愁遮”，以“轻”字描状梦魂，化无形为有形，而且通之于表重量的触觉，更是形容词锤炼中通感的妙用。

[原载《语文报》(高考版·全国新课标专版)2012年12月5日第45期]

高考作文抢分指要

依我的创作和教学经验，考生要想写好一篇作文，首先需要具备“六要一不要”，其次是审题和立意，第三是构思，最后是语言“有文采”。

写好高考作文“六要”

需要冲动。这需要考生平时对生活的长期观察、思考和积累。只有厚实的知识背景，才能支撑起写作冲动。于是，当高考作文题触动了考生的感情，自然就文思泉涌了。否则光有冲动仍是写不出东西来的。

需要灵感。以2001年的高考满分作文《赤兔之死》为例，就是灵感的产物。语文试卷里有则阅读材料《铜奔马正名》，作者的灵感被文中“紫燕跃武，赤兔越空”一句中“赤兔”二字所触发，头脑中的相关信息很快重组成一则表现“诚信”的生动故事。灵感来临是偶然的，但作者平时阅读《三国演义》不下三十遍，大概就是偶然背后的必然了。

要树立信心。从小学到高中，我们读了很多文章，之所以觉得没东西可写，是因为没有将存盘的材料及时调出来。所以，我们要有充分的自信，相信自己能在40分钟之内写出800字以上的文章来。

要善于联想和想象。联想和想象是写作的一双翅膀。联想的种类主要有相关联想、相似联想、对比联想、因果联想、表里联想、推测联想、连锁联想等，想象则有再造想象、创造想象两类。光有信心，缺乏联想和想象能力，也是写不好考场作文的。从现在开始，考生可以在老师的帮助下，专门训练一下自己的联想、想象能力，拿到一个话题后，看自己能联想到多少与之有关的材料，越多越好，然后选材构思成文。

要不停地积累素材。越到考前，越要多看书报，关注身外大事。有大视野才不会被“话题”难倒，写作起来才能左右逢源。要在脑子里“储备”30至50个事例，既可以充实自己的精神，促进自己的思维与想象，也有助于考场写作时调用。我们甚至从电视节目中也能觅到写作材料，几年前，中国足球队和巴西足球队在广州举行了一场“没有对自己负责”的友谊赛，我的一位学生在第二天的考试作文“对自己负责”里，就用上了这一鲜活材料。其实，阅读面广还有利于解答语言知识和语言表达题，2013年的高考语文试题就涉及了第九届中国国际园林博览会、“蛟龙”号载人深潜、辽宁舰航母、“中国式过马路”等与现实生活息息相关的内容。所以，应考，不能须臾停止阅读。湖南日报报业集团主办的《文萃报》“人生百味”栏目中就有很多耐人咀嚼的好文章，考生不妨抽时间认真阅读。

要牢固树立得分意识。一是文面漂亮，写得一手漂亮的字，是作文得高分的敲门砖；整洁的卷面，让人一见钟情；如果出现错别字，可用笔轻轻地划一斜杠，千万不要乱涂。二是字数达标，题目一般要求作文不少于800字，而高分和满分作文的字数大多为900字，刚刚达到800字，一般不会得高分。三是文题靓丽，富有特色文题会让阅卷老师有耳目一新、精神为之一振的感觉；除命题作文外，文题要新颖，尽量使用诗句、名句，或者通过比喻、夸张和拟人等手法来拟题，增添文章的文采。四是开头诱人，良好的开端是成功的一半，尤其要细心打造，它不仅奠定了行文的基调，而且也能带给阅卷老师一份好心情。

千万莫信高考猜题

我建议，师生在练习高考作文过程中不要猜题。一是难以猜到，因为命题组时时刻刻在跟老师们玩着猫捉老鼠的游戏；二是没有必要，随便拿身边的一件物品就可以命题，譬如说遥控器、纽扣、鼠标等，练就扎实的基本功才是正道；三是写过的题或见过的题，特别是老师讲评过的题，多少会让考生产生一些思维定式，而优秀作文恰恰需要创新，往往有很强的“生成性”。

高考作文四步制胜

“审题、立意、结构、语言”这四个步骤环环相扣，考生应该在月考作文中有意识地培养自己相应的能力。

审题要全面和准确。凡是命题者给出的材料、提示语、要求及注意事项，都要一一看清楚，看明白，不能疏忽，不能遗漏。要确切理解题目的含义，紧紧扣住题意的内涵和外延去写作，在题意和要求的范围内行文。

立意要正确、鲜明、深刻及新颖。要真实、客观地反映社会生活，帮助人们正确认识事物，引导人们积极向上。写记叙文，一定要认真寻求人物、事件所表现的正面意义，写议论文，则要力戒偏激的观点。

主旨鲜明要做到两点：明确、集中。比如“近朱者赤，近墨者黑”，题目即中心论点，举例、说理都必须围绕“环境”这一外因对人的影响来展开。可有的同学文章展开后，主题又转到“近朱者未必赤，近墨者未必黑”即内因起决定作用这一论题上了，这就属于偏题。

立意要深刻，最好能上升到感悟的高度。从感性的事物中悟出某种道理，显示出作者对时代、社会、人生的深刻探索和领悟。

立意要新颖。“新”并不意味“奇特”“怪异”，你能从平凡的，乃至人们司空见惯的事物中，见人之所未见，发人之所未发，即是新。

文章结构，不同的文体表达主题的方法不一样，采用的章法自然也不一样。议论文要求以立论鲜明，论证严密的章法（如“总分总”思路；正反对比论证思路；提出问题、分析问题、解决问题思路等）去突出中心；记叙文要求以构思新颖，剪裁精当的章法（以时间、空间、事态的发展为线索）表现主题；而说明文则要求以层次分明，条分缕析的章法说明事物。

最后说说语言。高考考纲对语言的要求，基础等级是“语言通顺”，主要是指写作语言的规范、准确、连贯和得体。这里不再赘述，建议考生参阅考试大纲要求。

“有文采”的具体要求是词语生动，句式灵活，善于运用修辞手法，文句有意蕴。如去年湖南的一篇高分作文《转身——幸福》的最后四段文字：

幸福就像手心里的水，就像太阳匆匆的步履，任你千方百计却依旧无法挽留，只留下“常记溪亭日暮，沉醉不知归路”和“当时明月在，曾照彩云归”的无限怀念与回味。

幸福就如一杯醇醇的浓茶，苦涩中透出一缕淡淡的清香；幸福又似一杯既香且醇的美酒，饮一口，便醉你一生。

幸福就像身边的风景，最容易看见，也最容易忽略。但，请相信，一切都与幸福有关，只要你转身，那么，幸福触手可及。

我的父母曾经多次要我去做翱翔云层的大鹏，我在十二年的学习生活中一直在飞腾，但我要说：无论我飞得多高，我的心都守在亲人的身边，恪守那一份宁静。

文采飞扬，既表现在灵活使用排比段和比喻句上，又表现在巧妙化用众多的古代诗文、现当代作家的名言，为我所用上，让幸福感可触可摸，显示出考生的灵动与灵性，洋溢着当代中学生好学上进的青春气息。

［原载《科教新报》2014 年 4 月 17 日］

2014 年高考湖南卷作文题解析

【高考真题】

阅读下面的材料，根据要求作文。（60 分）

被誉为“最美乡镇干部”的某乡党委书记，在一个其他人不肯去、去了也待不到两年的地方，一干就是八年，以坚定的信念和顽强的意志，率领村民发奋图强，将穷乡僻壤建设成了美丽乡村。面对洒满心血与汗水的山山水水，他深有感触地说:“心在哪里，风景就在哪里。”

根据上面的材料，自选角度，自拟题目，写一篇不少于 800 字的议论文或记叙文。

【题目解析】

今年湖南的高考作文题仍然是材料作文，其题型顺应了高考作文以材料为主的大趋势。作文题相比前两年来看，无论在内容上还是形式上都既有传承性，又有渐变性。本次作文材料没有像 2012 年的“手”、2013 年的“我想飞”那样的放之四海而皆“有”材料，而是跟时代挂钩。作文要有鲜明的时代特征，这是高考作文的要求。高考作文往往从学生的生活实际出发，关注社会生活，看看学生在为人处世、学习生活、道德理想等方面采用什么样的标准，从而唤起学生强烈的主人翁意识和责任感。

我们知道，现在全国各地都在建设美丽社会主义新农村，而且今年党的十八大报告用“富强、民主、文明、和谐，自由、平等、公正、法治，爱国、敬业、诚信、友善”24 个字分三个层次精辟概括了社会主义核心价值观的内涵，当前各行各业的人都在树立和大力践行社会主义核心价值观。材料中提到的某书记，其原型是常德市桃源县观音寺镇党委书记唐述林。5 月 10 日央视《新闻联播》曾报道“最美基层干部”专题——《唐述林：心在哪里，风景就在哪里》。材料将“人的心灵坚守与山村的美丽变化”融入高考试题，正是这种时代精神所需要的，具有“很接地气、很当下”的特点，无疑体现了与时俱进的理念，也体现出了鲜明的地域性。

本道作文题中人物，其精神品质的核心在于“因心系人民福祉而创造最美风景”。习总书记在不同场合的讲话中都强调青年人为人民利益与民族发展的责任担当，将个人的成长与生命价值的实现与人民的福祉、社会的进步紧密相连。强调青年人对社会历史的责任担当，正是我们时代精神的体现。

考生在写作时，不宜泛泛地谈“心在哪里，风景就在哪里”，而要结合材料进行深入的辨析，明了该人物“心”之所在是民生所系、民心所盼，这样才能切合题意，也才能写得深刻而高远。

正像语文老师在网上说的，材料主体内容可剖析出“梦想—追求—守望—成功”的思维链。八年的守候，把穷乡僻壤变成了“最美乡村”;“心在哪里，风景就在哪里”——抓住了“执着”“信念”这个关键词，就抓住了材料的内核。把一个穷村子变成了“最美乡村”，乡党委书记有他的执着，执着背后就是相信“心在哪里，风景就在哪里”，也就是说，这位乡党委书记的心中充满了一种执着，或者心中充满了一种信念。

这里的“心”既是指自己内心的想法，更是指内心所经过的种种体验。考生可以结合自己的生活实践，从感受、认识等多方面多角度立意，写出不同于他人的一种内心体验的过程。如可以写“心若坚守，就会有坚守的美丽”“心若仁厚，就会有人性的美丽”“心若有梦，就会有梦想的美丽”“要想事业上成功，就要有坚定的信念和顽强的意志”“要想事业上成功，就要有责任和担当”“要想事业上成功，就要挚爱着自己的事业”“信念培植梦想”“守望铸就成功”等当成为立意首选。此外，如能综合“干两年就走”“坚守八年”的行为反差、成果对比，增强文章的思辨色彩；观照“乡村”的变化，得出“穷则思变”“谋事在人”之类的结论，则能出新出彩。

今年湖南作文题要考生任选角度成文，具有强烈的时代性、浓郁的人文性，思维空间性大等特点，但在文体设置上依然是只能写“记叙文或议论文”，这也是湖南近十年来对高考文体所做的一贯要求。因此，要想作文有所突破，除了立意的深刻性、见解的独特性以外，就要在语言表达上下功夫。语言表达重在语言的流畅、新颖、生动、深刻、修辞等方面。这些是高考作文评分标准“发展等级”中“有文采”项的三个加分点，实际上也是考生在语句“通顺”之后，提高语言表现力的三个努力点。

[原载《美文》（青春写作）2014 年第 8 期]

语文百度

怎样区分“己”“已”“巳”

“己”“已”“巳”三个字在形上看起来很相似，但在读音和意义上却迥然不同，我们一定要严格区分，切不可混用。

“己”念 jǐ（几），①天干的第六位。旧时通常用来表示次序的符号，如甲、乙、丙、丁、戊、己、庚、辛、壬、癸；②泛指自己。如：舍己为人；知己知彼。

“已”念 yǐ（以），①停止。如：争论不已；赞叹不已。引申为消除。《韩非子·难一》:“且舜救败，期年已一过，三年已三过（再说舜挽救社会风气的败坏，一年只能消除一件过错，三年不过消除三件过错）。”②表示事情完成或时间过去。如：天已黑了；时间已过三点。③表示后来、接着、不多时。如：已而悔之；④表示太、过。如：不为已甚（不做得太过分）。⑤感叹声，犹“唉”。如《庄子·康桑楚》“已！我安逃此而可？”

“巳”念 sì（寺），①地支的第六位。如子、丑、寅、卯、辰、巳、午、未、申、酉、戌、亥。②十二时辰之一，九时至十一时。

此外，为了从字形上把它们区别开来，我们可以记住下面这一口诀:“堵巳，不堵己，半堵是个已”。

［原载江西师大《语文教学》1982 年第 1 期］

端午节与屈原

每年农历五月初五，是我国古代爱国诗人屈原投江自沉纪念日，俗名“端午节”。这一天，包粽子（角黍），赛龙舟，颇为壮观。尤其是南方各省，更蔚然成风。

用包粽子、划龙船以度端午节，古已有之。溯其渊源，妙趣横生。据吴均《续齐谐记》载：“屈原以五月五日投汨罗而死，楚人哀之，每于此日以竹筒贮米，投水祭之。汉建武中，长江欧回（一作区曲），白日忽见一人，自云三闾大夫。谓回曰：‘闻君当见祭，甚善！但常年所遗，并为蛟龙所窃，今若有惠，可以楝树叶塞上，以五色丝转缚之，此物蛟龙所惮。’回依其言。今五月五日作粽并带五色丝及楝树叶，皆汨罗遗风。”至于“竞渡”的记载，更为生动真切。据《荆楚岁时记》说：“五月五日竞渡，俗为屈原投汨罗日，伤其死，故命舟楫以拯之。”《隋书·地理志》又载：“屈原以五月望日*赴汨罗，土人追至洞庭，不见。湖大船小，莫得济者。乃歌曰，‘河由得渡湖！’因尔鼓棹争归，竞会亭上。习以相传，为‘竞渡’之戏。其迅楫齐驰，棹歌乱响，喧振水陆，观者如云。诸郡皆然，而南郡尤甚。“可见，以食粽子、赛龙舟等形式共度端午节，由来已久，貌似欢庆，实则寄托着广大人民群众对屈原的无限哀思。

---

*诸书都说屈原五月五日投汨罗江，这里独说是五月望日。望日即十五日，不知何据。或者各地传说不同，故记载有异。

[原载华中师范学院《语文教学与研究》1982年第7期]

“行”字三音

“行”字有三个读音，在行路、旅行、行星等词中，读作 xíng（形）音；在德行、操行、品行等词中，读作 xìng（幸）音；在行列、行伍、行业等词中，读作 háng（杭）音。此外，旧时用作排行、行辈意义的“行”，读作 hàng（沆），如“丈人行”“诗家行辈如君少”等。不过，这种“行”现在也读作“杭”了。

有人弄不清在“某某代表团一行”中的“行”读什么音，一些广播电台也常常把这个“行”字读成“形”。其实,“行”在这里应读“杭”。古代军制，五人为一伍，二十五人为一行。古诗文中也常有“雁行”“戎行”的说法。这些“行”都读“杭”，是有序有列，自成队伍的意思。“代表团一行”中的“行”正是这个意思。

[原载 1983 年 2 月 17 日《少年文史报》]

诗仙·诗圣·诗魔·诗囚·诗鬼·诗豪

“诗仙”，一般指大诗人李白。李白诗风雄奇豪放，自贺知章赞其为“谪仙”，后，人们便这样称呼他了。“诗仙”也泛指才情高超、气韵飘逸的诗人，牛僧儒有诗句“诗仙有刘（禹锡）白（居易）”。

“诗圣”，指造诣极高的诗人。明清文人常以此称杜甫，如叶燮说:“诗圣推杜甫”。杜诗是唐由盛转衰的一面镜子，有“诗史”之称。

“诗魔”，指大众诗人白居易。他是唐代流传诗歌最多的诗人，加之他有“唯有诗魔降不得，每逢风月一闲吟”的诗句，后人就以“诗魔”称他。

“诗囚”，指醉心吟哦为诗拘囚的诗人。一般指孟郊和贾岛。元好问有“郊岛两诗囚”的句子，并说：“东野（孟郊）穷愁死不休，高天厚地一诗囚。”

“诗鬼”，多指才高而命短的李贺。李贺好用诡谲语写森冷境，故有“太白仙才，长吉（李贺）鬼才”之说。亦有人称苦吟诗人贾岛为“诗鬼”，他有诗句：“夜吟晓不休，苦吟神鬼愁。”

“诗豪”，指“善诗精绝”的刘禹锡。他的诗“开朗流畅，含思宛转”，因而被当时的白居易称为“诗豪”。

[原载 1983 年 12 月 28 日《湖南日报》]

快人快语

①诗人歌德的作品受到了某批评家的尖刻指责。一次，他在韦玛公园一条只能通过一个人的小径上散步。迎面来了那位批评家，冲着他嚷道：“我向来没有给傻瓜让路的习惯！”歌德连忙让到一旁，笑容可掬地说：“而我恰恰相反。”

②俄国作家克雷洛夫生得较黑，偏偏又喜欢穿黑色衣服。一天，他遇到两个穿得花里胡梢的公子哥儿。其中一个见到克雷洛夫就对他的同伴说：“看，飘来了一朵乌云！”克雷洛夫应声说道：“怪不得青蛙高兴得叫了起来！”

③英国作家肖伯纳身体很瘦。某次他去参加一个小宴会，一个脑满肠肥的资本家笑着对他说：“啊，肖伯纳先生，一见到您，我就知道世界上现在正闹饥荒！”肖伯纳立刻答道：“嗯，先生，我见到您，就知道世界上正在闹饥荒的原因。”

[原载《演讲与口才》1984 年第 1 期]

副·付·傅

有些人常常分不清“副”“付”“傅”，随便乱写。这三个字虽然都念 fù，但意思不相同。

“副”，有“居第二位的”“次要的”“附带的”“辅助的”等意思。如“副班长”“副食品”“副产品”“大副”。

“付”是“交给”“授予”的意思，如“付印”“付表决”。

“傅”，它与“副”“付”的差异则更大。“傅”的意思是“辅助”“教导”，也指负责教导或传授技艺的人，如“太傅”“少傅”“师傅”。因此，不能将“师傅”写成“师付”，更不能将姓“傅”的“傅”写成“付”。

[原载 1986 年 7 月 9 日《中学语文报》]

传神一“笑”见精神

笑，是人们表达思想感情的一种方式。在生活中，每个人都将笑付之于形而随便，但在诗人笔下，一经渲染描绘，却成了透视人们心灵的一面镜子。

唐代大诗人李白在他的《山中问答》中有这样两句诗:“问余何意栖碧山，笑而不答心自闲。”有人问诗人为何入碧山乐而忘返，诗人只是微微一笑，不予回答。这一笑，不仅笑出了李白悠然自得、淡泊功名利禄的闲适心情，也表现出了诗人纵情山水、洒脱不羁的性格。唐代另一位大诗人白居易，在著名的诗篇《长恨歌》中曾这样描写杨贵妃:“回眸一笑百媚生，六宫粉黛无颜色。”这里的回眸一笑，既突出了杨贵妃剪水双眸的顾盼多情，又展现了她向唐玄宗邀宠争艳暗送秋波的神态。正是这传神的一笑，才把杨贵妃得宠煊赫、媚上淫乱的个性烘托得淋漓尽致。另一位唐代诗人张志和写有五首《渔歌子》，其中有一首是这样写的："雪溪湾里钓鱼翁，舴艋为家西复东。江上雪，浦边风，笑着荷衣不叹穷。"也是用一个"笑"字，显示出雪溪湾里身着荷衣的渔翁，不畏风雪，不叹穷困的朗朗风骨。

《破阵子·春景》是宋代词人晏殊一首描写闺阁少女在春社斗草游戏的词篇，词的下片是这样写的："巧笑东邻女伴，采香径里逢迎。疑怪昨宵春梦好，原是今朝斗草赢，笑从双脸生。"斗草取胜的少女喜不自禁，两颊飞红，这天真烂漫、发自内心的咯咯脆笑，笑绽了一颗纯洁晶莹的少女心灵。北宋大词人苏轼的《念奴娇·赤壁怀古》我们大家一定很熟悉。词中这样描写了三国时的周公瑾："羽扇纶巾，谈笑间，樯橹灰飞烟灭。"这运筹帷幄的风生谈笑，不但笑出了周瑜的雄姿英发，而且笑出了玩弄强敌于掌上的大将风度。"故国神游，多情应笑我，早生华发。"面对赤壁古战场，缅怀周瑜，苏轼深愧自己功名不就，蹉跎岁月，这自嘲多情的一笑，是诗人壮志难酬的嗟叹和苦笑，笑出了无可奈何的心情。

由以上的例子可以看出，作为一种情绪显示、感情外露的笑，在古代诗人的笔下不仅呈现出千姿百态，而且各具其妙。因为它们都揭示了人物的内心世界，可以说都是"传神一'笑'见精神"。

[湖南人民广播电台 1988 年 11 月 19 日"文学欣赏"节目首播]

浅说避讳

在阅读古书时，人们会经常碰到文字上的障碍，避讳就是这种障碍之一。因此，我们有必要了解一点避讳知识。

所谓避讳，就是对君主（包括其亲属）和圣人（主要是孔子）的名字，在文字上要回避，不得照字直书。《春秋公羊传》云："为尊者讳，为亲者讳，为贤者讳。”当时许多人就因犯了讳而丢了脑袋。它是我国封建社会所特有的现象，大约起于周，成于秦，盛于唐宋，至清代更趋完密。

避讳的方法有四种。

一是缺笔。即缺一个字的最后一两笔。这种方法大约起于唐高宗之世。如把世字写成“卌”，民字写成“巳”（避唐太宗李世民讳）；把匡字写成“𠤎”，把“胤”写成“胤”（避宋太祖赵匡胤讳）；把玄字写成“玄”（避清圣祖玄烨讳）；把丘字写成“乒”（避孔丘讳）等。

二是空字。即用“某”或“□”来代替。如《史记·文帝本纪》:“子某最长，请建以为太子。”“某”指“启”，乃汉景帝名。又如东汉许慎的《说文解字》，在秀、庄、炟、祜等字上，皆写“上讳”二字，空其字不写。因为东汉光武帝名秀，明帝名庄、章帝名炟，安帝名祜。汲古阁本《南齐书·豫章文献王传》有“前幸□宅”（从前跟您一起到某某宅）之语，□指“顺之”。萧顺之是梁武帝的父亲。萧子显《南齐书》这样处理就是为了避“顺之”之讳。

三是易字。即改用同义词或近义词。如秦始皇的父亲名子楚，就改称楚地为“荆”。吕后名雉，当时文书上凡遇上雉字，皆用“野鸡”二字代替。汉光武帝名秀，东汉曾一度把秀才改称为“茂才”。唐太宗叫李世民，就把中央政府中六部之一的民部改为“户部”，这个名称一直延至清末。汉明帝名庄，当时竟称《庄子》为《严子》。汉初有个十分活跃的辩士叫蒯彻，因汉武帝叫刘彻，史书上就称蒯彻为“蒯通”。

四是改读。如《红楼梦》里林黛玉因她母亲名敏，所以她读到“敏”字时便改读为“密”。上面所说的“易字”，对读音来说，同时也是改读。

不仅是对皇帝、圣人要避讳，著书的文人还把避讳的方法扩大用到自己父亲身上。司马迁父名谈，他在《史记》中遇到谈字就改为其他字，如改张孟谈为张孟同。《淮南子》作者刘安的父亲叫刘长，因此该书中引用《老子》“长短相形”一句话时就改为“修短相形”。为避家讳，在唐代曾发生一件历史上有名的公案：诗人李贺父名晋肃，一些嫉妒李贺才华的人就提出晋与进同音，阻拦他去考进士，大文章家韩愈对此深感不平，特写《讳辩》一文为之辩护。

晋与进不同字，为什么要避讳呢？这叫作“避嫌名”。东汉大经学家郑玄注解说："嫌名，谓音声相近，若禹与雨，丘与区也。"（古音丘、区相近）这个规定大约始于三国。此例一开，人们写书、作文乃至说话，麻烦可就多了。如唐高祖李渊的祖父名虎，因浒与虎同音，所以虎字要避讳，浒字也要避讳。宋高宗名构，为避构字而兼及够、媾、购、遘、钩、苟、勾……达五十五字之多。文字不能写，说话也要当心。

避讳还有其他许多名堂，如偏讳、已祧不讳、已废不讳等，搞得相当复杂。由于后代刻书者不懂原意而随意乱改，更使避讳问题搞成一团乱麻。经过今人整理的古籍，基本都将避讳字改回了。如上海古籍出版社出版的段玉裁《说文解字注》，就已经改回、补全了避讳字，这无疑给我们阅读古籍带来莫大的方便。但有许多地方是不便改回的。如《史记·吴王濞列传》"存问茂才"一句，是不会把茂才改为秀才的。所以，我们很有必要去了解一些避讳知识。

[原载《语文月刊》1988 年 11—12 期合刊]

颠倒词序　趣味无穷

唐诗以情韵气格取胜。有些普通句子，在诗人笔下，颠倒用之，往往能化平淡为神奇，避呆板而成佳句，意趣无穷。

杜甫在这方面是最为突出的代表。王得臣说："子美善于用事及常语，多离析或倒句，则语健而体俊，意迹深稳，如'露从今夜白，月是故乡明'是也。"（《麈（zhǔ）史》）《月夜忆舍弟》里的这两句诗，原意不过是"今夜露白，故乡月明"，一经颠倒，造句得体，寓意深远，蕴含着浓烈的怀乡之情，富有深刻的哲理意义，成为千古传诵的名句。杜甫的"香稻啄余鹦鹉粒，碧梧栖老凤凰枝"（《秋兴八首》），更是妙用词序颠倒的典型例子。其顺序原为"鹦鹉啄余香稻粒，凤凰栖老碧梧枝"。作者将宾词前置，提宾为主，将"香稻""碧梧"提前，使后面组成"鹦鹉粒""凤凰枝'，鹦鹉象征可爱，凤凰借喻美好。这样，句意就强调了香稻粒的宝贵，碧梧枝的优美，引起了读者美妙的想象，开拓了诗句深邃的意境，并使句法新奇，构词新颖，使整首诗富有情致。

词序颠倒有一定规律。因押韵而颠倒的，如“白日依山尽，黄河入海流”(《王之涣《登鹳雀楼》)，后句原为“黄河流入海”，这样就平铺直叙，呆板无奇。改为“黄河入海流”，便有意境开阔，气势雄浑之感；因平仄而颠倒的，如“淮水东边旧时月，夜深还过女墙来”（刘禹锡《石头城》)，前句顺序应为“旧时淮水东边月”（在过去很繁华的淮水东边，月亮升起来了），颠倒后平仄正好与下句对应，这样就使句子音律和谐，声调优美；因对仗而颠倒的，如“野哭几家闻战伐，夷歌数处起渔樵”（杜甫《阁夜》)，前句顺意为“（因）战伐闻几家野哭”，颠倒后与后句互相对偶，好读易记，朗朗上口；因音节节奏关系而颠倒的，如“行宫见月伤心色，夜雨闻铃肠断声”（白居易《长恨歌》)，古诗七言句音节多为二二三节奏，“行宫／见月／伤心色，夜雨／闻铃／肠断声”，这句子富有节奏感、音律美。其顺序本为“行宫见月色伤心，夜雨闻铃声断肠”，这样就散文化了，不像诗句。

唐诗词序颠倒是常有现象，但要洞其窍奥才能得其意境，知其规律方可明其气格，解其妙处才能晓其神韵。

［原载 1990 年 11 月 19 日《中学语文报》］

西魏的真“空城计”

诸葛亮在马谡失守街亭后，被迫演了一出“空城计”。但此事陈寿在《三国志・蜀书・诸葛亮传》中却只字未提。裴松之注《三国志》引晋人郭冲“条亮五事，隐没不闻于世者”，且肯定诸葛亮在平阳设空城计为“定引皆虚”。看来，这场空城计并非历史的真实，只不过虚构得切中情理、合乎逻辑罢了。

我国南北朝时却发生过一出真实的“空城计”。山西太原人王思政在西魏大统八年（公元542年）东魏入侵的危急之秋，仓促间奉旨镇守弘农（今河南灵宝北）。当时弘农毫无戒备，“思政入弘农，令弃城门，解衣而卧，慰勉将士，示不足畏”。东魏将刘丰生率数千骑至城下，“惮之，不敢进，乃引军退”（《北史》）。据《周书》载，弘农的守备乃事后“自思政始”。

王思政受命于危而临危不惧，以虚当实，智退敌兵，可谓是一位有胆识的战略家。

［原载1991年4月20日《长沙晚报》］

最早的登山鞋

南朝诗人谢灵运，曾遍游浙东的名山大川，写下大量以山水为题材的诗篇，在跋涉山川时，为了登山方便，他特制了一双木鞋。穿上这种鞋，爬山的时候，可根据需要移动鞋齿，以防溜滑，还能随时保持身体的平衡。

关于谢灵运的这双登山鞋，唐代诗人李白曾留有“脚著谢公屐，身登青云梯”的诗句。《南史·谢灵运传》中也记载：“寻山陟岭，必造幽峻，岩嶂数十重，莫不备尽登蹑。尝着木履，上山则去其前齿，下山则去其后齿。”

［原载1991年6月4日《长沙晚报》］

杜甫名字知多少

您知道唐代大诗人杜甫有多少名字吗？共有9个，即杜甫、杜子美、杜陵、杜少陵、少陵野老、杜拾遗、杜二拾遗、杜工部、老杜。

杜甫，杜是姓，甫是名，子美是字。“甫”是古代男子的美称。古人的字和名互为表里，意思相同或相近或相反，所以杜甫表字（因“字以表德”，故云“表字”）子美。又，古时文人喜欢以住地、志趣等为自己取号。杜甫曾居于长安附近的杜陵，久未入仕，故自号少陵野老，又称杜陵、杜少陵。安史之乱时，杜甫投奔唐肃宗，曾任“左拾遗”的官职，被人称为杜拾遗。杜甫在兄弟辈分排行老二，所以又叫杜二拾遗。杜甫入四川后，经严武推荐，被任为节制参谋检校工部员外郎，这就是后世称他“杜工部”的由来。后人为了区别起见，还称杜甫为“老杜”，以别“小杜”杜枚。

[原载 1992 年 3 月 26 日《长沙晚报》]

释“福”字

新春佳节，人们爱在堂前门口贴“福”字。可您是否知道“福”字的本义呢？

“福”字的偏旁为“示”。凡从“示”的字多与祭祀有关，如“祈”“祷”“神”“祐”“祖”等。“福”字也不例外，“福”字右边的“畐”形本像酒器，所以这个字的本义原是用酒祭祀鬼神来求得幸福。《说文》（小徐及段注本）云：“福，备也。”《礼记·祭统》中又载：“福者，备也。备者，百顺之名也，无所不顺者之谓备。”古人认为，无论一个家庭或一个国家，只有在各方面都达到有备无患和十分完备（应有尽有）的程度，才可称得上富足、富裕，而只有精神生活十分丰富，物质生活十分富裕的人才可称得上有福气。这种看法无疑能给我们以有益的启示。

[原载 1992 年 3 月 26 日《长沙晚报》]

千姿百态一个“愁”

“愁”本属内心的一种思维活动，看不见摸不着，照说很难形诸文字。但在我国古代诗人的笔下，却写得可感可触，无形的东西变得极其生动形象。

寓愁怀于眼前景，是诗家常用的手法。宋代诗人郑思肖说：“花柳有愁春正苦，江山无主月空圆。”作者哀痛南宋国亡，看到春天的鲜花和绿草也都是含愁带苦的，十五的圆月也因无人欣赏而白圆了。杜甫则有“感时花溅泪，恨别鸟惊心”的著名诗句。

古诗中也有采用拟人手法写愁的范例。辛弃疾说“欲上高楼本避愁，愁还随我上高楼。”这愁比物化的愁略高一筹，不光是静止的“物”，而且是有情的“人”。与主人形影不离，朝夕相处。庾信则说：“闭户欲推愁，愁终不肯去；深藏欲避愁，愁已知人处。”比辛弃疾的愁更具人情。它有点无赖，又有点小孩藏猫似的淘气，还有情人的心有灵犀，令人叹为观止。

以生动的比喻写愁，在古诗中最为常见。愁有分量，可载可装：“只恐双溪舴艋舟，载不动，许多愁”（李清照），“遍人间烦恼填胸臆，量这些大小车儿如何载得起”（王实甫）？愁有长度：“白发三千丈，缘愁似个长”（李白），“问君能有几多愁，恰似一江春水向东流”（李煜）；愁有深浅：“请量东海水，看取浅深愁”（李文山），“飞红万点愁如海”（秦观）。杜甫曾用山来喻愁，说愁绪就像终南山一样高，也可以放到这类诗歌当中：“忧端齐中南，澒洞不可掇。”澒洞，无边无际貌；愁可以割：“梁园歌舞足风流，美酒如刀割断愁”（刘子翚）；愁可剪、可理：“剪不断，理还乱，是离愁”（李煜）；愁也可以洗：“一曲情歌一杯酒，为君洗尽千古愁”（刘秉忠）；愁还可以消融：“闲愁如雪水，入酒即消融”；愁甚至还可以织：“情丝万轴，因春织就愁罗恨绮”（翁元龙）。而喻愁最新奇的应首推宋人贺铸的“试问闲愁都几许？一川烟草，满城风絮。梅子黄时雨”。词人巧设博喻，用三种事物分别喻愁之多，据说当时“人皆服其工”，士大夫干脆就把贺铸称为“贺梅子”。

总之，在诗人笔下，无形的愁都有了具体的外壳，并且显得非常生动形象，产生了出神入化的艺术效果，出现了千姿百态，变化无穷的奇迹。

[原载1992年3月5日《少年文史报》]

嬉·喜·嘻

据《宋史·苏轼传》载：苏轼“尝自谓:‘作文如行云流水，初无定质，但常行于所当行，常止于所不可不止。’虽嬉笑怒骂之辞，皆可书而诵之”。这“嬉笑怒骂”一语，出自苏轼之友黄庭坚《东坡先生真赞》，其文赞苏轼之文“嬉笑怒骂，皆成文章”。今成语有“嬉笑怒骂”，指人的各种感情，形容写作不拘守规格，任意发挥。

“嬉”原指游戏，玩耍。因为它从“喜”声，所以常有人将“嬉笑怒骂”错写成“喜笑怒骂”（如高中语文第一册第118页）。其实,“嬉”读xī，不读xǐ。“喜”常作快乐、爱好或可庆之事解，可见“喜笑怒骂”是讲不通的。又由于“嬉”与“嘻”同音，因此也有人将“嬉笑怒骂”错写成“嘻笑怒骂”的。其实，“嘻”在古文中常作惊叹之词，或表欢笑之貌。古籍中虽有“嘻笑”一词，但其意却不同于“嬉笑”。如《汉书·灌夫传》中,“夫（灌夫）怒，因嘻笑曰:‘将军，贵人也,’”这个“嘻笑”，即用强笑表示讥刺之意。由此可知，将“嬉笑怒骂”写成“嘻笑怒骂”，也是不对的。

[原载1993年2月28日《中学语文报》]

孰优孰劣《马嵬坡》

《马嵬坡》是一首颇负盛名的诗歌，作者郑畋是唐僖宗时的宰相。原诗云:“肃宗回马杨妃死，云雨虽亡日月新。终是圣明天子事，景阳宫井又何人。”（据《唐阙史》）而今流行本《唐诗三百首》前两句作“玄宗回马杨妃死，云雨难忘日月新。”到底孰优孰劣呢？

《旧唐书·肃宗纪》载:“于是玄宗赐贵妃自尽。车驾将发，留上（肃宗）在后宣谕百姓。众泣而言曰:‘请从太子收复长安。’玄宗命力士口宣曰:‘汝好去！’上回至渭北……”肃宗回马，即位灵武，使唐廷政治中心有所维系，始能图谋复兴。若肃宗随玄宗入蜀，则唐廷失去重心，或偏安，或覆亡。肃宗回马与杨妃之死，皆玄宗所首肯（虽迫不得已），此玄宗所以不失为“圣明”之处，与陈后主挟宠妃景阳宫井内，一并作了隋兵的俘虏不可同日而语。而今流行本“玄宗回马杨妃死，云雨难忘日月新”，乃受《长恨歌》影响，有些费解。玄宗贵妃恩爱难忘与唐室复兴没有什么内在联系，重要的是玄宗逃难而回，念念不忘的仍是爱妃，仍是一个多情的昏君，如何“日月新”？

[原载 1993 年 5 月 19 日《长沙晚报》]

商业楹联趣话

“城临湘水连两广，北去长江系五湖”。这是望城区高塘岭街道城北市场的一副楹联。它联想丰富，气势恢宏，完美地概括了商业流通的特点。更为巧妙的是将“城北”二字分别镶嵌于上下两联的句首，使楹联意中有意，耐人寻味。

现在的个体商业网点一般都注意把门面装饰得豪华富丽，招牌名也响亮，而且多请当地的翰墨高手书写。如果根据自己的行业特点，创作耐人寻味的楹联，便可起到广告的作用，获得一种装潢美化的效果。如望城区一家个体钟表店的楹联:“走时以准获信誉，修旧如新夺天工。”让人过目难忘。

[原载1993年10月31日《个体之声报》]

文言文的“四则运算”

文言文在表数方法上与现代汉语相比，有较大差异。古人在运用数词表数时，甚至还要进行“四则运算”。

一、文言文中的“加法”

这种表数方法，在表示和数的两数之间，常加“有”(通“又”)。如:

①割地而朝者三十有六国。(《五蠹》)

②虫跃去尺有咫。(《促织》)

“三十有六”即为“三十六”,“尺有咫”即为“一尺八寸”。

二、文言文中的“减法”

这种表数方法，在表示差数的两数之间，常用“无”“不”等字。如:

①今其室十无四五焉。(《捕蛇者说》)

②染此者十不一二。(《狱中杂记》)

“十无四五焉”意为“十家中剩下不足四五家了”，换句话说，已减少了五、六家。“十不一二”意为“十个人当中没有一两个”，指得瘟疫病的很少。

三、文言文中的“乘法”

这种表数方法是小数在前，大数在后。如:

①三五之夜，明月半墙。(《项脊轩志》)

②年约二八，姿容美丽，雅淡梳妆。(《灌园叟晚逢仙女》)

“三五”是“阴历十五”,“二八”是“十六岁”。

四、文言文中的“除法”

这种表数方法是大数在前（一般为十、百、千、万等数字），小数在后。如：

①藉第令毋斩，而戍死者固十六七。(《陈涉世家》)

②盖予之所至，比好游者尚不能十一。(《游褒禅山记》)

“十六七”解释为“十分之六七”,“十一”则解释为“十分之一”。

另外，文言文中表约数的时候，也常常将两个数词连用，如“于乱石间择其一二扣之”。(《石钟山记》）这里的“一二”便不能用四则运算了，因为是指挑“一两块”石头的意思。

如何区分表示约数和四则运算的关系，这要根据具体的语言环境来区别。如：

①著我绣夹裙，事事四五通。(《孔雀东南飞》)

②三五明月满，四五蟾兔缺。(《古诗十九首》)

两例均有“四五”两数。例①表约数，检查“四五遍”的意思；例②则表倍数,“四五”即阴历二十，因为“蟾兔”（月亮的代称）已“缺”。

[原载 1993 年 11 月 9 日《中学语文报》]

宋张元《咏雪》诗的改动

毛泽东《念奴娇·昆仑》中的“飞起玉龙三百万”，借用了宋人张元《咏雪》里的句子，毛泽东在句下注云:“前人所谓‘战罢玉龙三百万，败鳞残甲满天飞’，说的是飞雪。这里借用一句，说的是雪山。”

这首《咏雪》诗最初在宋人吴曾的《能改斋漫录》里是这个样子:“五丁仗剑诀云霓，直取银河下帝畿。战死玉龙三十万，败鳞风卷满天飞。”到了同是宋人胡仔的《苕溪渔隐丛话》中，后两句便成了“战退玉龙三百万，败鳞残甲满空飞。”短短两句诗，变动了四个地方。除“满天”值得商榷外，其他改动都增加了诗句的完美性。尤其是“三十”改为“三百”，大大开拓了原诗的艺术境界。到了南宋魏庆云的《诗人玉屑》中，这两句诗又成了“战退玉龙三百万，败鳞残甲满天飞。”将“满空”恢复成“满天”,“天”字音节响亮，意境高远。这两句诗的定型，则是在清人袁枚的《随园诗话》中，定为“战罢玉龙三百万，败鳞残甲满天飞。”“战退”改为“战罢”，说明天上的神兵与三百万玉龙展开过一次大规模的鏖战，神兵终于取得了决定性胜利，打得玉龙遍体鳞伤，败鳞残甲满天飞舞，飘落到人间，成了纷纷扬扬的大雪。这两句诗，气势磅礴，形象鲜明，词句优美，在诗歌艺术上达到了很高的境界。

[原载 1993 年 12 月 30 日《长沙晚报》]

韶山楹联品趣

韶山冲，是毛泽东主席的故乡，这里地灵人杰、风景优美。约七十年前，毛泽东曾写过一副对联：

春风南岸留晖远；

秋雨韶山洒泪多。

这是毛泽东在 1919 年他母亲逝世时写的挽联。春风、秋雨、南岸……表达了毛泽东对故乡的赞美和对母亲的怀念。联中“南岸”，指的是毛泽东少年时读书的私塾，与他的故居上屋场相距不到一百米。

近年来，韶山新建了许多游览点，游人日增，络绎不绝。在楠竹托附近一个高冈上，建有一座六角亭，名曰“眺峰亭”。站在亭内，远眺韶峰，近瞰南岸，无限风光，尽收眼底。亭内四根石柱上悬挂有木刻对联两副。其一云：

眺望韶峰，云天青山琢屏幕；

俯瞰南岸，苍松碧水映故居。

其二云：

绕岫岚光，笔削三山堪雄伟；

回环玉带，关镇风物耐人思。

此两联极写韶蜂的峻峭和韶山冲风光的优美。青山云天，碧水苍松，岚光绕岫，玉带回环，韶峰、故居、南岸，相映生辉，好一幅绚丽多姿的图画。写来情景交融，颇富诗意。

从上屋场往西走约4公里处，有新辟旅游风景区滴水洞，1966年6月毛泽东回乡时在这里住过11天。

走进“滴水洞天”的山门，有一“洞亭”，亭上悬有两联，其一云：

滴水腾升灵秀地；

洞天涌出蕊珠香。

其二云：

虎啸风声远；

龙腾海浪高。

相传滴水洞古时为虎踞龙盘之地。两边高岭耸峙，苍松叠翠，左曰龙头山，右曰虎歇坪。《毛氏族谱》诗云：“一钩流水一拳山，虎踞龙盘在此间。灵秀聚钟人莫识，石桥如锁几重天。”

[原载1994年4月29日《中学语文报》]

《水浒》中的广告

近日重读《水浒》，发现小说中有些“广告”做得十分漂亮。今举两例以见一斑。

一是杨志卖刀。当时市价是一把刀30文，杨志的宝刀却要3000贯。他的“口头广告”是：此刀削铁如泥，吹毛即断，杀人无血……

另一例是阳谷县景阳冈的酒店，门前挂着一面招旗，上书“三碗不过冈”，

“店里卖的好酒叫‘透瓶香’‘出门倒’”。

这两则广告既无过分夸大之词，又很有艺术性。杨志卖刀，当场以毛发试验，果然是真。景阳冈酒店，即使是武松那样的海量，喝了下去，也醉意熏熏，走得不远，酒力便发作起来。“三碗不过冈”这广告语言，说明卖的确是好酒，又含有不可多饮之意，一语双关。

[原载 1994 年 8 月 29 日《长沙晚报》]

地名中的避讳与假借

据清同治《长沙县志》记载，三国时，铜官（今属望城区）处吴、蜀分界处，两国曾有过边境冲突，后吴将程普与蜀将关羽重修旧好，定约互不侵犯，并共铸铜棺为誓，故名“铜棺”。后人因忌讳“棺”字，便去“木”旁，改作“官”，沿用至今。另据《水经注》记载，今铜官镇的誓港街，乃因唐初名将李靖率师西渡湘水平梁王肖铣，在此发誓而得名。后因“誓”字难写，便借“市”代之，故今常写作“市港”。

[原载 1994 年 9 月 21 日《长沙晚报》]

古代学校的放假制度

我国古代自汉武帝创立官方正规的太学起，便有了太学生的休假规定，不过当时的规定还不甚严格。

一直到隋唐，才确立国子学（即太学，又称国子监）学生的放假制度。它主要分三类：第一类是常假，以 10 天为一旬，学生放假 1 天。当时国子学设在京都，学生们大都住校，所以放这种常假时，外地的学生一般不回家。另一种假在暑夏伊始，正是田里麦子成熟之际，叫作“田假”。第三种称为“授衣假”，是在天气转凉，需要添加衣衫时放的假。“田假”和“授衣假”都放 1 个月左右，但校方有严格规定，逾期返校者开除学籍。

[原载 1995 年 7 月 7 日《长沙晚报》]

骑马字造句

修长：村民们把这条路修长了。

好胜：这场战争打得很好胜利了。

果然：我想先吃水果然后吃饼干。

[原载 1996 年 2 月 27 日《三湘都市报》]

何谓“二百五”？

何谓“二百五”？《汉语新成语词典》（陕西人民出版社 1986 年版）上是这样解释的“常指傻头傻脑，不很懂事，而又倔强莽撞的人。”

据《史记·苏秦列传》记载，战国末期，因主张合纵而身挂六国相印的苏秦被人暗杀，他在将死的时候告诉齐王：假如我死了，可将我车裂后在刑场上向人们宣告说，苏秦替燕国作间谍，到齐国来谋乱，谁杀了便是为国除害，立了大功。自报者赏黄金千两。这样一来，凶手必定可以捉到。

苏秦死后，齐王照着他的话去做，真的有人找上门来了。有一天，四条汉子一同进京，向齐王报告说，苏秦是他们四人杀的。齐王询问后，赞扬他们是勇士，又问:“一千两黄金四人分，每人得多少?”四人皆答:“二百五。”齐王拍案大怒:“来人！把这些‘二百五’推出去斩了！”

于是，后来的人便把“二百五”同头脑不清醒的人联系起来，在人际交往中忌用这句话。

[原载 1996 年 5 月 14 日《个体之声报》]

尤二姐的槟榔

“槟榔扶留，可以忘忧。”在《酉阳杂俎》里是这么说的。但那位“花为肠肚，雪作肌肤，温和怜下”的尤二姐绣荷包里“从来不给人吃”的槟榔撂给了浪荡子贾链后，却从此走上了绝路。这是《红楼梦》中的一个细节。

曹雪芹描写九龙珮与槟榔荷包的交换来定情是有根据的。李时珍说过:“宾与郎皆贵客之称……凡贵胜族客，必先呈此果，名盖取乎此。”至今海南省的黎族人仍以它作为爱情和友谊的象征。如果小伙子爱上了一位姑娘，就先向姑娘家送去槟榔表示求婚。如女方收下，就说明接受了这门亲事。而贾琏的无耻行径则是亵渎了这敦厚朴实、充满温馨情意的民间风俗。

槟榔属棕榈科，果中含椰碱和鞣酸。水手盛赞其为“腹宝”——吃到肚里可壮胃健脾，下气行水；吃了脏水，它可以帮你呕吐出来，清垢去污；它还可以预防痢疾、腹塞等症。那些天天金樽清酒、玉盘珍馐、奢华无度、食不厌精的大观园里的小姐少爷们，也许正因为吃得太多太好，才嗜食槟榔这种不鲜不甜的辛辣物，以起消食作用吧。

[原载 1996 年 5 月 26 日《三湘都市报》]

廉洁诗话

神州自古重廉洁，廉政攸关千秋业。在反腐倡廉的呼声日益高涨的今天，了解一下我国历史上的一些清白正直的人和诗，对我们不无裨益。

汉代“四知太守”杨震，有人夜送黄金给他，说:“夜黑无人知道。”杨震义正词严反驳道:“天知、地知、你知、我知，何谓无知！”令来人将金带回。清代薛喧写诗赞曰:“人间无处不天公，却笑黄金馈夜中。千载四知台下过，马头犹自起清风。”

唐代诗人白居易任杭州刺史时，为官清正，政绩显赫。告老还乡后，他记起有次出游天竺山带回了两片石头，深感不安，于是自我“检讨”:“三年为刺史，饮冰复食蘖。唯向天竺山，取得两片石。此抵有千金，分明伤清白。”

明朝信阳州守胡守安卸职时，薄服轻装，途经城隍庙，感慨赋诗明告:“一官来此几经春，不愧苍天不负民。神道有灵应信我，去时犹似到时贫。”

明永乐年间，吴纳巡按贵州，返京时地方官员赠送黄金百两，吴纳在礼盒上题诗回绝:“萧萧行李向东还，要过前途最险滩。若有赃私并土物，任教沉在碧波间。”

明代主考官李汰受命到福建主持科举考试，有人试图以黄金买个“金榜题名”。李汰勃然大怒，回敬一诗:“义利源头识颇真，黄金难买腐儒心。莫言暮夜无知者，怕塞乾坤有鬼神。”

明朝著名政治家于谦的反行贿受贿的《入京》诗，一直为人们所称道。诗曰:“绢帕蘑菇与线香，本资民用反为殃。清风两袖朝天去，免得闾阎话短长。”

［原载《长沙党风政纪》1996 年第 7 期］

名人名片　各领风骚

文化人尤其是文化名人的名片设计，往往匠心独运，不落窠臼。

剧作家沙叶新的名片是:“我，沙叶新。上海人民艺术剧院院长——暂时的；剧作家——长久的；某某理事、某某教授、某某顾问、某某副主席——都是挂名的。”充分体现了作家的机智与幽默的个性。

青年歌唱演员杭天琪的名片上，英文字母 TQ（即“天琪”的汉语拼音缩写）经艺术变形化成五线谱中的音符，使人一见名片便仿佛听到她美妙的歌声。

棋圣聂卫平的名片，上部是漫画肖像，中部是钢笔的签字，下部是围棋谱局。看名片如见其人。

［原载 1996 年 7 月 26 日《长沙晚报》］

“尾”与“头”

清康熙初年，陈州知府馈送给河南巡抚张自用一些当地名产鲫鱼，呈帖上写有“鲜鲫百头”之语。张巡抚大为惊异，自忖:“鱼从来称‘尾’，何以称‘头’？”继而想，这个陈州知府乃进士出身，颇有学识，说不定别有缘故，便召中军释疑。中军称属下有役吏名白谦，读书甚多，或能解释，于是传白谦。白说:“我曾读《诗经》，记得有《在藻》之篇，其首章云:‘鱼在在藻，有莘其尾。’所以鱼可称‘尾’，亦可称‘头’；而称‘头’者，有下属对上级尊敬之意。”张大喜，提拔白谦为掌书记，遇事咨询。

［原载 1997 年 11 月 11 日《长沙晚报》］

古代蚊帐与蚊香

古代防蚊之具主要是帐幔。据《金楼子》载，春秋时期齐桓公的翠纱帐子使饥蚊营营不得入。《释名》曰:“帐，张也，施于床上也。”由于防蚊的用途，晋以后，床帐出现了蚊帱、蚊橱、蚊幌、蚊帐等称呼。

在统治阶层，蚊帐多用锦、罗、纱、绮、缣等丝织品制作，以兼顾透风。帐子还分等级。如晋代规定，锦帐为宫禁中独用。至于平民百姓则多用葛布等帐子，且一般百姓还常无力置备。

蚊香是又一种防蚊武器。东方朔曾有蚊虫“嗜肉恶烟”之语，说明汉代已认识到烟能驱蚊，但那时还没有专门驱蚊的蚊香。南宋周密《武林旧事》卷六列举了杭州店坊中的货品，其中有“蚊烟”一目。这里的“蚊烟”显系蚊香的一种古称。后明《香乘》引《闲窗搜异》说：海盐人倪生,“一夜熏蚊虫，移火入印香内，傍及诸物，遍室烟迷而不能出，人屋俱为灰烬。”所谓印香就是用数种香料或药料配制模压而成的烟香。不难看出，当时的这种熏蚊印香其形制已与现代无大区别了。

[原载 1998 年 7 月 12 日《长沙晚报》]

“千字鞭”还是“千支鞭”

2010 年 2 月 13 日的《文汇报》“笔会”副刊摘编了汪涵《有味》（广西师范大学出版社 2010 年 1 月版）一书中的《传统文化中的老物件——糍粑（一)》一文，文中有一处明显的错误逃过了不少编辑的法眼:“至于鞭炮呢，我希望是一挂千字鞭。”

湖南盛产烟花、鞭炮，以浏阳、醴陵的最为有名。所有鞭炮的包装上，都标明了 100 响、500 响、1000 响或 10000 响等具体的响数，但我们湖南人的口语不叫响，而叫“支”，故有千支鞭、万支鞭等叫法。由于我们湘方言不分卷舌音和翘舌音，所以“zhī”“zī”是同一种读音，民众把“支”字读为“zī”，连声调也与“字”字相同。

《辞源》缩印本“支”字条第⑧个义项说:“管状物或分支事物的计量单位。如：一支笔；一支军队；四十多支纱。”而“字”字条却根本没有与量词沾边的解释。可见，汪涵所写“千字鞭”应是“千支鞭”之误。

“悲催”是新的合成词吗？

孟德腾先生把“悲催”看成“一个新的合成词”（见《语文学习》2012 年第 1 期 64 页《有一种情感叫“悲催”》）是缺乏考究的。

“悲催”亦写作“悲摧”，早在汉乐府民歌《孔雀东南飞》中就已经出现:“兰芝惭阿母:‘儿实无罪过。’阿母大悲摧。”《辞源》释“悲摧”为“哀伤”，朱东润主编《中国历代文学作品选》释“悲摧”为“悲伤”，人教版《语文》必修 2 教材则释“悲摧”为“悲痛。摧，伤心，断肠。”“摧”在古汉语中有悲伤之意，《孔雀东南飞》中还有“摧藏马悲哀”的诗句。可见，“悲催（摧）”不是新的合成词，而是一个通过网络蹿红的“旧词”。

语文杂组

儿子

人物：阳阳——初一男生

爸爸——阳阳的爸爸

时间：重阳节——农历九月初九“老人节”那天。

地点：阳阳家门前。

［幕启：阳阳扫完楼梯后，又往左侧扫去。］

［阳阳的爸爸从右侧上，跑步上楼梯。阳阳扭头发现后，悄悄地跟在后边。阳阳的爸爸拿出钥匙欲开门。］

阳 阳 （用笤帚作枪，喊）不许动！

爸 爸 嘿！阳阳。（绕阳阳转一圈儿）行啊！楼梯扫得挺干净。

阳 阳 那当然，拿钱吧！

爸 爸 拿钱？

阳 阳 白扫哇？人民币壹元。

爸 爸 好、好、好。爸爸给……（掏钱包）哎，阳阳，爸爸管了你十二年大米饭，扫回楼梯还跟爸爸要壹元钱。

阳 阳 壹元不多，兵兵拖一次地板，他妈就给伍元，扫一次楼梯，他爸爸还给拾元呢。知道不？这叫“有价劳动”。

爸 爸 我打你个有价劳动，我们家不兴这一词。（收起钱包，欲进屋）

阳 阳 不给钱，别进屋！

爸 爸 听话，阳阳。小孩不带钱，缺什么，爸爸给你买。

阳 阳 我什么也不缺。

爸 爸 可不是吗？吃的、穿的、玩的、戴的，你缺什么？一听说你要上学，你爷爷、你奶奶、你爸爸加你妈，一人给你买个大书包。我上学那时候尽捡你大爷的旧书包……你说什么不是给你准备现成的。

阳 阳 那我也要钱。

爸 爸 你……你要钱干什么？

阳 阳 我攒着。

爸 爸 你攒着？我和你妈早给你攒下了。从生你那天起，爸爸就把烟酒全戒了，每个月给你存五十块钱，到这个月三十号，正好一百五十个月了啊！阳阳，到你……到你长大那时候，墙壁纸、大吊灯、彩电、冰箱、功放……对了，另外爸爸再给你买台大摩托。

阳 阳 我不要摩托，就要壹块钱。

爸 爸 你小子今儿个犯什么疯？牵着不走，打着倒退了，起来！（拽开阳阳）

阳 阳 （倔强地又站到门前）我就要壹元钱，我就要壹元钱。

爸 爸 我就不信，我还"领导"不了你呢？你别跑，你……（欲打阳阳）

阳 阳 （见爸爸要打，主动蹶起小屁股）屁股打痛了，今天也不哭。

爸 爸 好哇！刚上学两天半就跟我来这套，还是"附中人"呢。老师是怎么教的？说！要钱干什么？

［阳阳赌气不回答。］

爸 爸 借同学钱了？

［阳阳生气地扭一扭头。］

爸 爸 买变形金刚？

［阳阳把头又一扭。］

爸 爸 知道了，打电子游戏机。

阳 阳 影响学习，老师不让！

爸 爸 （一把拽起阳阳，不耐烦地）痛快说！今天不说明白，别说我收拾你。要是讲清楚，别说壹块，拾块爸爸都给。

阳 阳 真的？

爸 爸 我什么时候撒过谎？

阳 阳 反正你要骗我，我就不是你儿子。

爸 爸 怎么净这么说话，听着多别扭。这话应该这么说：我要骗你，我是你儿子。

阳 阳 爸爸，你可别这么说。

爸 爸 （一想确实不对劲儿）嗨！行了，说吧，要钱到底干什么？

阳 阳 买饺子。

爸 爸 买……饺子？（笑）你小子净跟我要猴，三鲜馅的你都不爱吃……再说了，壹块钱能买几个？人家会卖给你吗？

阳 阳 我将你给我买雪糕、喝汽水的钱，都攒一块儿了，两块四就能买半斤。

爸 爸 馋饺子了，好说。吃什么馅的？爸爸现在就给你买？

阳 阳 什么馅的我都不吃。

爸 爸 不吃买它干什么？钱发霉了怎么的？

阳 阳 我……我……哎呀，爸爸，你就别问啦！

爸 爸 还“你就别问啦”，我不问谁问？

阳 阳 （无奈地）买饺子给爷爷送去。

爸 爸 （压着火，正色地）阳阳，你知道不知道，爸爸最恨什么样的人？

阳 阳 最恨撒谎的人。

爸 爸 你知道就好。（发火地）蹶起来！（按住阳阳撅起的屁股，“啪啪”就是两巴掌）你这谎撒得也没边儿了……

阳 阳 （不哭，直起身，分辩）我没撒谎，撒谎的孩子让狼吃了。

爸 爸 煮熟的鸭子——我叫你还嘴硬！给你爷爷送去？你爷爷用你送饺子？他一个人一个月劳保工资就四百多，什么样的饺子他吃不起？“老边饺子馆”还少去了吗？

阳 阳 爷爷现在老了，他都七十三了，走不了那么远了。

爸 爸 他不会包吗？

阳 阳 爷爷不会包饺子……

[音乐轻起。]

阳 阳 奶奶去世都三年了，爷爷他自己一次饺子也没吃过……爷爷最爱吃饺子啦。爷爷楼下的陈奶奶说，一次陈奶奶家吃素馅饺子，爷爷把陈奶奶家剩下的二十多个饺子都给吃光了……老师说要像爷爷奶奶关心我们那样去关心老人，爸爸以后你也要关心点儿我爷爷。

爸 爸 我怎么不关心了，哪个月不领你去两趟？

阳 阳 还去两趟哪，一进门儿你就问："爸，有事没？"爷爷一摆手："没事儿，回去吧！"咱俩就回来了，都没有你给我妈打酱油的时间长。连陈奶奶都说："你爷爷能有什么事儿，看病报销，吃饭有劳保，等爷爷要是有事儿，那就离哭不远了。"爸爸，我总记住那句话：怎么说爷爷要是有事儿，就离哭不远了呢？

爸 爸 （受震动地）嗯……

阳 阳 （追问地）啊，爸爸？

爸 爸 （嘴上硬地）别问啦……

阳 阳 爸爸，老师说，我们过"六一"儿童节，老人过"九九"重阳节。今天就是重阳节，我想现在就给爷爷送饺子去。真的，爸爸，我没撒谎，不信你看我的眼睛。你就给我壹块钱吧！我一定跟爷爷说，这是我们父子俩买的还不行吗？（声泪俱下）

爸 爸 （异常激动，紧紧地抱住阳阳）儿子！……你是爸爸的好儿子，爸爸不是你爷爷的好儿子……

[音乐大作。]

——剧终

[该剧荣获 1997 年长沙市德育短剧一等奖。 与莫晖合写]

糖葫芦

时　间：当代。

地　点：街头。

人　物：两个小青年；卖糖葫芦的小贩；两个中年妇女；一个十二三岁的女中学生。

［幕启：节奏鲜明的现代音乐贯穿小品的始终。台上竖一公交车站牌。］

［小贩叫卖声:“哎——冰糖葫芦！”］

［两个小青年上。把丢弃在路旁的一个大玻璃罐当足球盘带着。］

青年甲　哎，真没劲，连小小的卡塔尔都打不过，中国队真臭。

青年乙　还冲出亚洲，走向世界呢。等下一个世纪吧。

［乙一脚大了劲，玻璃罐碰到路边麻石，裂成粉碎。］

青年甲　糟糕。

青年乙　哎呀，算什么？走吧，别管它。

［两人下。］

［卖糖葫芦的小贩骑自行车上，车把上插着几串特大的糖葫芦。后轮轧上碎玻璃,“扑哧”，全瘪了。他停车，下车。］

小　贩　他娘的，真缺德！（脚一扫）

小　贩　大家都沾点光吧！

［开始叫卖，这叫卖声有一种特殊的节奏和音色，只见他嘴动，并无台词，叫卖声与音乐融为一体。离他不远处，有一个垃圾箱。］

小　贩　冰糖葫芦！

［俩位穿着入时的中年妇女谈笑上。一个正吃着香蕉。］

妇女甲　（操上海口音）咦，你看，那糖葫芦好大一串。

妇女乙 （扔掉手中的香蕉皮，向小贩走去）糖葫芦多少钱一串？

小　贩 一块。

妇女乙 来两串。

小　贩 好嘞。

[女孩背着书包上。她刚刚下学。这女孩一身现代打扮，色彩鲜艳，朝气蓬勃，那一副眼镜加重了她的学生气。她走着，身体下意识地随着音乐扭动。不好！香蕉皮使她差一点滑倒。她站稳，向前迈了两步，又返回去看了看香蕉皮，捡起来，向香蕉皮发泄起脾气，而后将它扔进垃圾箱。她掏出手帕，擦擦手，继续走路。看见玻璃屑，用脚拢一拢，掏出张报纸包好扔进垃圾箱。]

[这时，妇女已将两串糖葫芦拿到手中，离开了小贩，刚要往嘴里送，突然尖叫一声。这叫声把女孩吓了一跳。]

小　贩 （一愣）干什么？

妇女甲 里面有小虫子耶，好恶心！

小　贩 不可能。我看看。（接过糖葫芦，背身在冰糖葫芦上摘掉了什么）给！（还给妇女）

妇女乙 换一串！

小　贩 不能换！

妇女甲 这不符合食品卫生法。

小　贩 这符合咱卖糖葫芦的卫生法。

妇女乙 你缺德！

小　贩 不缺德！

妇女甲 缺德！

小　贩 不缺德！

妇女乙 缺德！缺德！……要换！（啪的一下扔掉了糖葫芦）

小　贩 好。这可是你甩的，要买再掏一块。

妇女乙 哼……（掏出一块钱）

小　贩 （接过钱）请。

[妇女甲、乙挑选糖葫芦。]

［女孩看了看他们，下。］

［妇女甲、乙挑选了一串糖葫芦，更加仔细地审视着。终于满意了。两人抬起头，发现前面一个什么人，兴高采烈地跑下。］

［小贩向妇女的背影诅咒一声，绕过自行车，捡起那串被扔掉的糖葫芦，把它重新组装好，用袖子擦了擦上面的土，没擦净，又吐了几口唾沫，再擦，这下可擦净了。他把它插在车把的最高处，又叫卖起来。］

［女孩回来了。音乐停。］

女　孩　叔叔，糖葫芦多少钱一串？

小　贩　一块钱一串。

女　孩　（看看手上的钱）我只有七毛钱……

小　贩　七毛钱？吃汤包去吧。

女　孩　……叔叔，我欠你三毛，明天上学还给……

小　贩　我豁出去了，卖给你！挑，要哪一串？

女　孩　（指指最高的一串）这串。

小　贩　好！好眼力！就数这串最大。得，那三毛钱我也不要了，你是师大附中的学生吧，算我们交个朋友。

女　孩　（一笑）……

［音乐再起。小贩得意地笑望着女孩。他发现女孩拿着那串糖葫芦走向垃圾箱，把它扔了进去，小贩笑容顿失。］

［女孩踏着音乐节拍，跳着、扭着，经过小贩面前，走远了……］

［小贩莫明其妙，半晌，他跑向垃圾箱，将手伸进去，拿出那串糖葫芦，欲再插上……可是，他的手又缩回来，急速地摇着自己稀里糊涂的脑袋。］

［怪诞的音乐像是在问:“这是咋回事？咋回事？”像背后有人盯着，小贩悄悄转身，又将那串糖葫芦扔进了垃圾箱。他赶紧糊里糊涂地推起车子，差点把车子推向了观众席……］

［女孩复上。］

女　孩　叔叔，你往哪儿推？

小　贩　（茫然地）噢……（向后退着）

女　孩　叔叔，再见！

小　贩　再见……噢，不，谢谢你，小姑娘！（推着车子，叫卖着，急下）

……

——剧终

［该剧荣获1997年长沙市德育短剧一等奖。　与莫晖合写］

“叠床架屋”三例

语言表达应尽量减少“冗余信息”。但在实际操作中，人们往往因过分强调某一信息而产生“叠床架屋”的语病。请看以下三例：

①近年来的调查还发现，在吸毒人员中多数都有传染病，尤其乙肝比较甚众。（《大众卫生报》1998年12月30日第5版《乙肝大国噩梦何时醒》）

②用隐私当成一道可口的菜卖，来赚取名利双收，不愧是一条绝妙的途径！（同上第3版《名人隐私何以成了一道菜？》）

③请在汇款单附言栏内务必注明邮购“高中版1998年合订本”字样。（《作文评点报》高中版1999年第1期第2版广告）

例①的“尤其比较甚众”令人费解。“尤其”“比较”“甚”三者均为副词，且程度不一，放在一起既自相矛盾，又床上安床。而且,“众”也不宜用“比较”修饰。此处宜改为“尤以乙肝居多”。

例②中“名利”的前后分别使用了“赚取”和“双收”两个词语。作者既想说“赚取名利”，又想说“名利双收”，结果杂糅在一起，让“名利”左右为难。此外，句中的“用”也应按人们的表达习惯改为“把”或“将”。

例③中的“请”是使令性动词,“务必”是副词，表示“必须，一定要”的意思，二者留一足矣。

［原载《语文知识》2000年第3期］

生存，不可忽略必需的醒豁点

一

点击：在很多人的眼里，“逼”字不是一个好字眼儿。但不少人的成功却是实实在在被“逼”出来的。不信，请看——

逼你成功

刘墉

你看过传统诗社的“击鼓催诗”吗？一群诗人聚会，有人出题：几言诗，什么韵，咏什么题材。

题目才喊出来，就开始击鼓，起初慢慢的一声一声击，愈击愈快，直至鼓声连成了一气。只见一个个平常潇洒风流的诗人，急得抓耳挠腮，满脸通红，一个月也写不出来的诗句，鼓声中居然一跃而出，这不是逼的吗?

再想想，王勃的《滕王阁序》是怎么写成的?

当时骚客群集，各逞文才，王勃写一句，仆人通报给主人一句。后来，《滕王阁序》成为中国文学史上的不朽之作。

王勃那天若是不去，去了若是没有人逼他写，你今天能知道谁是王勃吗?

上班的人，星期一早上不想去，还得去，因为生活所逼。

念书的学生，每天放学不想做功课，还得做，因为师长逼。

一个在家从来不入厨房的人，留学在外，居然烧得一手好菜，因为环境逼。

一个登山者，跳过一条他平常绝不敢跳的深沟，因为有只野兽逼。

所幸世界上有“逼”这件事，我们才能超越自己，完成超出自己能力的事。于是，你该了解《孟子》那段话的道理了——

“天将降大任于斯人也，必先苦其心志，劳其筋骨，饿其体肤，空乏其身行，拂乱其所为，所以动心忍性，增益其所不能。”

这段话说的不就是4个字吗——

逼你成功。

品评：其实，“逼你成功”的例子俯拾即是：“盖西伯拘，而演《周易》；仲尼厄，而作《春秋》；屈原放逐，乃赋《离骚》；左丘失明，厥有《国语》；孙子膑脚，《兵法》修列；不韦迁蜀，世传《吕览》；韩非囚秦，《说难》《孤愤》；《诗》三百篇，大抵圣贤发愤之所为作也。”（司马迁《报任安书》）所有这些，不都是典型的事例么？

常言道：“用进废退”，当外部有压力逼你“用”的时候，你的学识、才干等将会有莫大的长进。因此，你应该虔诚地感谢外力对你的“逼”。

二

点击：是谁创造了奇迹？人们一般会认为这个问题的答案应该是某某人。但看了下文以后，你应该会有新的思考结果。

两个人的奇迹

雪潇

一个人很少能创造出奇迹。

《庄子》里有一个故事，说一个泥水匠不小心鼻尖上落了薄如蝉翼的一星点石灰，于是他请来了一个木匠朋友帮忙解决。木匠将自己的平镢抡圆了，“听而凿之”。楚庄王不明就里，以为只是木匠一个人的厉害，就让木匠也来为他去掉鼻尖上的一点石灰。木匠连连摆手，说不敢不敢，说我虽然还是那个木匠，可您却不是那个泥水匠啊！

奇迹是两个人创造的啊！

世人皆知扔飞刀人的厉害，却不知那个站在木板前睁着眼睛看着刀子飞来的人更厉害。他们两个人，任何一个心一慌身一软，奇迹就会马上离他们而去，一去且不回头。

伯乐和千里马，梁山伯与祝英台，钟子期和俞伯牙，甚至刘备和诸葛亮，他们给人类的历史留下了不可磨灭的佳话。然而他们中的任何一个，都不可觉得自己就是奇迹。不，他们是相映增辉，是相互依存。往高处说，他们如天上的日月，缺一不可；往低处说，他们就像我们脚下的鞋子，一亡俱亡，一荣俱荣。

奇迹其实也不神秘，白头偕老是一种奇迹，父慈子孝也是一种奇迹，一生为一个人写作，或者一生为一个人倾听，这都是我们平凡生活中不平凡的奇迹，都是我们一个人无法创造的奇迹。

伸出你的手，伸出我的手，让我们的双手，紧紧地握在一起，握出人间的一个奇迹。

（摘自《辽宁青年》2001 年第 17 期）

品评：奇迹有时确实是两个人创造的，如果没有恩格斯的帮助，马克思不可能那么顺利地写出巨著《资本论》。奇迹有时甚至是多个人创造的，运动员摘金夺银，离不开教练和陪练，影视明星一举成名，离不开编剧和导演等……

别把自己看得过于伟大，你才会越来越伟大！

三

点击：当今社会，人心不古，物欲横流，不少人因为不能守住做人的底线而身败名裂。那么，怎样才能为自己的心灵筑成一道坚固的防线呢？

守住底线

张峰

有一个走私犯，由于警方追捕太紧，他请求教堂里的老牧师答应他将走私货物藏在教堂的阁楼里。那位虔诚的牧师当然立即拒绝了他的要求。

“我给你一笔钱，以报答你的善行，你看 20 万怎么样？”走私犯苦苦哀求。

老牧师坚定地说：“不！”

“那么 50 万呢？”走私犯忍痛加码。

老牧师依旧拒绝。

“100 万好吗？”走私犯仍不死心地问。

老牧师突然大发雷霆，用力把那人推到门外去：“你快给我滚出去，你开的价钱，已经快接近我心里的数目了。”

这个牧师拒贿的故事给我们的启迪是深长的。牧师尽管离上帝最近，可他毕竟不是圣人。他的心里，也有“贪”的念头！只不过他给自己的道德定的价码比常人要高而已！这位牧师又是可敬的。当他眼见走私犯出的价码逼近了他自定的道德价码时，他果断地掐灭了贪欲，在巨大的诱惑面前说出了“不”。他最终守住了自己做人的底线。

人非圣贤，很难一辈子清心寡欲。然而，人的高尚和可贵就在于他要坚守自己做人的底线。没有一丝邪念，那可能是神，不是人；守不住底线，就不是人，而可能是禽兽、魔鬼。朋友，当你面对足以让你意动神摇的诱惑时，学学这位牧师，果断地对诱惑说:“不。”

（摘自《三湘都市报》01/12/03）

品评：人人都有七情六欲，谁不想获得金钱、地位和名誉？但人之所以为人，最可贵之处就在于能控制住自我，守住自己的底线。

四

点击：千靠万靠，不如靠自己。自力更生，发奋图强，其乐其绩皆无穷。请看——

真实的高度

蒋光宇

一天，大仲马得知他的儿子小仲马寄出的稿子总是碰壁，便对小仲马说:“如果你能在寄稿时，随稿给编辑先生附上一封短信，或者只是一句话，说‘我是大仲马的儿子’，或许情况就会好多了。”

小仲马固执地说:“不，我不想坐在你的肩头上摘苹果，那样摘来的苹果没有味道。”年轻的小仲马不但拒绝以父亲的盛名做自己事业的敲门砖，而且不露声色地给自己取了十几个其他姓氏的笔名，以避免那些编辑先生们把他和大名鼎鼎的父亲联系起来。

面对那些冷酷而无情的一张张退稿笺，小仲马没有沮丧，仍在不露声色地坚持创作自己的作品。他的长篇小说《茶花女》寄出后，终于以其绝妙的构思和精彩的文笔震撼了一位资深编辑。这位知名编辑曾和大仲马有着多年的书信来往。他看到寄稿人的地址同大作家大仲马的丝毫不差，怀疑是大仲马另取的笔名。但作品的风格却和大仲马的迥然不同。带着这种兴奋和疑问，他迫不及待地乘车造访大仲马家。

令他大吃一惊的是，《茶花女》这部伟大的作品，作者竟是大仲马名不见经传的年轻儿子小仲马。“您为何不在稿子上署上您的真实姓名呢？”老编辑疑惑地问小仲马。小仲马说：“我只想拥有真实的高度。”

老编辑对小仲马的做法赞叹不已。

《茶花女》出版后，法国文坛书评家一致认为这部作品的价值大大超越了大仲马的代表作《基督山伯爵》。小仲马一时声名鹊起。

小仲马靠自己的力量登上了文坛高峰。

（摘自《做人与处世》）

品评：中国有句老话：前30年看父敬子，后30年看子敬父。但无论谁借谁的光，恐怕最长期限也不会超过30年。唯有靠自己的本事，才可能赢得长久的尊重。

五

点击：金无足赤，人无完人。想要样样冒尖是很难的，但如果要在当今社会有立足之地，人们总得有一样是冒尖的。

你必须有一样冒尖的

林夕

一位朋友在美国移民局申请绿卡时，曾经遇到过一位中年妇女，从她被晒成古铜色的皮肤，可以断定是一位户外工作者。出于好奇，他上前和她搭话，一问才知，她来自中国北方农村，因为女儿在美国，才申请来美。她只读完小学，汉语都表达不好。

可就是这样一位英语只会说“你好”“再见”的中国农村妇女，也在申请绿卡。她申报的理由是有“技术专长”。移民官看了她的申请表，问她：“你会什么？”她回答说：“我会剪纸。”说着，她从包里拿出一把剪刀，轻巧地在一张彩色亮纸上飞舞，不到3分钟，就剪出一群栩栩如生的动物图案。

美国移民官瞪大眼睛，像看变戏法似的看着这些美丽的剪纸，竖起手指，连声赞叹。这时，她从包里拿出一张报纸，说:“这是中国《农民日报》刊登的我的剪纸画。”

美国移民官员一边看，一边连连点头，说:“OK。”

她就这么OK了。旁边和她一起申请而被拒绝的人又羡慕又嫉妒。

你可以不会管理，你可以不会金融，你可以不会电脑，甚至，你可以不会英语。但是，你不能什么都不会！你必须会一样，你要竭尽全力把它做到极限。这样，你就会永远OK了!

（摘自《法制日报》）

品评:“你必须会一样，你要竭尽全力把它做到极限。”若真的做到了极限，它便成了你的特长。

三百六十行，行行出状元。可见特长也应该是丰富多彩的，千万不要将其狭义化。不论你干的是哪一行，只要你爱上了这一行，你就可能拥有你的特长。这特长就是你迈向成功之路的最好名片。

[原载《作文成功之路》(初中版) 2004年2—3期合刊]

体验

人物：苏振兴——男，湖南师大附中教师

黄永旺——男，湖南师大附中教师

杨　柳——女，湖南师大附中高一年级学生

晓　霞——女，湖南师大附中高一年级学生

张　娟——女，辍学在家的高中生

张　琳——女，浏阳市十一中学学生

地点：浏阳市白溪乡农民家。

时间：下午4点。

旁白：去年暑假，我们高二年级赴浏阳文家市进行了为期一周的农村生活体验。文家市农村的田塍小路上洒满了我们师生体验生活的汗水，农村小院荡漾着同学们的欢歌笑语，期间也发生了许多感人至深的故事。两位附中的同学要到浏阳农村学生上班的工场体验生活，浏阳农村学生执意不肯，故事就从这儿开始……

［幕启：张学成家破旧、阴暗的堂屋内，摆着一张八仙桌，几条凳子和几样农具。桌上有茶杯、热水瓶。靠舞台后方的墙壁上挂有张琳的画作和晓霞来浏阳体验农村生活时画的写生画。下面是两张低矮的小桌子，一张是用来做鞭炮的工作台，另一张桌子上有一台复读机。张琳正在做作业。］

［屋外张娟边说边把杨柳与晓霞拉着上场。］

张　娟　回去！

晓　霞　我就要去！

张　娟　我说过多少遍了，那地方你们不要去。你们怎么这样不听招呼，老想朝那儿跑？

杨　柳　你说，那地方为什么不能去？

张　娟　我这是对你们负责。

杨　柳　去那里有什么责要负嘛！

晓　霞　哼，越是这样神秘兮兮的，我就越要去。

张　娟　晓霞我告诉你们那儿有火药，是个危险的地方，不安全。

杨　柳　既是危险的地方，为什么你老去，却不许我们去？

张　娟　我和你们不一样。

晓　霞　你和我们都有鼻子都有眼睛，有哪点不一样？

张　娟　我熟悉，你们不熟悉。

杨　柳　让我们多去几次不就熟悉了吗？

张　娟　你们是城里学生，我是个农村姑娘。

晓　霞　我们这不是来农村体验生活吗？

张　娟　你们来这里住农村房、吃农村菜，还干了农村活，学做甩炮，不都体验了吗？

杨　柳　娟姐，可是你那干的活却没让我们去体验呀。

晓　霞　对。

张　娟　我干活的地方太危险，怕出意外，不适宜去体验。

晓　霞　为什么你适宜，我们不适宜？

张　娟　我……（转严肃地）告诉你们如果下次你们还往那里跑，我就让我爸请你们到别家去体验——（下）

杨　柳　你说这怪不怪呀？我们什么要求她都答应得挺好，为什么就她的工场不让我们去体验呢？

晓　霞　我也闹不懂，莫非那里藏着她什么秘密。

杨　柳　不管它，我们再去缠她。非让她允许我俩进入工场体验生活不可。娟姐——（两人朝张娟方向下）

［苏振兴、黄永旺老师上场，恰遇张琳从家内出来。］

苏振兴　请问这是张学成的家吗？

张　琳　张学成是我爸爸，下地去了，等会儿才能回来，这就是我家。

黄永旺　你们家住了师大附中的两个学生，是吗？

张　琳　是的。刚才她们还和我姐姐在门外说话呢。

苏振兴　我们是她们的老师，专程来看看她们。

张　琳　嗬，老师请进来坐吧。

苏振兴　（拿起复读机问张琳）这复读机是你的？

张　琳　不是。是杨柳姐姐的，她们在帮我补习英语。

［张琳忙着给客人倒茶。苏振兴、黄永旺打量着屋子里的陈设。］

张　琳　老师请喝茶！

苏振兴　谢谢！

［黄永旺拿起张琳放在桌上的作文本看了起来。］

黄永旺　你真懂事！很有礼貌。

张　琳　老师过奖了。

黄永旺　是呀，知书达理，很不简单呀！（看看作文本上的名字）你叫张琳？

张　琳　对。

苏振兴 名字好听。你的字也写得漂亮。文章肯定也不错。

张　琳 不，我姐姐的字写得才真好哩，（递本子）你看我姐的字写得多好，她的文章也写得好，在学校还得过奖啦！

黄永旺 那好哇。我来介绍一下。这位苏老师现在是国内知名的作文研究专家，请他来点评一下作文吧。如果写得好还可以请苏老师向报刊推荐推荐。

张　琳 那太好了！这是我姐平日写的，老师请看吧。我去把您的学生找来。

苏振兴 （看作文。偶尔翻到一页，不禁念起来）今天，我家来了两位湖南师大附中高中部的同学。他们学校是我省实施素质教育的示范学校。这次他们来浏阳山区，在我家体验农村生活，我好羡慕她们。看到她们就想起半年前我在浏阳一中高中部就读的情景，那时我是学校的高才生，各科成绩名列前茅，我做梦都想的是走进清华、北大，因为那是理想的摇篮，有尖端的教育，它能使我的潜能得以最终实现。不想一声轰响，炸碎了我的理想，妈妈的去世坍塌了家庭的半边天。她临终的凝望，牵住了我的惆怅，她最后的咽气，回绕在我的心上。看着她难以瞑目的眼睛，我读懂了她的心思，父亲年老多病，妹妹年小无力，她要我顶住家中崩塌的柱梁。为了让妹妹继续读书，为了替父亲减轻压力，我只得收拾起残破的房屋，重新拾起妈妈丢下的活儿干了起来……

黄永旺 语言流利，感情真挚。

苏振兴 是啊，写得相当好，是个可造之才，可惜她遭遇了家庭不幸。

[张娟、杨柳、晓霞随张琳上。]

杨　柳 （扑到苏振兴的怀里）苏老师好！（向黄永旺）黄老师好！

晓　霞 （拉着黄永旺的手）黄老师好！（向苏振兴）苏老师好！

苏振兴 你们好！

黄永旺 你们好！

张　娟 两位老师好！我叫张娟。（对张琳）张琳，你快去叫爸爸回来呀！

黄永旺 不用。

苏振兴 对。不用。我们只看望、了解一下她们两个人的情况就行了。

张　娟 那好，你们谈吧，我们出去一会儿就回。（拉张琳下）

苏振兴 （对杨柳）杨柳呀，到这里有三天了，想不想家？

杨　柳　没有。

苏振兴　（拿出手机，翻开短信，念）“苏老师，您真不够意思，还不来看杨柳。”这短信说明什么？

杨　柳　您不是说先来看我们吗。

黄永旺　是这样的。苏老师原本要来，是我打破了他的计划。你们想想，浏阳十一中的同学刚带你们走，我就跟着来看，那有什么悬念嘛？就是要让你们过几天见不到父母，也见不到老师的日子。这人家待你们不好吗？

杨、晓　不，不！可好啦。我们给的餐费他们都不肯要呢。

苏振兴　那你们要耐心向他们解释，说60元伙食费一定得交，这是学校的规定呀。

杨　柳　我们是这样说的。

晓　霞　对。我们看到他们家实在太困难了，每人多给了40元的生活费。

苏振兴　那你们做得好。

黄永旺　你们都是懂事的孩子。

杨　柳　她们把最好的房间腾出来让我们睡。

晓　霞　还安了纱门纱窗呢。

苏振兴　是呀，他们真是热情待客，为你们想得真周到。听说你们皮肤有点不适，长了一点红砣砣，我们特地给你们带来了一点药，有涂的，也有吃的。

杨、晓　谢谢老师！

苏振兴　到这里几天有哪些体验和感受哇？

杨　柳　我们体验到了农民的艰苦生活。

晓　霞　我们体验到了干农活的辛勤和苦累。

黄永旺　我看这家两姐妹很懂事呀！

杨　柳　是呀，姐姐在家干活，妹妹在校读书，下学后还要干活。

苏振兴　穷人的孩子早当家，你们应该向她姐妹学习，与她们打成一片。

杨　柳　我承认农村的学生比我们能吃苦也成熟得早，不过我总觉得那个姐姐对我们总有一点隔阂。

黄永旺　你凭什么这样说。

晓　霞　老师，你不知道，我们到这儿三天了。她就不让我们去她的工场体验干活。

杨　柳　刚才我们想溜着去看看，被她发现，把我们挡回来不说，还威胁我们：再这样，就要我们搬家。

苏振兴　你问过原因吗？

晓　霞　她说那危险，有火药。

黄永旺　这不就是原因吗？

杨　柳　我就不懂。既然危险，为什么她却偏到那儿干活。

苏振兴　我看——这是她不同的人生经历，不同的心灵滋养所形成的独特表达方式。

黄永旺　苏老师说得对！

晓　霞　老师你说的话我听不懂。

黄永旺　待会儿让张娟说出来，你不仅会懂还会有震撼的。

晓　霞　是吗？

［张娟提西瓜上。］

张　娟　老师，对不起！大热天没什么招待的，吃点西瓜解暑，我爸一会儿就来。

苏振兴　张娟同学，我想你能为我解答个问题，行吗？

张　娟　什么问题，老师请说吧。

黄永旺　为什么你干活的那地方不肯让我们的同学去体验呢？

张　娟　（心有迟疑）这……

苏振兴　如果你觉得不好回答就算我没问。

张　娟　（望了杨柳、晓霞一眼后）不，我可以告诉老师。因为那是改变我人生命运的地方，我不想出现再改变其他人命运的现象。

杨　柳　那里发生过什么？

张　娟　爆炸事故。

晓　霞　出现什么后果？

张　娟　夺走了我妈妈的生命，改变了我的人生轨迹。

众　人　呵！

张　娟　我们这里是山区，人多田少，每人几分地难养活人，生产花炮就成了这里的副业。我和妹妹都在学校念书，父亲治病服药，就靠妈妈做花炮挣几个钱维持家庭生活。谁知半年前一个偶然的事故，妈妈被炸死。从此，家中失去了大部分生活来源，多病的父亲干不了重活，养不活一家人，更无法供我姐妹上学，妹妹年小力弱，塌下来的半边家，我不撑谁来撑呀。这就是命运……其实我自幼酷爱读书，念高中，我门门功课优秀，老师、同学、亲人都对我寄予过莫大的希望，我自己也梦想着求学的足迹踏上清华园的草地，琅琅的书声飘荡在未名湖的水面。可是一声轰响炸毁了我的一切前程。辍学回家，重操妈妈的旧活，帮着爹撑起这个家，成了我的唯一选择……还记得我凄怆绝望地撕碎报到通知的那天，爸爸抱着我失声痛哭，一口一声娟儿呀，我知道你有天赋、爱读书，若是在别的人家，定是个有出息的人才……只怪我这当爹的太无能，不能满足你的愿望，无法让你深造成才，拖累了你，害得你牺牲了一世的前程……你恨我、怨我、骂我，我都不怪，谁让你摊上我这样的爸呀……从此以后，我怕、我害怕任何一个人走近我干活的地方……杨柳、晓霞，别怪我不让你们去那儿，我是不想、不想让这样的悲剧再次重演，也别怪我不告诉真实情况，我确实不愿再触痛心灵的疮疤。如果在态度上有对不起你们的地方，请你们理解、原谅。我确实是出于一片好心。

杨、晓　不，娟姐，是我们对你缺少了解，缺少关心，该说对不起的是我们。

［抱着张娟哭了起来。］

苏振兴　（感慨地）同学们，这儿的一切也许不是我们想要的生活，但丰富的人生需要我们拥有体验的苦涩和感悟。

黄永旺　张娟同学，这 400 元望你收下，为你们家解决点什么吧。

张　娟　我不能收。不能收……

苏振兴　收下吧！我们返校后还将发动我们的同学踊跃捐款、捐书，帮助农村困难学生。我们还将向政府呼吁，采取一切措施让辍学的学生重返校园。（掏钱）这也是我的一点意思。

杨　柳　这是我的一点意思。

晓　霞　这是我的一点意思。

张　娟　不，不，你们不能这样。

苏振兴　张娟同学，你不让我们进入工场，也不接受我们对你的这些帮助，可这些都是人与人之间的关爱情怀，应该接受它。我们要用关爱去营造社会氛围。我相信，我们的政府今后对你和像你这样的同学会有安慰、鼓励，会抚平你们心中的伤痛，会让你们走好人生的道路。

黄永旺　社会的关爱会医治一切受伤心灵的。

张　娟　老师，我相信，在这个社会中会有许多关注我的眼睛，这些眼睛会像晴雨表一样牵着我的冷热阴晴。谢谢你们的鼓励！谢谢你们的关心！

杨　柳　老师，体验使我有了许多新的发现。

晓　霞　体验使我获得成长的快感。

苏振兴　体验会使人的关爱情怀在稚嫩的心上渐渐舒展。

晓　霞　娟姐，从今天起我们就帮助你复习功课，为你返校做好准备。

众　人　好！

[众人忙碌中大幕徐徐拉上。]

——剧终

[2005年湖南师范大学附属中学100周年校庆演出本]

素材运用大讲堂之“你问我答”（一）

本期专家：周红

专家小档案：周红，湖南师大附中语文高级教师，湖南省作家协会会员，发表散文、教学论文多篇，主编参编教辅读物20余部，高考作文研究专家，长期参加高考作文阅卷工作，对作文写作课有丰富的教学经验，点评学生作文1000多篇在多种报刊发表。

NO1. 来自河南焦作的王同学问：作文怎样才能拥有一个好的结尾？什么样的结尾能让人感觉余音绕梁、回味无穷？

专家回复：

作文要重视结尾，古人把好的结尾称为“豹尾”，要求结尾简明有力，“如截奔马”；留有余味，言有尽而意无穷。成功的结尾，可以画龙点睛，深化文章的主题，还可以和开头照应，使文章结构完整。常见方法有：

1. 首尾呼应，浑然一体。结尾要与文题遥相呼应，可与开头相照应，以达到收拢全篇，突出主题的作用。

我有一双隐形的翅膀，书教会了我，在人生中应该以信心为邻，以理想为目标，以小心为前提，以奋斗为保障；她教会了我，遇到困难时不可以退却，船到桥头自然直，不经历风雨怎么见彩虹；她教会了我，人生不可以浪费，要珍惜时间，把一件平凡的事情做好就是不平凡。

（选自学生作文《我有一双隐形的翅膀》）

文章的结尾用总结点题法呼应开头：我有一双隐形的翅膀，她教我如何去问；我有一双隐形的翅膀，她带我领悟古人的人生；我有一双隐形的翅膀，她带我飞越两千年。由此形成前后照应、首尾完整、一脉贯通的篇章结构。

2. 委婉含蓄，回味无穷。有些记叙文的结尾，同时要提示读者注意了解文章的主题，但是作者不是用逻辑思维的方式和直截了当的语言告诉读者，而是用比喻、象征等形象化的方式给读者留下联想与想象的天空。

一年后，我如愿以偿考上了重点初中，而安妮却名落孙山。我去看她，一进门，又看到几只可爱的小猫，惊人相似的是也有一只漂亮可爱的小黑猫。安妮眼睛红红的，显然刚哭过。我看到那些小猫，忽然眼睛一亮，说：“为什么不把这几只小猫送出去，疏通疏通关系呢？”

我下意识地说出这样的话，感到不好意思，把头扭向一边，窗外的树上突然掉下一片叶子……

啊，原来夏天也有落叶！

（选自学生作文《夏天的落叶》）

结尾的“夏天也有落叶”既指自然界的“落叶”，更为花季少年本不该凋落的“心”，语带双关，让人回味无穷。

3．画龙点睛，卒彰显志。在文章结束时，以全文的内容为依托，运用简洁的语言，把主题思想明确地表达出来，或者在全文即将煞尾时，把写作意旨交代清楚。

我的美好梦想，碰到了严酷的现实，如肥皂泡一般，一下子破灭了。我没给主人带来丰收的喜讯，这应该是主人的错呀，是他不懂农活，不知道荷花的栽培水位应该是“不深不浅”，违背了客观规律，不从实际出发，把我当成水稻来种植，怎么能有好结果呢?

当梦想碰到了现实，现实把梦想摔得粉碎!

（选自学生作文《当梦想碰到了现实》）

通过“城里来的年轻小伙子”种“荷花”的故事，从“我”（荷）的想法开始，经过“商讨”“种植”“惨象”而逐步推进，点明主旨“违背了客观规律，不从实际出发，……怎么能有好结果呢？”卒彰显志，让人掩卷长思。

4．巧妙引用，增添底蕴。名人名言、诗词歌赋、往往具有很强的哲理意蕴和启示作用。作文中选择与主题有密切关系的名人名言、诗词歌赋来做总结，往往能起到深化主题的作用。

不是每一份爱，都需要“众里寻他千百度，蓦然回首，那人却在，灯火阑珊处”的苦苦追寻；不是每一份情，都需要“十年生死两茫茫，不思量，自难忘”的肝肠寸断；执子之手，与子偕老，这也是一种幸福。

（选自学生作文《这也是一种幸福》）

此段文字引用诗句名言画龙点睛，既点明了文题，又增加了文化底蕴，完美呈现了作者的文化底蕴和写作能力。

NO2．来自安徽合肥的陈同学问：怎么解决作文下笔慢的难题？每次考试写作文我都会因为想要写一篇好文章而构思很久，往往导致时间不够用，感觉非常紧张，怎么办呢？

专家回复：

文学创作离不开创作冲动和灵感。作文下笔慢，原因有两个。客观原因是题目命得不理想。一道好的高考作文题，应该能够引爆考生的创作冲动，让他们拿到题目就跃跃欲试，而且不论哪类考生，都有话可说，都站在同一起跑线上。可目前我们有的高考作文题在这方面是有欠缺的，难以调动起考生的创作冲动。主观原因是考生的积累不够，阅读量太少。要解决作文下笔慢的难题，依我之见，有如下办法。

首先要树立信心。其实，不少同学从小学到高中，读了很多文章，之所以觉得没东西可写，是因为没有将存盘的材料及时调出来。所以，我们要有充分的自信，相信自己能在40分钟之内写出800字来。

其次要善于联想和想象。联想和想象是写作的一双翅膀，作家们下笔千言，如江水般汩汩滔滔，就是因为他们善于联想和想象。从现在开始，我们可以在老师的帮助下，专门训练一下自己的联想、想象能力，拿到一个话题后，看自己能联想到多少与之有关的材料，越多越好，然后选材构思成文。

此外还要不停地积累。“巧妇难为无米之炊”，不积累素材，写作就会卡壳。千万不能“两耳不闻窗外事，一心只做练习题”，越到考前，越要多看书报，关注身外大事。有大视野才不会被“话题”难倒，写作起来才能左右逢源。要在脑子里“储备”30至50个事例，既可以充实自己的精神，促进自己的思维与想象，也有助于考场写作时调用。我们甚至从电视节目中也能觅到写作材料，多年前，中国足球队和巴西足球队在广州举行了一场“没有对自己负责”的友谊赛，我的一位学生在第二天的考试作文“对自己负责”里，就用上了这一鲜活材料。其实，阅读面广还有利于解答语言知识和语言表达题，2012年的高考语文试题就涉及了次贷危机、房价调控、医药卫生体制改革、毒胶囊事件、中华书局百年社庆、快递服务等与现实生活息息相关的内容。所以，应考，不能须臾停止阅读。

为避免紧张，建议构思时养成好的习惯：随时记下几个关键词，然后变成句子，变成提纲。也就是边构思边理顺思路，尽量避免出现时间不够用的情况。

NO3. 来自四川泸州的梁同学问：高考作文阅卷真的像传说中的那么赶时间吗？是不是每位同学的作文都只有45秒的时间供阅卷老师审阅？在这么短的时间里一篇文章要吸引阅卷老师的注意力最首要的是要注意什么问题？

专家回复：

高考作文阅卷并不是传说中的那么赶时间。特别是在标杆作文出来之前，老师们一天看的试卷只有10篇左右。只有拿捏准了标杆，才好一把尺子量到底，消除评卷中的随意性，减少评分中的误差。可见，阅卷的总进程是先慢后快，前紧后松。

在具体的评卷过程中，也并不是每篇作文都只有45秒的时间供阅卷老师审阅。早些年，《南方周末》上曾有文章披露高考作文“90秒钟定生死”，相对学生40分钟写作而言，这种阅卷速度确实比较快。但高考作文阅卷人手少，任务重，没有速度，就难以按时完成任务。其实，阅卷老师的阅卷速度如果比较慢，有时反而不够准确了。看得细，缺点就会暴露无遗，甚至被一再放大，作文得分有时反而偏低。

在这么短的时间里，一篇文章要吸引阅卷老师的注意力，首先要注意的是什么呢？我个人认为，是书写。拿到一篇文章，如果卷面工整、字迹清楚美观，往往让阅卷老师一见钟情，读得更为仔细。如果汉字写得一团糟，叫人难以卒读，即使考生的文章写得好，阅卷老师也难免看走眼。

当然，书写质量不是一朝一夕就能够改变的。如果考生的书写存在缺陷，在作文时应该尽量把字写工整。凭我多年的阅卷经验，有些同学的字虽然写得不好，但他在尽力把字写工整，其态度表现在字里行间，老师也会看得认真仔细些。

[原载《作文独唱团·素材精粹》2013年5月]

素材运用大讲堂之“你问我答”（二）

NO1．来自辽宁大连的谭同学问：作文提纲应该怎么写呢？要不要写详细一点呢？

要回答这个问题，我们首先要明确什么是提纲，提纲的作用是什么。

提纲是作文构思阶段的产物。也就是说，一篇文章的提纲，体现出作者对作文的思考。要怎么拟标题，要如何围绕中心行文布局，如何安排材料、详略、过渡、呼应等问题，要采取怎样的方法收束全文，都可以在提纲里体现。可以说，提纲就是作文的蓝本。

提纲有两种最基本的形式：

1．标题式提纲

这种提纲比较简单，只写出行文各段的标题。

题目：好习惯的培养

①诠释习惯

②习惯的好坏及对人成长的影响

③好习惯是如何培养的

A．近朱者赤，近墨者黑，环境的影响（举例：孟母三迁）

B．出淤泥而不染，洁身自好、独善其身

C．从小事做起，从小时候做起

D．持之以恒与五分钟热度（保持良好习惯的重要）

④结论：社会需要青少年养成好习惯

这是一个标题式的作文提纲，用简洁的文字标出了各段的写作要点。它的特点是文字简洁、速度较快，适合于对写作内容较熟悉或时间较紧的情况。但对初学写作的人来说，很难起到指导作文的作用。

2．要点式提纲

这种提纲比较详细，它既要表明作文的中心，又要写出作文的大致内容；同时，还要交代出文章的详略。

题目：难忘的一件事

主要内容：我的脚扭伤，周丽照顾我。

中心思想：关心同学、急人所急。

结构安排：

①在练习跳绳时，我扭伤了脚。（略）

②周丽同学热心照顾我。（重点段）

A．周丽把我扶到她的家。（次详）

B．周丽给我洗脚，喷“好得快”。（详）

C．我好了一些，周丽又小心地搀我回家。（次详）

③我十分感动，至今记忆犹新。（略，点题）

不同的提纲在写作时能起到不同的作用。标题式的提纲更简洁方便，但要求作者在使用时，要保证语词的凝练和准确。同时，在利用这类提纲进行写作时，也要积极地采用发散思维，扩大写作的内涵。此类提纲，适合在考场等时间紧迫、节奏紧凑的情况中使用。

NO2．来自天津的章同学问：我写作文喜欢模仿一些写得比较好的文章的风格，可一旦让我自己写，我就会感觉很难，不知道如何下笔，要怎么办呢?

写作从模仿开始，正如孩子小时候学叫爸爸、妈妈。沉入名家的优秀作品中去体悟、感受，模仿他们的写作风格，犹如听到一曲悠歌，不自觉地随之吟唱。古今中外，名家辈出，从春秋笔法到微言大义，从大气豪放到温柔婉约，风格迥异。下面，仅就两位有代表性的作家作品加以品鉴。

朱自清的散文清新、朴实、优美，风格独特，自成一体，主要表现在隽永的意境，清秀的语言，精巧的结构，真挚的情感等方面。如《荷塘月色》以时间为顺序，以感情的发展变化为线索，用移步换景的方法来描绘景物，抒发感情。这样的结构严谨细密，脉络清楚，又不露人工斧凿的痕迹，像行云流水一般，达到了散文"形散神聚"的可贵境界。

杰克·伦敦的作品独树一帜，充满筋肉暴突的生活和阳刚之气，如《热爱生命》这部小说以雄健、粗犷的笔触，记述了一个悲壮的故事，充分展现出人性深处的某些闪光的东西，生动逼真地描写出了生命的坚韧与顽强，有着震撼人心魄的力量。

从以上两位作者的风格可以看出，一位偏向于将个人内心感受与精巧构思以及蕴藉言语相融合，而另一位偏向于故事性、矛盾性与人性的哲理性思考。不同的文化环境、个人喜好与经历，影响着文章的格调与风格。风格的形成，不是一朝一夕的事，它是写作者长期艰苦实践的结果。因此，模仿他人首先要感受自我，然后通过模仿，来达到真实自然地表达出内心世界的目的。

其次，写作风格不是一朝一夕就能练成的，需要阅历、知识等的不断积累和时间的沉淀，是作家长期艰苦实践的结果。模仿名家风格只是帮助你形成自我风格的一种途径，认识自己，表达自己，做自己才是写作的初衷，才是风格的内涵。

NO3．来自贵州六盘水的吴同学问：不是太会将事例和作文主题结合起来讨论，感觉例子还是例子，用得很生硬，怎么办呢？

有的同学常常为没有写作的素材而烦恼，有的同学则为有了写作的素材却不知道如何与话题相结合而烦恼。这其实还是不懂得如何在写作时消化已有的素材，没有掌握一定的素材运用方法而已。这里提供几种常用的方法给你参考。

一、组合排比。材料应用中的“组合排比”不是指一般的修辞手法，而是一种运用素材的方法。它也可以称作“多料合用”。这里所说的“多料合用”，不是指一般的连续使用甚至堆砌同类材料的做法，而是指将同类材料进行精要的表述，组合在同一段落中，共同表现同一主题。例如。

这时才想起，向来诗文上秋的含义，并不是这样的，使人联想的是肃杀，是凄凉，是秋扇，是红叶，是荒林，是萋草。然而秋却有另一意味，没有春天的阳气勃勃，也没有夏天的炎烈迫人、也不像冬天之全入于枯槁凋零。我所爱的是秋林古气磅礴气象。有人以老气横秋骂人，可见是不懂得秋林古色之滋味。

在四时中，我于秋是有偏爱的，所以不妨说说。秋是代表成熟，对于春天之明媚娇艳，夏日之茂密浓深，都是过来人，不足为奇了，所以其色淡，叶多黄，有古色苍茏之慨，不单以葱翠争荣了。这是我所谓秋的意味。（林语堂《秋天的况味》）

以诗文中秋的肃杀反衬作者眼里秋的磅礴，并以春夏秋冬与之对比，突出了作者对秋的喜爱。

二、一材多解。一材可以多用，但你首先要学会分析，才能从同一材料中发现蕴藏着不同的意义。要多角度地分析素材，充分挖掘素材的内涵。如《诸葛亮斩马谡》一文，从诸葛亮的角度，可提炼出作为领导应公正廉明、知人善用、勇担责任等观点；从马谡的角度，可提炼出实践出真知、善于听取别人意见等观点。一材多用，那么一则材料可论证几个不同的观点，可说明几个不同的问题，那么你头脑中库存的材料就会成倍增加。

三、有取有舍。运用材料不是原封不动地照搬，而应根据不同观点的需要，作一定的取舍。这里有一个应变的思维能力，就要学会剪裁。就如裁缝做衣服，用料子剪裁出合体的衣服一样。我们就用剪裁来比喻写文章时对材料的取舍，提炼出符合中心的题材。在叙述时要突出和强化与观点相关的地方，其他无关内容可一笔带过。

总之，写作时，首先要学会审清题意，在筛选出能够运用的素材之后，要想好是选一件事，还是选两件事，如果是选两件事，一定要详略得当。例子的使用，要通过不断地练习与强化才能够融会贯通，使用不同的事例能够为作文带来不同的效果。

[原载《作文独唱团·素材精粹》2013年11月]

素材运用大讲堂之“你问我答”（三）

NO1．来自广西桂林的秦同学问：越临近高考，就感觉写作文越困难，每次拿到作文题目，就只是茫然，茫然再茫然，毫无灵感，无话可说。即使硬是憋出了一篇作文，那文字也是让人觉得无灵气，无生机的，感觉就是有一个固定的模式，每次都是那么去套作，显得很死板。60分的作文一直在48～50分之间徘徊。请问，我要怎么改变这种状况呢?

首先我要告诉秦同学，在许多地区，一般对满分60分的作文来说，48分以上的文章就是一类文了，虽然在一类文的下限，但仍是很优秀的作文。不一定非得打55分或得满分才能算好作文。如果要让分数再往上攀，你的作文一定得有独特之处。要么构思立意新颖，要么有与众不同的材料，要么在发展等级的某一项上令人叫好。

还有一种情况，就是很多老师觉得高考作文的评分很严，便形成了一种思维定式，平时将学生的作文分数打得偏紧。也有一些老师有自己的个人喜好，如要求学生一般不写记叙文，不能写外国的事，不能写幻想作文，不能写几百年以后的事或之前的事等等。学生的写作如果不对老师的胃口，学生的分数也难以上得去。你可以找自己的老师沟通一下，看是不是存在以上两种情况。

“越临近高考，就感觉写作文越困难”是自信心不足的表现。你首先要把信心树立起来。从小学到高中，读了数不清的文章，之所以觉得没东西可写，可能是因为没有将存盘的材料及时调出来。因此，要训练一下自己的联想、想象能力，拿到一个话题后，看自己能联想到多少与之有关的材料，越多越好。然后选材构思成文。同时越临近高考，越要重视阅读。要多看书报，关注身外事。有大视野才不会被“话题”难倒，才能左右逢源。考前一定要在脑子里“储备”30～50个事例，既可以充实自己的精神，促进自己的思维与想象，也有助于考场写作时调用。

正像小孩子学说话，作文也有一个模仿的初级阶段。语文学习和写作其实就是“死”“活”二字，要“死”要“活”，先“死”后“活”，“死”去“活”来。先模仿某些名作，然后进行创新。因为文无定法，而且文贵出新，一定不要形成什么“固定模式”。即使是写议论文，也不要篇篇按一个套路去展开。所以，你必须改变“有一个固定的模式”的状况。

NO2．来自河北定州的王同学问：我平时也会积累一些写作素材，但真正到了写作文的时候却不会用论据来证明论点，怎么办？

写作要有悟性。不会用论据来证明论点，有三种可能，一是确实缺少证明论点的论据，二是缺乏联想能力，三是还没有悟透素材。如果缺乏论据，说明写作者还要进一步积累素材，或从亲身经历、观察得到材料，或从阅读得到材料，或从媒体得到材料。不仅要进一步积累，而且要将文字材料分门别类，不时拿出来翻一翻。如果缺乏联想能力，可以在老师的指导下进行专题训练。联想能力有很多，用论据证明论点主要用到的是相似联想、对比联想和因果联想等。如果是悟性问题，可以多读一些议论文培养自己的悟性。下面是戴鹏同学题为《学会对自己负责》的议论文节选，论据用得相当巧妙，希望能给你提供一些有益的思考。

有人生于富贵之家，却成了一贫如洗的穷汉；有人生于诗书世家，却站在目不识丁者之列；有人生于帝王之家，却苦求为一布衣而不得。他们或责备他人或苛求命运，却自命不凡地吟诵着陈子昂的“念天地之悠悠，独怆然而涕下”，诉说着自己怀才不遇生不逢时的感慨。然而他们为自己做了什么呢？他们既没有对自己的国家负责，也没有对自己的家庭负责，更没有对自己负责。（开头用一组排比句，列出几个命途多舛的事例，颇能吸引读者。然后直击话题，指出没有对自己负责是他们不能把握自己命运的缘由，干脆利落。）

小仲马初涉文坛时，屡屡碰壁。他的父亲大仲马对他说："如果你写上你是大仲马的小儿子，情况或许会好一点。""不，站在别人的肩膀上摘到的苹果不甜。"小仲马为自己拟了大量笔名，以免使人把他与大仲马连在一起。终于，他的《茶花女》问世出版，一鸣惊人，堪与其父的《基督山伯爵》相提并论。

小仲马抱着对自己负责的态度，不苛求父亲的帮助，不怨天尤人大骂编辑"有眼无珠"，而是用自己的汗水打拼出自己的事业，这是对社会负责，对家庭负责，更对自己的八斗之才负责。（正面举小仲马的事例论述话题。先述后议，避免了"开中药铺"的毛病。）

仲永不对自己的才华负责，将其当作哗众取宠的资本，结果文坛上只留下了警示世人的《伤仲永》。而西蜀的阿斗，东吴的孙皓，南唐的李煜，则是置家国不顾或沉迷酒色或残暴凶恶或沉湎于风花雪月而亡身。而蜀国后主孟昶更是自甘堕落，14 万大军在区区 3 万宋军前投降，只留下"十四万人齐解甲，更无一人是男儿"的千古嘲讽。

这些站在巨人肩膀上的"小人"纷纷轰然倒下，他们没有对自己负责，他们没有用自己的努力，没有用自己的实际行动来承担起责任，他们是十足的懦夫！倒让人对毫无权柄却自强不息力图变法的光绪帝肃然起敬。（反面简单枚举方仲永、刘阿斗、孙皓、李煜、孟昶的事例论述话题。）

生在顺境中的人尚且对自己负责，而身处逆境中的人更应自强不息，对自己的命运负责，发出"王侯将相宁有种乎"反问的陈胜、吴广，在报馆中孜孜求学的狄更斯，在火车上专心致志实验的爱迪生，惜时发愤在厕所里读书的童第周，哪一个不是对自己的命运、才华负责？命运给了他们黑色的眼睛，他们却用来寻找光明！（深入开掘一层，略举名人事例论述无论身处顺境还是逆境都要对自己负责。结尾化用顾城"黑夜给了我黑色的眼睛，我却用它来追求光明"的诗句，妙不可言。）

NO3. 来自江苏连云港的张同学问：现在很多同学都在写那种有诗歌嵌入在作文里面的文章，有时候在文中，有时候在文末，有的老师认为这样的作文语言很优美会打高分，有的老师却又告诉我们这是文体不分会被扣分，感觉都没有一

个统一的标准啊，到底能不能这样写作文呢？

张同学的提问反映了现实中的一个比较普遍的现象，那就是中学生的应考作文喜欢引用古诗词。高考作文喜欢引用古诗词，一是因为发展等级中有“有文采”一项，运用得妙可以夺得该项的上限分；二是因为某些引用古诗词的满分作文经媒体传播后，考生竞相仿效。

成功的作文都是这样成功的：有人巧借古诗词拟题记，有人巧借古诗词拟题目，有人巧借古诗词写开头，有人巧引古诗词做论据，有人妙用古诗词写结尾。通篇嵌入古诗词的并不多，关键是要引用得巧妙，不要显得别扭或留有斧凿痕。“有文采”是针对语言表达而言，它包括词语的运用，句式的选择，修辞手法的灵活运用以及句子的表现力度。嵌入诗歌太多，高明的老师一定会认真思忖，看看作者是不是引用得恰如其分。你说“没有一个统一的标准”，这就是原因。

［原载《作文独唱团·素材精粹》2014 年 3 月］